21世纪海上丝绸之路智库丛书

流动人口就业稳定性研究

官华平　著

科 学 出 版 社
北 京

内 容 简 介

流动人口是我国劳动力市场的重要组成部分，其就业稳定性差，大部分流动人口在城乡之间、行业之间、企业之间频繁进行就业转换，这种就业不稳定性对其自身和用工单位都不利。本书从制度视角对流动人口就业稳定性进行分析，在不完全契约理论分析框架下，研究流动人口工作时间长度、专用性人力资本投资和劳动收入三者之间的关系；研究的主要结论是劳动制度环境影响流动人口就业稳定性，进而影响其人力资本投资和劳动收入。本书最后对完善流动人口就业管理提出了对策及建议，主要是地方政府要加强对流动人口劳动权益的保护，在劳动合同、社会保险和福利、劳动争议等方面提供更优质的服务。

本书适合从事劳动经济学研究的学者及高年级本科生和研究生阅读，对在行政事业单位和企业从事人力资源管理工作的人员也有一定参考意义。

图书在版编目（CIP）数据

流动人口就业稳定性研究 / 官华平著. —北京：科学出版社，2020.6
（21世纪海上丝绸之路智库丛书）
ISBN 978-7-03-059824-0
Ⅰ. ①流…　Ⅱ. ①官…　Ⅲ. ①流动人口-就业问题-研究-中国
Ⅳ. ①D669.2

中国版本图书馆CIP数据核字（2018）第280948号

责任编辑：刘英红 / 责任校对：贾娜娜
责任印制：张　伟 / 封面设计：华路天然工作室

科学出版社 出版
北京东黄城根北街16号
邮政编码：100717
http://www.sciencep.com

北京虎彩文化传播有限公司 印刷

科学出版社发行　各地新华书店经销

*

2020年6月第　一　版　开本：720×1000　B5
2020年11月第二次印刷　印张：11 1/2
字数：229 000

定价：108.00 元

（如有印装质量问题，我社负责调换）

前　言

我国目前拥有世界上规模最大的流动人口。在我国全面深化改革和推进城镇化的战略背景下，如何实现流动人口有序地融入城市已成为一个重大的社会问题。提升流动人口就业能力是推动流动人口融入城市的关键所在。我国大部分流动人口的就业质量都不容乐观，主要体现在：工资福利待遇差、社会保障不完善、劳动环境差、就业稳定性低等；在沿海及经济发达地区，频繁出现“民工荒”和“技工荒”现象。造成这种局面的表面原因在于流动人口人力资本水平较低，社会资本积累不足等；但是深层次的原因还是在于对于流动人口的制度激励及契约激励不足。近年来，各种有关流动人口（农民工）的制度创新突破了流动人口在就业领域的很多障碍，包括劳动相关权益保护、社会保障及社会福利等。我国有关流动人口的制度实施远落后于制度设计，对于流动人口的激励还远远不足。本书从制度视角出发，以不完全契约理论为基础对流动人口就业稳定性和专用性人力资本投资开展研究。

本书第 1 章界定了一些基本概念，包括流动人口、就业稳定性及专用性人力资本投资。其中，就业稳定性用劳动合同期限的长度及在同一企业工作持续时间来度量；专用性人力资本投资则分为行业专用性人力资本投资和企业专用性人力资本投资。第 2 章回顾了流动人口、就业稳定性和专用性人力资本的相关研究，以及契约理论中的完全契约理论和不完全契约理论的相关研究。重点介绍了不完全契约理论的进展，以及运用不完全契约理论分析劳动契约的状况。通过文献回顾，厘清本书的研究思路；以劳动契约为研究中心，以不完全契约理论中的 GHM 模型[①]和参照点理论为方法，研究流动人口就业稳定性与专用性人力资本投资问题。第 3 章运用相关调研数据进行分析，主要介绍了我国流动人口概况和广东流动人口概况。运用东莞实地调研数据对流动人口就业稳定性和专用性人力资本投资进行了统计分析，发现东莞流动人口就业稳定性差，并进行了原因分析。第 4 章首先对流动人口的劳动契约特征及契约失灵的原因进行了分析；其次运用不完

---

① GHM 模型是不完全契约理论的一个重要分析方法，是由格罗斯曼、哈特和莫尔（Grossman and Hart，1986；Hart and Moore，1990）共同创立的，认为可以通过对产权的适当配置来决定剩余控制权，提高专用性投资的效率。

全契约理论分析了制度激励和契约激励对于流动人口就业稳定性及专用性人力资本投资的影响；最后基于 GHM 模型分析了流动人口就业稳定性和专用性人力资本投资的互相影响机制。第 5 章是实证分析，运用有序 logit 回归模型对流动人口制度保护对于其就业稳定性的影响进行了实证分析；运用分位数回归模型对流动人口就业稳定性与收入的关系进行了实证分析；运用有序 logit 回归模型对流动人口就业稳定性的影响因素进行了实证分析。第 6 章回顾了改革开放以来我国流动人口劳动制度的变迁过程，主要包括户籍制度、劳动合同制度、社会保障制度、劳动争议处理制度、最低工资制度和专用性人力资本投资的财政补贴制度，分析了这些制度的保护和激励对于流动人口就业稳定性和专用性人力资本投资的促进效果。该章还从和谐劳动关系、公共服务均等化和落户指数等方面比较珠江三角洲（简称珠三角）和长江三角洲（简称长三角）的流动人口劳动制度环境情况，发现珠三角流动人口劳动制度环境整体上不比长三角差，对流动人口仍然具有很大吸引力。第 7 章对本书的结论进行了总结，认为加强对流动人口劳动权益的保护能够激励流动人口进行人力资本投资，提高其劳动收入和劳动生产率，并为加强流动人口劳动权益保护提供了对策建议。第 8 章和第 9 章根据东莞和佛山流动人口调研数据进行专题研究。东莞和佛山都是流动人口集聚地区，通过 2010 年对东莞流动人口的调研与 2017 年对佛山流动人口调研的对比发现，珠三角地区流动人口管理机制实现了很多创新，这对提升流动人口就业水平和质量产生了积极影响。

本书主要结论为：第一，运用 GHM 模型分析了流动人口的有限理性及契约激励对就业稳定性的影响，发现流动人口就业稳定性对专用性人力资本投资有激励作用；流动人口理性不足对就业稳定性和专用性人力资本投资有负面影响；现代产业体系中流动人口就业稳定性高于传统产业。第二，基于参照点理论和演化博弈角度分析了流动人口劳动权益保护与就业稳定性的关系，发现加强流动人口权益保护能够提升其就业稳定性。第三，本书基于东莞实地调研数据对理论分析中的结论进行了实证分析，验证了相关结论。本书的主要理论意义在于从契约视角分析了制度激励、流动人口就业稳定性与专用性人力资本投资之间的内在理论联系；现实意义在于为沿海及经济发达地区增强流动人口就业稳定性及专用性人力资本投资提供政策建议。

感谢广东外语外贸大学经济贸易学院对本书出版的资助！

目　录

第 1 章　我国流动人口就业稳定性现状及问题 ……1

1.1　基本概念界定……1

1.2　流动人口就业稳定性的比较及影响分析……4

1.3　本书研究的出发点和视角……12

第 2 章　流动人口就业稳定性的相关研究 ……16

2.1　流动人口就业稳定性及收入的相关研究……16

2.2　专用性人力资本投资的研究……22

2.3　人力资本投资与产业升级相关研究……27

2.4　劳动制度环境与流动人口就业相关研究……28

第 3 章　流动人口就业基本情况 ……31

3.1　流动人口基本情况……31

3.2　流动人口人力资本形成机制及不足……36

3.3　流动人口就业稳定性情况——以东莞为例……43

第 4 章　流动人口就业稳定性与专用性人力资本投资 ……49

4.1　流动人口劳动契约特征及契约失灵……49

4.2　制度激励与流动人口就业稳定性……53

4.3　流动人口就业稳定性与专用性人力资本投资的关系分析……57

第 5 章　产业转型升级背景下的流动人口就业稳定性、劳动生产率与劳动收入 ……69

5.1　制度激励与流动人口就业稳定性分析……69

5.2　流动人口就业稳定性与工资收入分析……73

5.3　流动人口就业稳定性与专用性人力资本投资分析……77

5.4　人力资本投资与产业转型升级……82

第 6 章　劳动制度环境与流动人口就业稳定性 ……94

6.1　我国流动人口劳动制度环境变迁……94

6.2　制度环境对流动人口就业水平及就业质量影响机制分析……112

6.3 制度环境与流动人口就业稳定性的实证分析 ······114
6.4 珠三角与长三角地区流动人口劳动制度环境比较分析 ······122
第 7 章 提升流动人口就业稳定性的对策建议 ······127
7.1 制度环境、就业稳定性与人力资本投资的内在影响机制 ······127
7.2 政府要进一步强化流动人口劳动权益保护 ······130
第 8 章 专题研究——东莞流动人口用工情况分析 ······134
8.1 东莞流动人口规模、就业结构及社会保障 ······135
8.2 东莞企业用工及流动人口专用性人力资本投资情况 ······143
8.3 东莞流动人口发展存在的主要问题及原因分析 ······149
第 9 章 专题研究——佛山流动人口就业管理的实践 ······156
9.1 佛山产业工人调研情况 ······156
9.2 佛山产业工人职业技能培训机制 ······160
9.3 佛山产业工人权益保护机制 ······163
9.4 佛山产业工人和谐劳动关系构建 ······164
9.5 佛山产业工人社会公共服务保障机制 ······165
参考文献 ······167
后记 ······175

第1章　我国流动人口就业稳定性现状及问题

1.1　基本概念界定

1.1.1　流动人口

在国外，流动人口的说法比较鲜见，而较多的是人口迁移和迁移人口。人口迁移是指人口在空间上的转移。根据联合国国际人口学会（1992）主持编写的《多种语言人口学辞典》，人口迁移即人口在两个地区之间的地理流动或者空间流动，这种流动通常会涉及永久性居住地由迁出地到迁入地的变化。这种迁移被称为永久性迁移，它不同于其他形式的、不涉及永久性居住地变化的人口移动。发生人口迁移活动的人则是迁移人口。从这种定义可以看出，人口迁移具有距离较长、永久性迁移等特征。由于我国长期存在的二元经济特征，我国人口迁移主要是从农村流向城市，形成了规模庞大的流动人口阶层。其中大部分是农民工，即不摆脱农民身份，在城市务工。农民工迁移距离较长，但不是永久迁移，很多农民工都是“钟摆型”流动；一年中有一部分时间在城市生活，另一部分时间在农村生活。只有少部分农民能够真正摆脱土地，彻底融入城市生活。因此在我国，对于流动人口的定义与国际通行的概念存在很大差异。

根据流动人口的基本特征要素——户籍、迁入地、迁出地、社会保障制度等对流动人口进行定义。张庆五（1988）认为，流动人口是指临时离开户籍所在地，跨越一定的辖区范围，前往他地不时回返的人口。魏津生（1999）认为，流动人口是指在不改变其户口登记常住地的条件下，到该常住地所在的乡、镇、街道范围以外的城市（系指建制城市的市区，不包括城市管辖的县和县级市）的现住地暂住的人口及城市中来自港澳台和国外的暂住人口。杨云彦（1994）认为，一般来说，流动人口特指那些临时性的人口移动，而在目前情况下，通常使用的“流动人口”

概念包括了所有没有办理“户口迁移”手续的人口移动，无论这种移动是短暂的还是长期的。从学术角度来看，对于流动人口的界定主要包括以下方面：一是户籍没有改变。我国人口流动主要是从农村向城市流动，而我国实行较为严格的户籍管理制度，大部分农村流动人口不能成为城市户籍人员，因此不能享受与城市居民同等的社会保障和福利，也导致其无法长期在城市生活。二是流动人口大部分因为经济原因进行迁移。流动人口从农村进入城市主要是希望能获得更高的报酬，大部分流动人口都是从收益相对较低的第一产业向收益较高的第二产业、第三产业转移。三是从人口地理学角度来看，我国流动人口迁移距离都较远，都是跨省[①]流动。

政府行政管理部门对于流动人口的定义与学术界认识不尽相同。《广东省流动人口服务管理条例》规定，流动人口是指“离开常住户口所在地进入本省和在本省行政区域内跨地级以上市居住的人员”。《上海市外来流动人员管理条例》规定，外来流动人员是指“进入本市，无本市常住户籍的外省、自治区、直辖市的人员”。《天津市流动人口管理规定》指出，流动人口是指“外埠常住人口到本市暂住或者本市常住人口到外埠暂住的人员”。地方政府对于流动人口一般都以地理转移为概念，将跨省转移和跨市（区）转移的人口作为流动人口。

本书所研究的流动人口是指跨区域流动（跨省、跨市、跨县），流入地为城市（镇），未能取得流入地户籍，在流入地从事某行业工作超过半年以上的就业人群。不包括跨区域短期流动，如探亲、访友、旅游等；也不包括流入地为农村的流动人口。

1.1.2　就业稳定性

就业稳定性可以从宏观和微观两个角度定义。宏观就业稳定性是就劳动力市场而言，张琦（1993）认为就业稳定性是指劳动力的劳动参与量在相当长的时期内保持着一定的比例，它有三层含义：一是就业总量的稳定，以及就业与失业保持着固定的比例；二是劳动就业在产业间和区域间的转换替代弹性不高；三是劳动者个体总的就业时间较长。也可以从微观角度定义就业稳定性，李丹和王娟（2010）将就业稳定性定义为：劳动者参加工作后不仅能在一个特定的时间期限内稳定工作，同时这份工作能保证该劳动者的生活维持在稳定水平的一种状态。翁杰等（2008b）指出，工作稳定性指的是劳动力在劳动力市场中实际的工作稳定和流动状况，同时提出了就业稳定性的三个衡量指标，包括：劳动合同期限，即劳动者与用人单位在劳动合同中规定的劳动关系的持续时间；保留率，即衡量某

---

① 本书中的“跨省”皆指跨越省级行政区，即从一个省（自治区、直辖市）到另一个省（自治区、直辖市）的空间转移。

一群体劳动者为用人单位连续工作某一特定时间而不发生工作转换的比例；工作经历数，即在调查期间劳动者与多少用人单位建立过劳动关系。本书将主要从微观角度探讨流动人口就业稳定性问题，微观就业稳定性只指员工能否在企业长时间稳定工作，主要指标包括劳动合同期限长度及工作持续时间。

1.1.3　专用性人力资本投资

人力资本是指存在于人体之中的具有经济价值的知识、技术、能力和健康等质量因素的总和。亚当·斯密等古典经济学家认为劳动是创造价值的源泉，可以通过教育和“干中学”（learning by doing）等方式来提高劳动效率。现代经济学之父亚当·斯密在他的代表作《国民财富的性质和原因的研究》（简称《国富论》）中指出：学习一种才能，需进学校，需做学徒，所费不少。这样费出去的资本，好像已经实现并且固定在学习者身上。这些才能，对于他个人自然是财产的一部分，对于他们所属的社会，也是财产的一部分。工人增进熟练的程度，可以和便利劳动、节省劳动的机器和工具同样看作社会上的固定资本，学习的时候，固然要花一笔费用，但这种费用，可以得到偿还，同时也可以取得利润。Schultz 第一次系统地提出了人力资本投资理论，认为可以把资本分为物质资本和人力资本，人力资本是体现在劳动者身上，由知识、技能和体力所构成的资本。人力资本投资的途径可以包括教育、培训、“干中学”、迁移和健康投资等。Becker 进一步将人力资本分为通用性人力资本（general human capital）和专用性人力资本（special human capital）。通用性人力资本是指员工所具备的人力资本在不同企业都能创造价值；而专用性人力资本则是指员工具备的人力资本只能在某个企业（行业）使用，离开该企业（行业）后专用性人力资本创造不了任何价值。威廉姆森从交易费用角度提出了资产专用性问题，认为资产的专用性是在不牺牲生产价值的条件下，资产可用于不同用途和由不同使用者利用的程度。完全专用性资产指的是这样一种资产，当它转作他用时，其价值将为零；完全非专用性资产指的是这样一种资产，当它转作他用时，其价值不变。威廉姆森讨论的专用性资产不仅包括人力资本还包括物质资本。有学者对专用性人力资本进行了细化，认为存在企业专用性人力资本、行业专用性人力资本及地域专用性人力资本。赖德胜和孟大虎（2006）认为通用性人力资本相对于专用性人力资本而言适用范围和流动转换领域更大，并且定义了行业或职业专用性人力资本，认为行业或职业专用性人力资本介于通用性人力资本与企业专用性人力资本之间，既没有企业专用性人力资本那么专用，又比通用性人力资本适用范围窄得多。当员工长期在某一行业中就会形成行业（职业）专用性人力资本，员工流动时首先会在本行业选择，离开本行业专用性人力资本的价值会大大减少。地域性人力资本是指由于产业集聚等因素，劳动者长期在某地工作，离开某地之后某种技能的收益会大大降低，这种技能可以称为地域性专用人力资本。本书主要讨论流动人口专用性人力资本投资问题，认为流动人口的专用性人力资本主要包括企业专用性人力资本和行业专用性人力资本，流动人口拥有的行业专用性人力资本在离开某个企业后仍然在某个行业中产生价值；流动人口拥有的企业专用性人力资本在离开企业后则不会产生任何价值。

1.2　流动人口就业稳定性的比较及影响分析

1.2.1　我国流动人口就业稳定性现状

改革开放 40 多年来，我国流动人口迅猛增长。1982～2005 年，在短短 20 多年的时间内，我国流动人口从 657 万人增长到 14 735 万人，年均增长 14.5%（图 1.1）。根据国家统计局抽样调查结果，2017 年全国农民工总量为 2.82 亿人。流动人口外出就业既解决了农村剩余劳动力问题，也为城镇经济繁荣提供了劳动力保障。

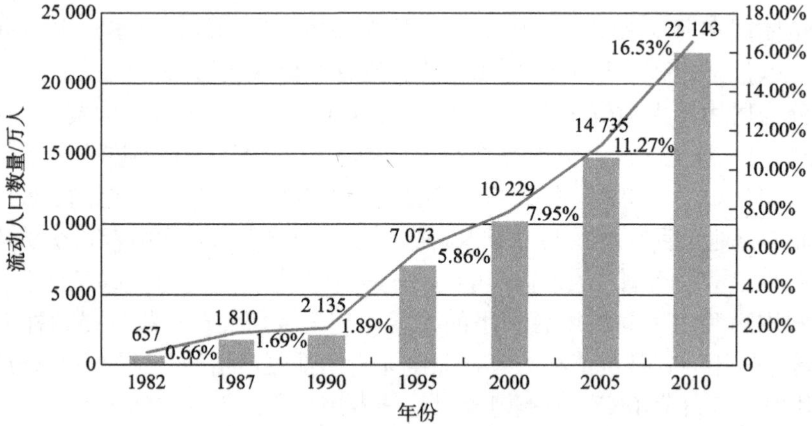

图 1.1　我国流动人口规模

资料来源：段成荣等（2013）

随着各种就业制度的完善，流动人口进入城市就业的收益逐年增加，这也激励了流动人口在城市稳定就业。从图 1.1 可以看出，1982～2010 年，我国流动人口是逐年增加的，这可以说明流动人口向城市转移就业的总体趋势未变。根据国家统计局每年发布的全国农民工监测调查报告可以看出，2008～2016 年外出农民工数量仍然是稳步增加的。具体情况见表 1.1。

表 1.1　2008～2016 年我国农民工数量（单位：万人）

指标	2008 年	2009 年	2010 年	2011 年	2012 年	2013 年	2014 年	2015 年	2016 年
农民工总量	22 542	22 978	24 223	25 278	26 261	26 894	27 395	27 747	28 171
1. 外出农民工	14 041	14 533	15 335	15 863	16 336	16 610	16 821	16 884	16 934
（1）住户中外出农民工	11 182	11 567	12 264	12 584	12 961	13 085			
（2）举家外出农民工	2 859	2 966	3 071	3 279	3 375	3 525			
2. 本地农民工	8 501	8 445	8 888	9 415	9 925	10 284	10 574	10 863	11 237

资料来源：国家统计局 2008～2016 年全国农民工监测调查报告

由于我国劳动力市场存在严重的市场分割，流动人口在城市就业很难进入主要劳动力市场，大部分在次要劳动力市场。流动人口就业集中在第二产业和第三产业，向上职业流动的空间也很小，并且逐渐固化。国家统计局发布的《2012 年全国农民工监测调查报告》显示，作为流动人口主体的农民工从事制造业的比重最大，为 35.7%；其次是建筑业，为 18.4%；后面依次是居民服务业和其他服务业（12.2%），批发零售业（9.8%），交通运输、仓储和邮政业（6.6%），住宿餐饮业（5.2%）。同时，流动人口很难在自己的工作转换中实现职业角色的转变，进入主要劳动力市场。

由于内部和外部因素影响，我国流动人口就业稳定性不高。主要体现在以下几个方面。

一是流动人口签订劳动合同比例较低。流动人口签订劳动合同的情况不是非常理想。即使在正规就业形式中，合同签约率也不高。在很多小型企业中，流动人口很少签订正式劳动合同。在大中型企业中，企业各种用工制度比较规范，员工总体签约率较高，但基层员工的签约率较低。国家统计局发布的全国农民工监测调查报告数据显示，2012～2016 年农民工合同签约率不超过 50%。

从表 1.2 中可以看出，在建筑业中，2009～2012 年农民工与雇主签订合同的比例不足 30%。当双方存在有限理性或机会主义行为时，缺乏劳动合同的保护与制约会导致流动人口就业稳定性降低。从 2012～2016 年国家统计局发布的全国农民工监测调查报告情况来看，农民工在就业过程中签订合同的比例不高，而且呈现出一定的下降趋势；2016 年农民工外出务工签订合同的比例仅为 35.1%。

表 1.2　2009～2012 年各行业中农民工未签订劳动合同比例

年份	建筑业	制造业	服务业	住宿餐饮业	批发零售业
2009	74%	49.3%	63.9%	65.2%	66%
2010	70.9%	52.3%	62.8%	65.7%	64.7%

续表

年份	建筑业	制造业	服务业	住宿餐饮业	批发零售业
2011	73.6%	49.6%	61.4%	64.6%	60.9%
2012	75.1%	48.8%	60.8%	62.4%	59.9%

资料来源：国家统计局 2009～2012 年全国农民工监测调查报告

二是流动人口工作持续期短。2013 年国家卫生和计划生育委员会（简称国家卫计委）发布的《中国流动人口发展报告 2013》将流动人口在工作单位持续工作三年以上或者持续工作时间超过在流入地时间的 3/4 以上就算作稳定就业。通过调查发现，农村户籍流动人口中，78.8%的流动人口就业处于稳定状态，其中，51.9%的流动人口在现工作单位持续工作三年以上，26.9%的流动人口在现工作单位工作三年以内但工作持续时间占流入本地时间长度超过 3/4；流动人口在 30 岁之前（职业初期）的就业稳定性明显低于 30 岁以后（职业稳定期）。同时，《中国流动人口发展报告 2013》指出，农村户籍流动人口就业稳定性低则参加群体性事件的风险更高。当然，这个标准与发达国家就业稳定性相比还是比较低，1999 年德国 16～56 岁男性员工就业持续时间的中位数为 7.5 年。

1.2.2　发达国家就业稳定性情况

就业稳定性是衡量就业质量的一个重要指标。稳定的就业不仅对劳动者自身发展有利，而且对区域经济发展起到积极促进作用。西方发达资本主义国家在 20 世纪 80 年代以前，雇佣关系比较稳定，并且倾向于长期雇佣。但是，在此之后就业稳定性出现下降，长期雇佣的比例逐渐降低，各种新的短期雇佣关系出现。发达国家已经实现了工业化和城镇化，也没有严格的户籍管理制度；因此，类似于我国的剩余农村劳动力向城市转移形成的流动人口非常少见。另外，发达国家劳动力市场分割也不像我国这样明显。因此，可以从整体就业情况上考察劳动者就业稳定性问题。经济合作与发展组织（Organization for Economic Co-operation and Development，OECD）每年都发布其成员国家劳动力市场状况，其中劳动者工作持续期的状况见表 1.3。

表 1.3　OECD 成员国家工作持续期占比情况

国家	工作持续期	2006 年	2007 年	2008 年	2009 年	2010 年	2011 年	2012 年	2013 年
OECD 成员国家平均水平	1 个月以内	2.20%	2.21%	2.10%	1.79%	2.62%	2.63%	2.22%	2.34%
	1～6 个月	9.50%	9.32%	9.07%	8.30%	7.89%	8.08%	6.90%	7.82%
	6～12 个月	8.70%	8.86%	8.07%	7.40%	6.99%	7.63%	8.12%	8.23%

续表

国家	工作持续期	2006 年	2007 年	2008 年	2009 年	2010 年	2011 年	2012 年	2013 年
OECD 成员国家平均水平	1～3 年	12.92%	13.29%	13.64%	13.63%	12.98%	12.94%	13.74%	14.83%
	3～5 年	14.47%	14.36%	14.79%	15.48%	15.90%	14.84%	12.96%	12.66%
	5～10 年	18.31%	18.07%	17.94%	18.18%	17.83%	18.18%	18.18%	18.51%
	10 年以上	33.90%	33.89%	34.40%	35.22%	35.79%	35.71%	37.87%	35.61%
德国	1 个月以内	3.12%	3.30%	3.23%	2.69%	3.20%	3.21%	2.87%	2.78%
	1～6 个月	5.61%	5.74%	5.78%	5.14%	5.47%	5.78%	5.37%	5.05%
	6～12 个月	5.82%	6.30%	6.45%	6.05%	5.83%	6.27%	6.54%	5.98%
	1～3 年	12.47%	13.08%	14.00%	14.46%	13.53%	13.14%	14.14%	14.68%
	3～5 年	8.40%	7.94%	8.01%	8.76%	9.39%	9.22%	8.59%	9.02%
	5～10 年	20.61%	19.9%	18.91%	17.83%	16.89%	17.00%	17.66%	17.87%
	10 年以上	43.97%	43.76%	43.62%	45.07%	45.69%	45.39%	44.83%	44.64%
澳大利亚	1 个月以内	3.48%	4.30%	3.40%	4.10%	4.24%	4.15%	4.09%	
	1～6 个月	8.50%	8.91%	8.83%	7.64%	8.73%	9.06%	8.42%	
	6～12 个月	10.52%	10.34%	9.95%	8.77%	10.16%	10.40%	9.61%	
	1～3 年	22.84%	22.29%	24.15%	24.49%	21.99%	22.18%	23.60%	
	3～5 年	13.44%	13.89%	14.11%	15.60%	16.34%	15.77%	15.08%	
	5～10 年	17.16%	16.35%	16.18%	17.63%	17.57%	17.56%	17.56%	
	10 年以上	24.06%	23.92%	23.38%	21.78%	20.97%	20.87%	21.64%	
美国	1 个月以内								
	1～6 个月	14.89%		13.23%		11.30%		11.19%	
	6～12 个月	9.03%		9.15%		7.22%		9.84%	
	1～3 年	6.80%		6.94%		6.63%		11.28%	
	3～5 年	22.08%		22.46%		23.97%		16.24%	
	5～10 年	20.67%		19.95%		20.79%		21.32%	
	10 年以上	26.53%		28.27%		30.08%		30.12%	
英国	1 个月以内	3.07%	3.16%	2.74%	2.17%	2.31%	2.29%	2.52%	2.56%
	1～6 个月	6.51%	6.82%	6.60%	5.14%	5.69%	5.61%	5.53%	5.52%
	6～12 个月	8.34%	8.43%	8.63%	7.22%	6.58%	7.12%	7.28%	7.10%
	1～3 年	17.07%	17.25%	17.27%	17.74%	15.90%	14.33%	15.31%	15.37%

续表

国家	工作持续期	2006年	2007年	2008年	2009年	2010年	2011年	2012年	2013年
英国	3～5年	11.16%	11.26%	11.22%	12.27%	13.27%	12.52%	10.88%	10.72%
	5～10年	22.58%	22.41%	22.99%	24.14%	24.32%	25.47%	25.46%	24.88%
	10年以上	31.28%	30.68%	30.57%	31.31%	31.93%	32.66%	33.03%	33.86%

注：本表分组遵循“上组限不在内”原则；本表数据因进行了约分，存在比例合计不等于100%的情况

从表1.3中可以看出，OECD成员国家的劳动者就业稳定性比较高，2006～2013年工作持续5年及以上的比例都高于50%（澳大利亚、美国除外），工作持续期的中位数应该在5年以上。特别是在就业稳定性较高的德国，接近一半的劳动者工作持续期在10年以上。美国近几年就业情况也更加稳定，工作持续期在10年以上的比例稳步提高。这与东莞实地调研数据形成鲜明对比，在东莞就业的流动人口中仅有10%的人签订10年及以上的无固定期限合同，不到30%的人签订3年及以上的劳动合同，平均工作持续期不到4年。发达国家就业稳定性与对于劳动者的制度保护及在职业技能训练的投入是分不开的。

发达国家技能人才能够获得较好的收入及较完善的福利保障，技能人才对于未来的稳定预期成为他们稳定就业的首要保障。美国劳工部的数据显示，2013年5月美国所有从业人员平均年薪为46 440美元，中位数为35 080美元。其中，收入较低的行业为餐饮业，平均工资水平仅为21 580美元，仅为整体平均年薪的46%。而技能人员从业比较集中的如制造业、安装维修行业、交通行业及建筑行业的平均工资为整体平均工资的75%、96%、73%和98%。可见美国技能人才收入得到了一定保障。具体情况见表1.4。

表1.4　美国各行业人员工资水平（2013年5月）

种类	人数/人	平均工资（年收入）/美元	工资中位数（年收入）/美元
所有行业人员	132 588 810	46 440	35 080
管理人员	6 542 950	110 550	95 600
商务及金融从业人员	6 658 090	71 020	63 800
IT从业人员	3 696 180	82 010	77 860
建筑及工程人员	2 380 840	80 100	74 530
教育、培训及相关人员	8 400 640	51 500	46 140
文体、娱乐从业人员	1 758 310	55 580	44 610
餐饮从业人员	11 914 590	21 580	19 020
建筑维护业人员	4 291 410	26 010	22 970

续表

种类	人数/人	平均工资（年收入）/美元	工资中位数（年收入）/美元
销售及零售从业人员	14 068 190	38 200	25 160
办公室从业人员	21 442 800	34 900	32 010
农业从业者	435 250	24 300	19 380
建筑工人	5 088 030	45 630	40 670
安装维修从业者	5 138 130	44 420	41 440
制造业工人	8 765 180	34 930	31 250
交通从业者	9 005 120	33 860	29 100

我国流动人口已经成为产业工人的主力军，也是技能人才队伍的重要组成部分。但是其劳动收入较低，劳动者权益没有得到合法保障。2010～2011 年对东莞流动人口用工情况的调查发现，有 42%的流动人口工资水平低于 2000 元，平均工资在 2500 元左右。而 2011 年全国城镇在岗职工年平均工资为 42 452 元，东莞流动人口平均工资水平仅约为全国平均工资的 70%。另外，流动人口享受的社会保障水平非常低。较低的工资水平和社会保障水平影响了流动人口对于未来的预期，他们会试图通过改变工作岗位或者行业来提高收入，这也降低了他们的就业稳定性。

1.2.3　流动人口就业稳定性与技能人才用工紧张

流动人口就业不稳定已成为导致企业用工紧张的重要因素。流动人口已经成为大中城市劳动力的重要组成部分，其就业不稳定会对当地用工造成一定冲击。在制造业中有以下相关调查数据：2012 年下半年北京市顺义区调查了区内 382 家制造业企业，从业人员总数为 103 858 人，制造企业流入从业人员 15 968 人，流出 12 949 人，二者相抵共计净流入从业人员为 3019 人；2012 年下半年该区制造业企业员工平均离职率为 12.64%，比全区企业单位员工平均离职率（12.88%）低 0.24 个百分点[①]。可以估计从一年的周期来看，该区制造业员工离职率在 20%左右，这个比例明显偏高。职工的高流动性及就业不稳定对企业正常生产经营造成一定负面影响。在服务行业中，员工的流动性更大，就业稳定性更不容乐观。中国人力资源市场信息监测中心发布的《2014 年第二季度部分城市公共就业服务机构市场供求状况分析》显示，批发和零售业、交通运输、仓储和邮政业、房地产业等行业的

① 资料来源：《2013 年四季度北京市公共人力资源服务机构供求状况》。

用人需求环比下降，同比仍有所增长。这说明这些行业缺工状况明显，也侧面反映出这些行业就业稳定性不高。

流动人口的就业不稳定和企业内部培训的不足也导致了我国技能人才短缺和缺工现象普遍存在。由于我国经济快速发展，对技能人才的需求一直非常旺盛，技能人才的缺口非常大，具体缺工状况见表1.5。从2003年开始，沿海地区出现“技工荒”现象，并且这种现象逐步扩展到内陆地区，如河南、湖南和安徽等地。尽管近几年国家注重技能人才培训工作，加大了财政补贴扶持力度，职业培训学校和机构迅速发展，但是“技工荒”的现象没有得到根本解决。特别是在企业转型、地区经济结构调整过程中，高素质技能人才的缺失是一个重要的阻碍因素。“技工荒”现象出现的主要原因是技能人才的供给不足，满足不了企业需求。从现实情况来看，我国职业教育培训的生源主要来自农村地区，就业地一般在城市，也就是流动人口。职业技能人才的短缺也可以从侧面反映出流动人口各类专用性人力资本投资的不足。职业技能人才短缺的主要原因有：①人才供给总量不足。企业缺工，特别是有大量需求的初级技工及中级技工，这说明职业学校和培训机构在总量上供给不足。②企业内部培训投入不足。企业是技能人才需求主体，也是技能人才培训受益的主体之一，应该采取各种方式参与到技能人才教育培训中。企业参与职业技能人才培训的主要形式包括企业自办培训学校或机构，或通过投资或资助等形式与学校联合培养人才。我国大部分企业特别是中小企业，都缺乏战略眼光和意识，不能在技能人才培训上进行长期稳定的投资。③企业在内部培训中存在契约难题。企业对员工进行专用性人力资本投资是一种合作型的关系型契约，在有限理性和机会主义的情况下，这种契约会出现无效率情形。员工的机会主义行为主要表现为在合同期限内离职或者加盟企业竞争对手。在合同期限内离职对于企业的影响主要是增加进行专用性人力资本投资的相关成本；而加盟竞争对手对企业的影响难以估量。企业的机会主义行为主要表现在压低员工的工资报酬。从这个角度来看，流动人口就业的不稳定性对专用性人力资本投资也产生了负面影响。

表1.5　2009～2014年全国部分城市技能人才需求及缺口情况（单位：人）

时间	职业资格5级（初级技能人才）	职业资格4级（中级技能人才）	职业资格3级（高级技能人才）	职业资格2级（技师）	职业资格1级（高级技师）	初级专业技术职务（技术员）	中级专业技术职务（工程师）	高级专业技术职务（高级工程师）
200901	926 849/1.27	453 551/1.28	165 832/1.44	87 948/1.76	38 492/1.6	532 587/1.35	219 116/1.37	44 006/1.61
200902	947 742/1.33	474 601/1.4	171 222/1.56	90 396/1.75	37 648/1.85	543 651/1.36	237 572/1.42	49 079/1.76
200903	1 071 150/1.43	521 753/1.46	191 293/1.65	107 222/1.95	47 976/2.24	609 016/1.52	254 245/1.51	52 053/2.28
200904	1 075 408/1.48	483 613/1.43	187 109/1.62	101 775/1.89	31 666/1.8	512 410/1.46	242 135/1.47	53 624/2.02

续表

时间	职业资格 5 级（初级技能人才）	职业资格 4 级（中级技能人才）	职业资格 3 级（高级技能人才）	职业资格 2 级（技师）	职业资格 1 级（高级技师）	初级专业技术职务（技术员）	中级专业技术职务（工程师）	高级专业技术职务（高级工程师）
201001	899 617/1.52	497 643/1.61	199 516/1.68	105 707/2.02	35 616/2.14	551 855/1.66	278 061/1.75	47 937/2.00
201002	1 043 564/1.46	536 404/1.45	244 467/1.61	119 433/1.88	39 190/1.83	641 480/1.56	328 545/1.57	65 109/1.81
201003	1 160 459/1.46	564 476/1.42	258 124/1.59	140 697/1.85	59 961/1.84	693 668/1.5	352 023/1.55	74 649/1.75
201004	873 877/1.44	471 797/1.46	222 437/1.67	110 871/1.75	58 704/1.82	515 291/1.43	266 284/1.5	62 839/1.99
201101	917 412/1.52	465 906/1.47	198 688/1.72	116 489/2.19	48 241/2.19	531 308/1.58	267 290/1.61	60 614/2.29
201102	909 673/1.48	474 361/1.5	218 455/1.71	109 659/1.77	40 160/1.45	576 192/1.6	291 440/1.68	66 192/2.37
201103	1 278 160/1.42	624 693/1.59	228 532/1.73	109 680/1.67	41 027/1.61	610 848/1.5	315 700/1.59	69 100/2.19
201104	985 632/1.4	507 379/1.59	201 698/1.67	995 450/1.97	36 206/1.97	463 938/1.42	287 343/1.54	64 721/2.56
201201	1 227 642/1.47	605 346/1.65	235 633/1.81	141 481/2.32	57 914/2.18	618 736/1.48	338 305/1.61	71 890/2.59
201202	1 410 870/1.44	686 702/1.49	265 005/1.8	161 546/2.32	54 010/2.09	637 371/1.42	350 634/1.62	70 259/2.5
201203	1 332 885/1.48	648 001/1.56	239 250/1.77	141 420/2.38	46 466/2.86	591 777/1.5	327 887/1.7	66 246/2.37
201204	1 201 372/1.48	579 300/1.45	217 184/1.75	129 676/2.49	39 387/2.66	552 298/1.45	301 576/1.64	65 407/2.37
201301	1 335 210/1.5	776 460/1.73	263 438/2.1	124 240/2.31	45 930/2.72	599 491/1.4	322 232/1.69	69 340/2.13
201302								
201303	1 249 763/1.48	631 536/1.49	232 393/1.67	145 744/2.19	49 131/2.19	650 567/1.5	378 182/1.56	74 940/2.11
201304	1 114 991/1.49	516 183/1.51	206 922/1.66	116 573/1.89	42 472/1.58	565 325/1.54	323 624/1.59	67 396/1.79
201401	1 187 485/1.51	635 209/1.63	206 068/1.8	128 761/2.01	43 162/1.91	699 011/1.55	348 291/1.7	73 524/1.81
201402	1 022 425	624 410	267 682	134 298/1.64	48 428/1.78	861 182	371 278/1.68	91 978/1.95
201403	772 953		1.76	294 784/2.78	53 513/1.61	794 871	325 611	97 497/1.99
201404				1.91	2		1.81	2.1

资料来源：根据中国人力资源市场信息监测中心每季度公布的《部分城市公共就业服务机构市场供求状况分析》整理得出。中国人力资源市场信息监测中心每季度对全国 100 多个城市的公共就业服务机构市场供求信息进行统计分析，这些城市分布在全国各大区域，拥有市区人口约占全国地级以上城市市区人口的 45%以上，拥有市区从业人员（含城镇个人劳动者）数量约占全国地级以上城市市区从业人员数量的 50%以上

注：200901 代表 2009 年第一季度，类同。前面数字代表市场总需求，后面数字代表需求总数与求职总数比例。2014 年第二季度以后，人力资源和社会保障部不再直接公布需求总数。表中部分数据缺失

流动人口进入城市就业，面临很多制度障碍，就业质量不高；在就业过程中，工作持续时间不长；劳动契约呈现短期化特征。这与流动人口和用工企业都有一定关系。一方面，由于市场契约成本很低，企业不断地用低成本的市场契约来替代内部契约，导致就业不稳定；另一方面，流动人口在职业初期，对工作现状不

满，试图通过频繁更换工作岗位来提高就业质量，也导致了就业不稳定。从这个角度看，流动人口就业不稳定是一个契约难题，解决这个难题可以从契约理论及制度变迁理论角度出发。

1.2.4　流动人口劳动制度环境概况

沿海地区和内陆中心城市有大量流动人口，他们已经成为城市劳动力市场中的主要力量，在建筑业、制造业和传统服务业中甚至已经成为主要组成部分。流动人口在就业方面的稳定预期不及户籍人口，就业流动性较强。其主要流动形式有两种，一种是回流，也就是回到家乡就业；另一种是二次流动，即从一个城市到另一个城市就业。流动人口在流动过程中，除了看重就业机会和收入之外，还受就业地的劳动制度环境影响。劳动制度环境包括影响流动人口劳动就业的制度安排，一方面是与劳动直接相关的制度，包括劳动产权安排、劳动保护措施、劳动争议处理和社会保障等；另一方面是与劳动间接相关的制度，包括户籍制度、随迁子女义务教育制度及公共住房保障制度等。我国是中央集权国家，这些制度安排首先是由中央政府制定大体政策方向，地方政府负责具体制度安排和实施细则。地方政府在制度细则方面会有一定差异，流动人口会感受到这种差异，并在初次流动和二次流动中体现出来。研究流动人口劳动制度环境对劳动力市场的影响，特别是对其就业稳定性的影响有一定现实意义。

1.3　本书研究的出发点和视角

1.3.1　本书研究的出发点

从上述状况可以看出，流动人口作为我国产业工人的重要组成部分，其就业稳定性和专用性人力资本积累水平与发达国家相比仍显不足，处于一种低水平的循环状态。流动人口人力资本水平低导致收入较低，较低的收入增加了就业流动性，企业则无法进行专用性人力资本投资，人力资本水平无法提高，由此进入一种低水平循环。这对我国产业转型升级造成一定的负面影响。流动人口就业不稳定可以理解为在雇佣关系中存在大量的短期契约，而长期契约较少。流动人口较低的人力资本水平对于其职业发展和收入提升造成了负面影响，也对地区经济转型发展造成不利影响。如何提升流动人口的就业稳定性和专用性人力资本水平值得深入研究。从企业内部视角来看，流动人口专用性人力资本不足与劳动契约不完全性有关，本书将以不完全契约理论为基础分析流动人口就业稳定性与专用性人力资本投资问题。在本书基本研究思路下主要探讨以下几个问题。

一是流动人口就业稳定性对收入的影响问题。流动人口在就业过程中频繁转换工作对其收入影响如何？如果频繁转换工作对其收入提升有正向的促进作用则应该鼓励其流动；反之，若流动人口就业不稳定对收入有负面影响，则应该鼓励其稳定就业。

二是不同状况下流动人口就业稳定性与专用性人力资本投资的内在相互影响机制。在考虑流动人口和企业的异质性的情况下，分析流动人口就业稳定性与专用性人力资本投资的影响。

三是劳动制度变迁对流动人口就业稳定性与专用性人力资本投资的影响。流动人口劳动契约是不完全契约，劳资双方在进行事后协调时，相关劳动制度起到重要的参照作用。本书将分析我国相关劳动制度变迁对流动人口就业的影响。

1.3.2　本书研究视角

地区经济可持续发展的根本动力是科技进步与制度创新，关键在于对劳动者进行人力资本投资的激励。中国经济存在城乡二元经济结构，并执行较为严格的户籍管理制度，造就了大量的流动人口。流动人口逐步融入城市（镇）是我国经济发展的大趋势，也是地区经济发展的重要动力。在沿海地区发达城市和内陆地区中心城市，流动人口是劳动力供给的重要组成部分，对于地方经济持续发展有重大影响。由于既有的制度约束，流动人口就业具有内在的不稳定性，不能在初始流入地长期稳定工作，而是选择在不同地区频繁流动就业或者回户籍所在地就业。流动人口就业不稳定也给专用性人力资本投资带来很大困扰，在经济发达地区普遍存在“技工荒”现象。“技工荒”是指高素质技能人才供给不足，其原因一方面在于我国职业技能教育与培训在总量和结构上不能完全匹配企业需求；另一方面与流动人口就业稳定性不足有关。如何提升流动人口的就业稳定性及专用性人力资本水平是一个值得关注的重大现实问题。本书从劳动契约和劳动制度角度出发分析制度激励和契约激励对流动人口就业稳定性和专用性人力资本投资的影响。本书主要研究视角如下。

理论视角：①本书运用 GHM 模型分析了流动人口就业稳定性与专用性人力资本投资的内在逻辑关系；发现流动人口就业稳定性对专用性人力资本投资有激励作用；流动人口理性不足对就业稳定性和专用性人力资本投资有负面影响；现代产业体系中流动人口就业稳定性高于传统产业。流动人口就业稳定性不足和专用性人力资本积累不足与劳动合作过程中的契约失灵（failure of contract）有关；

最深层次的原因则是双方的理性不足和机会主义行为。专用性人力资本投资是企业与员工长期合作成果的体现，在这种长期合作过程中，如果契约双方不能很好地处理有限理性与机会主义行为，将会导致合作的失败，从而导致专用性人力资本投资的不足。本书通过对 GHM 模型进行一定的修订，研究在企业内部视角下流动人口就业稳定性与专用性人力资本投资的契约治理问题，通过理论推演得到上述结论，并进行案例分析和实证研究。②考虑流动人口劳动契约失灵情况下，分析制度保护及激励对流动人口就业稳定性的影响。流动人口专用性人力资本积累主要发生于在企业就业的过程中，由于在各种与流动人口相关的正式制度和非正式制度的影响下，雇佣方在流动人口就业过程中机会主义行为经常发生，流动人口劳动权益经常遭受侵害。流动人口可以选择离职来应对雇主的机会主义行为，这样就降低了就业稳定性。通过对 GHM 模型和参照点理论的进一步分析，发现加强对流动人口的相关劳动权益的制度保护，能够有效约束企业中的机会主义行为，提升流动人口就业稳定性与人力资本投资水平。③对流动人口劳动制度环境的变迁进行梳理，以及对不同地区流动人口劳动制度进行比较分析。企业家对制度环境（营商环境）非常敏感，流动人口对劳动制度环境也应该存在一定的敏感性；本书在文献研究的基础上进一步完善流动人口劳动制度评价方法和体系。④基于契约理论和制度演化理论研究劳动制度环境对提升流动人口劳动契约效率的作用机理；构建理论模型研究流动人口制度环境对其就业稳定性、人力资本投资的影响机理；为完善流动人口制度环境提供理论支撑。

从现实角度看，本书为提升流动人口素质、提升其就业质量、促进地方经济产业升级转型提供政策启示。我国正处于经济转型发展的关键时期，沿海地区发达城市和内陆地区中心城市提出优先发展战略新兴产业，这需要高素质技能人才的稳定供给。目前劳动力市场中的“民工荒”和“技工荒”说明流动人口专用性人力资本积累不足；同时流动人口就业不稳定，频繁流动或者流出就业地，这些都会对地方经济转型发展产生不利影响。地方政府为了留住高素质、高技能流动人口，制定了很多优惠政策，包括经济补贴和制度优惠等。其中，经济补贴主要包括在培训、就业和置业等方面的经济补贴；制度优惠则主要包括为流动人口提供同户籍人口相当的社会福利。这些政策的覆盖面及执行力度方面同理想状况还存在一定的差距。发达国家在经济发展过程中非常注重技能人才的教育培训，高素质的技能人才也为经济转型升级提供了重要的人才保障。本书将在理论分析的基础上，借鉴发达国家经验，为地方政府促进流动人口稳定就业和提高流动人口人力资本水平提供相关政策建议。一是为各大城市稳定并提升流动人口就业质量提供对策建议。自 2003 年开始，珠江三角洲（简称珠三角）地区陆续出现了“民工荒”和“技工荒”现象，后面这种现象扩展到中、西部地区，至今都没有得到较好的解决，本书将对此提供一定可参考的政策建议。二是为用人单位和政府部门创新流动人口管理机制提供对策建议。通过就业管理和社会管理创新，为实现流动人口社会融合打下基础。

本书研究创新之处在于：①运用 GHM 模型分析了流动人口就业稳定性与专用性人力资本投资的关系，发现就业稳定性促进专用性人力资本投资，也能促进流动人口收入的提高；现代产业体系中流动人口就业稳定性及专用性人力资本投资水平高于传统产业。②在参照点理论视角下分析了制度保护对流动人口就业稳定性的影响，发现加强流动人口劳动权益保护能够提升其就业稳定性，从而对专用性人力资本投资有正面促进作用。③在东莞实地调研数据的基础上，运用有序 logit 回归和分位数回归模型对制度激励、流动人口就业稳定性和专用性人力资本投资的关系进行了实证分析，发现增强对流动人口劳动权益制度的保护能提升流动人口就业稳定性，以及增加其专用性人力资本投资。

第2章　流动人口就业稳定性的相关研究

国内文献中关于流动人口（特别是农民工）的文献非常多，主要研究其流动情况、收入情况及社会保障情况等；对于流动人口就业稳定性与专用性人力资本投资的研究不是很多。有文献分析了流动人口就业稳定性及专用性人力资本投资对收入的影响，其中大部分文献都支持正向影响的关系。也有学者研究了就业稳定性的影响因素，对于宏观就业稳定性的思考偏向于制度变迁角度，而微观就业稳定性则多从隐性契约角度来考虑。专用性投资不足是经济理论的热点问题，一般从契约失灵及契约治理角度来考虑。对专用性投资不足的分析同样适用于专用性人力资本投资不足，有学者从完全契约理论角度出发，认为契约激励能够促进专用性人力资本投资；而有学者从不完全契约理论角度出发，认为应该在产权配置方面做出安排以对专用性人力资本投资进行激励。

2.1　流动人口就业稳定性及收入的相关研究

由于二元体制的原因，我国有大量的流动人口。流动人口特征和流动趋势、就业及收入情况、参加社会保障情况和享受社会福利情况等成了学者研究的热门话题。学者研究发现，我国流动人口由中、西部向东部流动的整体趋势没有改变，同时从区域内部流动情况来看，区域内流动频繁，并且向中心城市流动的趋势更加明显。段成荣等（2013）根据第六次全国人口普查数据分析发现，2010年东部地区吸收了全国流动人口总量的56.86%，人口流出地主要是中、西部地区。刘盛和等（2010）运用净迁移率和总迁移率的复合指标法，以中国第五次人口普查分区县数据为基础也发现类似结论。肖宝玉和朱宇（2014）基于第六次全国人口普查数据，运用空间计量研究方法，发现福建省城镇流动人口在沿海多而密集，以区外流动为主；而在内陆则少而稀疏，以区内流动为主。有学者研究了流动人口的就业情况，发现流动人口就业层次比较低。田明（2013）通过对东部六个城市的调研数据进行分析发现，流动人口在就业过程中横向迁徙加快。杜旻（2013）对 2011 年全国流动人口动态监测调查数据进行分析表明：总体来看，流动人口的职业结构中处于底层职业的人数较多，较低层级的职业类型在全部职业中所占比重较大。从各种调研数据来看，流动人口的收入水平较低，往往低于流入地的平均工资水平。流动人口除了在劳动收益方面不高之外，获得的社会保障水平也不高。蔚志新（2012）对 2010 年全国流动人口动态监测调查数据分析发现，其流动人口社会保险的参与水平明显偏低；不同的就业身份，其各种社会保险的参与状况存在一定差别；在公有性质单位和外资企业中社会保险参与水平处于高位。同样的情况在北京也存在，张瑞凯（2011）对北京农民工的调查发现，其医疗保险参保比例达 91.2%，而其他社会保险参保比例不到 40%。杨菊华（2011）对流动人口社会保险参与水平低进行了探讨，认为宏观制度背景中，户籍制度和目前统账结合制度中极不便利的转移支付无疑都是导致流动人口社会保障程度低的主要原因。

（1）流动人口流动规律和趋势。刘涛等（2015）利用 2000 年和 2010 年人口普查数据，对中国流动人口空间格局的演变特征、形成机制及其城镇化效应进行了系统分析，发现空间格局具有稳定性，珠三角、长江三角洲（简称长三角）、京津冀等沿海城市群仍然是流动人口集中地；其中市场力量是主要驱动因素；大规模的流动人口迁移对城镇化有利。彭璐等（2017）利用 2015 年全国流动人口动态监测调查数据，对流动人口短期回流进行了研究，发现结婚、生养孩子等人生阶段性目标是回流的主要原因。余运江和高向东（2018）通过对 2000 年和 2010 年的人口普查数据分析，市场规模对省际流动和省内流动都有显著的影响，并且随着时间的推移，市场规模的作用逐渐加强；省际流动最主要的影响因素是市场潜能，而省内流动最主要的影响因素是工资。童玉芬和王莹莹（2015）利用 2013 年全国流动人口动态监测调查数据进行分析，发现流动人口个体在北上广较高的支出并没有抑制其流入。陈明星等（2018）利用 2015 年全国流动人口动态监测调查数据，对京津冀地区流动人口进行分析，发现流动人口以跨省流动为主，还发现其他特征，并提出一些对策建议。

（2）流动人口与户籍人口融合研究。流动人口获得流入地户籍不容易，很多城市为了稳定流动人口就业，提出了很多有利于流动人口的措施，对于流动人口融入起到积极作用。当然，流动人口有没有较好地融入流入地取决于很多因素。很多学者设定了流动人口融入指标，从经济、文化、社会、结构、身份等维度进行分析。杨菊华（2015）通过对 2013 年全国流动人口动态监测调查数据分析发现，流动人口社会融合度一般，乡—城流动人口的融入水平不如城—城流动人口的融入水平，表现出融入的分层性；良好的社区服务与接纳环境可有效推进融入进程，凸显融入的社区依赖性；流入地和流出地及流动人口和本地市民的连接影响流动人口的融入进程，凸显融入的互动性。推进融入既需要个人的努力，更需要消除歧视、排斥的制度障碍，以营造良好的制度环境和社区氛围。陈璐等（2018）通过对2014年流动人口专项调查数据进行实证分析，发现商业医疗保险显著提高流动人口的综合社会融入水平。汪润泉和刘一伟（2017）基于全国七个城市的调查数据，实证检验了住房公积金制度在流动人口城市定居过程中的政策效应。研究结果表明，住房公积金制度对流动人口的城市定居意愿与城市购房都有显著的促进作用，且能够强化定居意愿对城市购房的正向影响。于潇和陈新造（2017）通过对2015年全国流动人口动态监测调查数据进行分析，发现收入较高的群体留城意愿更强烈。

（3）流动人口的收入情况。流动人口的收入是研究的重要话题，流动人口由于技能水平和学历水平相对较低，其收入水平整体上低于户籍人口。莫旋等（2018）利用2014年全国流动人口动态监测调查数据，发现流动人口收入不仅与个体层次因素有关，而且受社区层次因素的影响。余运江和高向东（2017）发现专业化城市集聚对流动人口工资的影响存在着“门槛”效应。从流动人口的空间选择看，专业化集聚对高技能流动人口工资有显著的正向作用，对低技能的流动人口工资有显著的负向作用，呈现出强烈的两极分化态势，而多样化集聚对不同分位流动人口工资的影响比较均衡。从区域差异看，东部地区流动人口工资主要得益于多样化集聚，中部和西部地区流动人口工资更多地得益于专业化集聚。阳玉香和莫旋（2017）利用2014年全国流动人口动态监测调查数据进行分析，发现政府培训在流动人口收入的决定方面起到了较大的作用。

2.1.1 就业稳定性及其影响因素研究

国外很多学者运用不同数据对就业稳定性进行研究，主要有面板数据和截面数据。从国别来看，主要运用的是美国数据，如当前人口调查（current population survey，CPS）数据，该数据记录了自1951年以来不规则的间隔期中被调查者在现在工作单位持续工作的时间。Heisz（1999）运用加拿大劳动力市场调查月度数据对就业稳定性进行了分析。Gregg和Wadsworth（2002）与Burgess和Rees（1998）运用英国劳动力市场调查数据及入户调查数据进行了研究，这两套数据都包括被调查者工作持续期的年度数据。Sousa-Poza（2004）运用瑞士劳动力市场调查数据进行了分析。截面数据的运用给就业稳定性分析带来了一定的困扰，主要原因是不能获得调查期后劳动者的工作持续期情况，而面板数据可以弥补这一缺陷。美国CPS数据对调查者进行两年的跟踪调查，同样瑞士劳动力市场调查也有动态调查数据。有学者运用了面板数据研究劳动者就业持续期的分布情况（Farber，1995），以及预测保留率情况（Diebold et al.，1997；Neumark et al.，1999）。还有学者运用其他面板数据研究就业稳定性，Jaeger 和 Stevens（1999）使用了美国动态收入调查面板（Panel Study of Income Dynamics，PSID）数据，这套数据记录了被调查者的详细工作经历情况。Bernhardt 等（1999）运用了美国长期调查（National Longitudinal Surveys，NLS）数据中的青年数据及青年男性数据来分析就业稳定性问题，这两套数据都记录了青年工作经历情况及雇主情况。Bergemann 和 Mertens（2004）运用了德国经济社会面板（German Socio-Economic Panel，GSOEP）数据，这套数据计量了被调查者现职的工作持续期和转换工作时的工作搜寻情况，以及近十年转换工作次数等。Booth 等（1999）运用英国家庭面板调查数据研究就业稳定性，其中包括被调查者自离开全日制学校以来的工作情况。国外学者从本国数据出发分析就业稳定性问题，提出了影响就业稳定性的一些宏观因素。Kato（2001）考察了日本在金融危机发生前十年和后十年就业稳定性的差异，发现在金融危机后，日本的终身雇佣制度开始解体，年轻员工的就业稳定性降低。说明宏观经济波动因素是员工就业稳定的重要影响因素。Givord 和 Maurin（2004）发现法国在 1982～2000 年劳动力市场中的工作稳定性也有显著的下降过程。Bergemann 和 Mertens（2004）研究发现，20 世纪 80～90 年代，德国劳动力市场中男性员工的工作稳定性下降。Sousa-Poza 和 Henneberger（2002）通过分析发现在 20 世纪 90 年代，瑞士劳动力市场失业率有小幅度上升，就业稳定性下降不明显。同时，认为全球化对就业稳定性影响不是很显著；而稳定的产业关系和管理方式对稳定就业起了积极作用。Farber（2007）分析了美国劳动力市场，发现长期雇佣在逐渐消失，工作稳定性在逐渐降低。Heisz（2005）运用 1976～2001 年加拿大劳动力调查数据，以平均工作持续期（average in-progress job duration）作为就业稳定性统计指标进行分析，发现 20 世纪 90 年代同 20 世纪 70 年代相比加拿大劳动力市场就业稳定性没有明显变化，而同期美国就业稳定性有下降趋势。Mikka 和 Roope（2010）指出，根据欧洲劳动力调查统计数据，2005 年芬兰的平均劳动持续时间为 9.7 年，仅比欧洲平均水平高出一点；他们还根据芬兰 1963～2004 年的数据，运用存续模型（duration model）发现芬兰就业稳定性在 20 世纪 90 年代经济衰退时期表现出明显降低。Gregg 和 Wadsworth（2002）认为就业稳定性可以从两个方面衡量，即现存工作的平均持续期（the average tenure of all jobs currently in existence）和工作机会生存概率（the probability of continued job survival），通过数据分析发现，从 1975 年开始的 20 年中，英国长期雇佣的工作数量明显减少。

有学者分析了就业稳定性变化的原因。从宏观层面来看，就业政策变迁对于宏观就业稳定性有影响；而微观层面，员工的职业匹配度、组织承诺等对微观稳定性有较大影响。翁杰等（2008a）通过对发达国家就业稳定性的变迁的系统分析，认为就业人口的结构性变动、全球经济一体化、技术进步和劳动力市场制度改革是导致就业稳定性下降的主要原因。Ljungqvist（2002）认为发达国家对过于刚性的劳动力市场注入灵活性的政策改革是导致劳动力市场灵活性增加而就业稳定性下降的一个重要因素。除了宏观角度的就业稳定性外，还有微观角度的就业稳定性问题。从微观角度来看，就业稳定性是指员工在企业工作持续时间的长短，以及员工离职倾向的高低。有学者从管理学角度对员工就业稳定性进行解释，主要包括工作匹配度、工作嵌入、心理契约和工作满意度等方面。大部分学者通过实证研究发现，员工的岗位匹配度越高，工作满意度越高，就业越稳定；反之，员工离职意愿越强，就业稳定性越低。王忠和张琳（2010）运用深圳实地调研数据经过实证研究发现，个人–组织匹配对员工离职意向产生显著负向影响；工作满意度对员工离职意向产生显著负向影响。樊耘等（2011）通过实证研究发现，企业心理契约破坏与员工工作满意度呈负相关关系，与离职倾向呈正相关关系；持续承诺弱化了心理契约破坏与工作满意度、离职倾向间的关系，即与持续承诺低的员工相比，持续承诺高的员工对心理契约破坏的反应更为平和。

2.1.2　就业稳定性对收入影响的研究

有学者研究了就业稳定性与流动人口收入之间的关系。大部分研究都支持就业越稳定越能带来收入的增加。罗楚亮（2008）以中国居民收入分配课题组 1995 年和 2002 年城镇住户调查数据为基础进行分析发现，稳定就业与非稳定就业人群之间的工资收入差距在扩大，在不同收入组内，就业稳定性对工资收入的影响也存在差异。黄乾（2009）利用对城市农民工的调查数据，并结合 Oaxaca-Blinder 分解方法，实证分析了稳定就业农民工和非稳定就业农民工的工资收入差异，发现稳定就业农民工和非稳定就业农民工工资收入存在较大的差异。当然也有学者发现转换工作对收入存在正的影响。白南生和李靖（2008）通过对北京农民工调研数据进行分析发现，大部分农民工通过流动能提高收入，但对人力资本积累不利。邓曲恒（2007）利用 2002 年的实地调研数据对城镇居民与流动人口的收入差距进行了分解，发现两者差距的 60%来源于就业歧视。从上述研究可以看出，流动人口就业稳定性对于收入影响偏正面的，就业稳定性越高，收入越高，反之，则收入越低。Schultz 首先提出人力资本的概念，Becker 对人力资本进行了深入分析，人力资本理论逐步形成。Schultz 于 1959 年发表了题为《人力资本投资：一个经济学家的观点》的论文，提出人力资本的概念，认为劳动者参加教育、培训等行为是一种人力资本投资行为，这种投资能提高劳动者的效率（Schultz，1959）。同时，人力资本的积累也是经济增长的重要动力。Becker（1962）将人力资本划分为通用性人力资本和专用性人力资本。通用性人力资本是指劳动者的劳动技能在不同企业中使用，产生的价值大致相同。在竞争性劳动力市场中，通用性人力资本收益可以通过市场来实现，员工能够获得全部收益，企业一般不会对员工进行通用性人力资本投资。在劳动力市场中，与就业相关的各种资格证书通常可看作通用性人力资本投资。专用性人力资本是员工与特定企业（行业）相联系的人力资本，在企业（行业）工作时能发挥重要价值，双方都能获得较好的收益；离开企业（行业）时，收益几乎为零。因此，专用性人力资本投资收益在劳动市场中无法实现。根据市场均衡理论，通用性人力资本投资具有完全竞争性，员工工资收益等于其边际产品价值（marginal product value）；而专用性人力资本投资具有单边或双边垄断性质，员工工资收益不等于其产品边际价值，专用性人力资本投资的收益如何计量，以及对员工工资的贡献如何，如何在企业和员工之间分配一直是经济学者所关注的话题。

国内外学者通过建立理论模型分析了专用性人力资本对员工收入的影响，并通过数据进行实证分析，发现专用性人力资本积累对员工收入提升具有显著影响。Mincer 和 Jovanovic（1981）用工作持续时间作为专用性人力资本积累的替代变量代入员工收入方程来解释专用性人力资本投资收益，当然这里存在一个样本选择偏差问题，即专用性人力资本积累高的员工同时是员工与企业匹配度较好的员工，因此，很难将专用性人力资本投资收益与匹配收益进行区分。Stevens（2003）通过构造一个工资提供模型（wage offer model），能很好地解释专用性人力资本投资收益。他发现在工资内生决定的情况下，专用性人力资本积累不一定与匹配度高度正相关；员工若具有高人力资本积累、低匹配度更愿意留在企业，而若具有高人力资本积累、高匹配度却会选择离开。因此工作持续时间对工资收益会有负面影响。同时，如果员工专用性人力资本投资水平较低，匹配度高也不能带来高收益。Parent（2000）运用 GLS（general least squre，广义最小二乘）模型和 IV-GLS（instrumental variables and generalized least squre，工具变量和广义最小二乘）模型，使用美国青年长期调查（National Longitudinal Survey of Youth，NLSY）数据发现工作持续期（专用性人力资本积累）对员工工资的影响很小。Kambourov 和 Manovskii（2009）通过实证分析发现职业持续期（occupational tenure）对于工资收益的影响为正，5 年的职业经历将提高工资的 12%～20%；如果考虑了职业持续期，则行业和企业对于收入的影响很小；他们认为专用性人力资本积累主要是职业性的。Brown（1989）通过实证研究发现员工在接受在职培训（on-the-job training）期间，工资收益增长明显，而且契约因素对于工资增长的作用不大。Bartel（1995）也发现，公司内部培训能够提高员工的工资水平和生产率，同时对企业收益有非常正面的影响。Frazis 和 Loewenstein（2003）运用美国青年长期调查数据进行分析发现，在职培训的收益高于学校培训。国内也有学者研究企业专用性人力资本投资对收入的影响。陈卫等（2010）运用2006年北京市1‰流动人口抽样调查数据进行实证分析，发现流动人口的人力资本提升对就业收入具有重要影响，其中教育贡献最为显著，接受培训达到两次以上有显著正向影响。胡浩志和卢现祥（2011）利用中国综合社会调查（Chinese general social survey，CGSS）2006年的城市样本，分别用企业任期和在职培训时间作为企业专用性人力资本的替代变量，分析它们对员工工资水平的影响。结果显示，积累的企业专用性人力资本越多，获得的工资水平越高。赖德胜和孟大虎（2006）认为既定的专用性人力资本导致了劳动力再搜寻匹配岗位时遇到很大困难，在转岗再就业过程中表现出明显的人力资本失灵，即专用性人力资本收益低。

2.2　专用性人力资本投资的研究

有限理性和机会主义的存在会导致专用性投资套牢问题。专用性投资套牢是指无法对将来出现的各种情况事先进行安排，会导致契约一方利用垄断的优势占有另一方的准租（quasi-rent）；或者在双方无止境的重新谈判过程中导致准租金耗散。当契约某一方预料到这种套牢会出现时，则会降低事前的专用性投资，从而导致专用性投资不足。在著名的通用汽车公司—费舍公司案例中，如果通用汽车公司终止与费舍公司的合作关系，费舍公司此前进行的专用性投资将全部变成沉没成本，无法收回；费舍公司考虑到通用汽车公司的机会主义行为后会降低专用性投资。当然，费舍公司在进行专用性投资后也可以对通用汽车公司敲竹杠。这就是典型的由契约不完全导致的专用性投资套牢问题①。专用性人力资本投资也存在套牢问题，会导致专用性人力资本投资不足现象。孟大虎（2005）分析了东北地区国有企业下岗职工失业期长的现象，认为存在人力资本黏性，其实就是专用性人力资本投资的套牢效应，即长期在某行业积累的专用性人力资本在就业转换过程中不能发挥作用。因此，如何解决专用性投资不足问题成为经济学研究热点

① 真实案例如下。美国通用汽车公司与费舍公司在1919年签订的契约中规定，费舍公司为通用汽车公司提供汽车车身。为此，费舍公司不得不进行一大笔专用性投资，即这笔投资专门用于通用汽车公司预定的一定规格车身的设计和生产上，而且此车身无法用于其他厂家生产的汽车上。这时，存在敲竹杠的风险：在费舍公司进行了专用性投资后，通用汽车公司有可能以减少需求甚至解除合约相要挟，迫使费舍公司下调汽车车身的价格。为了阻止通用汽车公司的这种机会主义行为，费舍公司要求在契约中附加一项特别的条款，该条款要求通用汽车公司至少在10年之内尽其可能从费舍公司那里购买金属汽车车身。实际情况却是，契约签订以后，市场情况发生了很大的变化。通用汽车公司在签约以前主要使用的是木制车身，但是在1919年以后，对金属车身的需求迅猛增长。这促使费舍公司反过来通过利用较多的劳动密集型技术，并趁机将17.6%的利润附加在劳动和运输成本上，并拒绝将其汽车车身的生产工厂建在通用汽车公司装配厂附近，从而对通用汽车公司敲竹杠。

问题。很多学者试图从制度经济学角度来分析这个问题，认为专用性投资不足是契约失灵的一种表现，契约治理成了制度经济学研究的重要议题。

Coase 在研究外部性问题时提出了交易成本问题及不同产权安排的效率问题，打开了新制度经济学研究的大门。Coase（1937）分析了企业的本质，认为企业是通过内部契约替代外部契约，是对市场的一种替代。即如果企业内部契约成本低于外部契约成本，则交易由企业内部契约来完成。企业内部契约成本的优势在于：①某一生产要素（或它的所有者）不必与企业内部其他生产要素签订一系列合约，一系列合约被一个合约所代替了，大大节约了与签约有关的成本。②企业有统一的管理制度，由企业家统一指挥，在环境发生变化时，企业家可以根据事先签订的合约来管理，而不用进行烦琐的协商。Coase 的研究为经济学者打开了一片新的研究领域，即从交易（契约）及与契约紧密相连的制度开始考察经济活动，认为制度安排对于经济运行非常重要。契约从法律上来说是一种权利的转移，从经济上来说就是一种交易行为。威廉姆森（2002）认为，交易发生源于某种物品或服务从一种技术边界向另一种技术边界的转移。此时，一个行为阶段结束，另一个行为阶段宣告开始。在企业内部生产时，从生产的一个阶段进入下一个阶段，交易就发生了。交易发生伴随着产权的转移，比如，在商品（劳务）交易中都遵循等价交换的原则，一方付出货币，另一方付出商品和劳务；在劳动合约中，企业付出货币，而员工提供劳动服务。

从不同角度来理解契约，可以归纳为两个流派：完全契约理论和不完全契约理论。完全契约理论认为契约双方可以通过契约安排来克服各种不对称信息的影响，实现社会最优化。完全契约理论以委托代理模型为基础，核心问题是解决对代理人的激励。不完全契约理论则认为，人们的有限理性、信息的不完全性及交易事项的不确定性，使得明晰所有特殊权利的成本过高，拟定完全契约是不可能的，不完全契约是必然和经常存在的。对于不完全契约，只能通过双方再协商，重新签订契约才能实现最优化。学者提出了以 GHM 模型作为不完全契约理论的基本分析框架，围绕着产权配置等问题展开讨论。

2.2.1　从完全契约视角分析专用性人力资本投资问题

完全契约理论从参与人完全理性的角度出发，认为参与人能够获得未来收益情况的所有信息，具有完全的判断和决策能力；委托人可以通过机制设计得到最优契约，即可以通过对契约进行改进从而达到对代理人的最优激励。在契约是否需要再协商的认识上，完全契约理论同不完全契约理论存在一些争论。完全契约理论认为可以通过签订复杂契约实现最优化，而不需要再协商。Rogerson（1992）

认为在满足风险中性、不存在外部性、只有一个参与者有部分私人信息、签订复杂契约、严格契约执行、不允许再协商这些假设的条件下，可以实现社会最优投资水平的契约形式，能避免敲竹杠行为发生。Tirole（1999）以研发投资为例，提出在双方的信息能够被第三方观察的情况下，存在一个相机性的显示机制，从而使投资水平达到最优的状态。Maskin 和 Tirole（1999）认为，在一定条件下，高昂的交易成本不会影响最优契约的达成；只要参与者能够预知未来所有可能的情况，并且不能协商，就能够签订最优契约。

完全契约理论认为专用性投资的关键在于如何制定契约对代理人进行有效激励。对于专用性人力资本投资，首先考虑的是关于投资收益分配的问题。Hashimoto（1981）认为 Becker 关于企业先承担专用性人力资本投资成本，并在培训后收回成本的观点不正确。其认为专用性人力资本投资具有利益共享性质（shared investment），企业和员工共同获取专用性人力资本投资收益；员工工资收入高于外部市场的机会收益，低于其边际产品价值，双方才能实现合作。同时，其认为由于存在信息不对称，且不存在事后再协商机会，双方应该事先确定工资。Hall 和 Lazcar（1984）对 Hashimoto 模型进行了补充，使用二阶段模型，分析了各种不同劳动契约的效率，发现在不完美信息的市场条件下事先确定员工工资的简单契约很难实现最优效率，只能达到次优结果。Leuven 和 Oosterbeek（2001）在 Hashimoto 模型中引入更多不确定性，发现当企业内部不确定性大于外部市场时，员工工资收益较高；而当外部市场的不确定性较大时，员工的收益则比较低。

有学者从企业内部劳动合约方面来解决员工参与专用性人力资本投资的激励问题，比较典型的如下。Lazear 和 Rosen（1981）提出锦标赛制度，他们认为在团体合作中存在监督困难，很难衡量某一个员工的具体业绩。他们提出企业可以建立固定报酬契约，这个报酬结构跟员工的业绩排名相对应；即业绩好的员工则获得较高报酬；业绩差的员工则获得较低报酬。只要各级报酬之间差距设置合理，并且最高等级报酬超过劳动边际产出，这样就可以对员工产生激励。Kahn 和 Huberman（1988）提出非升即走合约（up-or-out contracts），员工在企业工作一段时间后，要么按照预先约定工资留下，要么被解雇，他们认为这种合约能防止公司和员工的道德风险，从而促进专用性人力资本投资。当然，这个观点很难得到现实的支持，Baker 等（1988）发现现实中在大型公司很少见到这种非升即走的合约。Prendergast（1993）提出提拔合约（promotion-based contracts），认为提拔合约可以促进专用性资本的积累，即企业为员工提供了任务难度不同的工作岗位，并且对应不同的工资水平，任务难度越大，工资越高。员工积累了较高的专用性人力资本，就可以从容易的岗位提拔到一个工作难度较大的岗位。例如，一般文秘工作人员在熟悉公司运作管理后可以提拔从事管理岗位的工作。国内学者也从内部劳动力市场角度研究了对于专用性人力资本投资激励的问题。尤琳（2012a）

认为长期雇佣合约是激励员工保持自身专用性人力资本投资积极性的必要条件，而非充分条件；内部晋升在一定条件下能对专用性人力资本投资产生激励；延期报酬薪酬制度由于其特有的“人质抵押”功能，能有效地激励专用性人力资本投资。尤琳（2012b）通过对我国国防科技专用性人力资本投资进行分析，认为在国防科技工业组织内构建积极向上的合作性的非正式制度能激励专用性人力资本投资。袁根根和田昆儒（2012）对契约后机会主义行为进行研究，发现对经营管理者事后机会主义行为进行调控的相机治理比事件治理模式（完全治理）更符合实际，更有效率。

2.2.2　从不完全契约视角分析专用性人力资本投资问题

由于存在有限理性和机会主义，很多学者认为契约是不完全的。不管是完全理性还是有限理性，都是决策过程，是目标指导下的行为选择；在此过程中都是决策者的理性思考过程，只不过有限理性的范围更为狭窄。何大安（2004）认为，新制度学派没有从认知偏差、信息和环境不确定角度专门研究有限理性的程度问题，他们主要通过否定市场的零交易成本来展开研究。黄少安和张苏（2013）认为人们的短期折现偏好会影响合作的结果，可以认为这种短期折现偏好就是有限理性的典型表现。威廉姆森认为机会主义是欺骗性自利追求。它包括几种典型的形式，如撒谎、偷窃和欺骗，但往往还存在其他形式。在多数情况下，机会主义行为还包括那些机敏的欺骗。更为一般地，机会主义是指不充分揭示有关信息或者歪曲信息，特别是指那些精心策划的误导、歪曲、颠倒或其他种种混淆视听的行为。正是这些原因促成了信息不对称的实际条件或人为条件（弗鲁博顿和芮切特，2006）。

很多学者认为劳动契约是不完全契约。周其仁（1996）认为，企业中人力资本产权的特征即劳动力产权天然属于劳动者，而人力资本投资不一定由劳动者完成，造成人力资本契约的复杂性。正是人力资本产权的特征使企业合约不可能在事先规定一切，而必须保留一些事前说不清楚的内容而由激励机制来调节。赵小仕（2009）认为，劳动契约是企业的核心契约，但由于其交易对象的特殊性，现实中的劳动契约具有不完全契约的特点。劳动契约的属性包括劳动契约交易的核心为专用性人力资本，劳动契约交易的期限更多表现为长期雇佣。同时，与其他交易契约相比，不完全劳动契约交易的障碍为非对称信息分布下双方主体的机会主义行为问题及团队生产形式下的劳动成果计量难题等。卢现祥和罗小芳（2008）提出了劳动契约中的四个基本问题：劳动契约是劳动关系还是雇佣关系；劳动契约是平等的还是不平等的；劳动契约是自由的还是政府干预的；政府是偏向于企业还是员工。叶小兰（2012）认为由于信息不对称和有限理性的存在，劳动契约双方不能详尽地规定契约所有要素，劳动契约是不完全合约。由于劳动契约的复杂性，应该从关系契约角度来看待劳动契约，用关系规范、社会规范和法律规范共同调解劳动契约有利于和谐劳动关系的建立。

Grossman 和 Hart（1986）建立了经典的 GHM 模型，认为由于有限理性等，契约是不完全的。事前的专用性投资无法完全写入契约，需要等专用性投资完成后根据实现的自然状态，双方进行再谈判。由于专用性投资具有双边垄断特征，投资方就面临被对方敲竹杠或攫取"可占用性准租金"的风险。对这种风险的预计会使投资方事前投资不足。通过比较几种不同产权情况下的专用性人力资本投资的效率，他们认为如果实施纵向一体化则可以避免敲竹杠的发生。如果资产投资方（S）实施一体化，获得最后的控制权，那么此时，专用性投资水平与非一体化时相当，还是存在投资不足。而如果资产使用方（B）实施一体化，资产使用方决定是否投资，则会出现有效率情况。在初始时，资产使用方向资产投资方提供一定的补偿，同时双方根据纳什谈判解分摊成本，资产使用方只承担一半成本而获得全部收益，这时候专用性投资是有效率的。

GHM 模型坚持一些假设，包括：风险中性、信息对称、当事人承诺不能要求将来不再谈判、再谈判的成本为零、双方谈判能力相同（按纳什谈判解分配收益）及第三方不可证实等。这些假设都比较严格，如果放宽这些假设，可以得到一些不同结论。聂辉华（2008）通过在一个经典的敲竹杠模型中引入重复博弈和关于投资者能力的不对称信息，证明了契约不完全一定会导致敲竹杠，但是敲竹杠未必妨碍专用性人力资本投资效率。不完全契约有可能导致专用性人力资本投资过度，最典型的例子就是过度的专用性人力资本投资导致大量的身体亚健康的人群存在。李晓颖和张凤林（2012）在敲竹杠模型中加入了公平心理偏好，认为在投资成本影响双方谈判力的情况下，双方都有更强的人力资本投资激励，甚至会出现过度投资现象。

由于 GHM 模型坚持事前产权安排能够决定事后契约效率的观点受到很多学者质疑，有学者提出，公司产权安排会有不同的组织形式，包括科层制和授权等，这些会对契约效率产生影响，而 GHM 模型无法解释这些现象。因此，不完全契约理论从坚持古典假设向行为经济学角度转变，建立了新一代模型，称为参照点模型。聂辉华（2011）用一个服装厂与制衣厂的例子说明了参照点模型，如果制衣厂生产布料的成本可能是 10 或 25，若在事先制定固定价格契约，将价格定在 20，当实际成本为 25 时，双方则无法达成交易。当然，也可以签订一个柔性契约，即价格在事后再协商，事前仅规定一个价格范围[10,30]，这样可以达成交易。当成本无法证实的时候，服装厂认为最优价格是底价 10，而制衣厂则会把 30 作为最优价格。当成交价格与理想价格有差距的时候就会产生报复行为，如延迟付款或延迟交货。因此，最优的定价范围取决于固定价格带来的好处和灵活价格带来的好处之间的比较。Fehr 等（2011）组织 28 名大学生（14 名为卖方，14 名为买方）在制定好契约环境条件的情况下进行 15 轮实验。实验结果表明，在参照点效应的影响下，刚性契约收益优于柔性契约。柔性契约的价格区间缩小后，报复行为也减少。Fehr 等（2009）通过组织实验的方法发现外部履约环境对于契约效率有重要影响，在非竞争环境下达成的刚性和柔性契约中，契约方都具有投机报复行为，因此，"基本转换"是契约具有参照点效应的基础。徐细雄和谭瑾（2014）利用中国 A 股 2004～2011 年数据实证检验了高管薪酬契约的参照点效应及其治理后果，发现我国上市公司高管薪酬契约呈现明显的参照点效应，引发的主观心理感知对企业高管的在职消费和主动离职行为等都有重要影响。

2.3　人力资本投资与产业升级相关研究

人力资本是劳动者受到教育、培训、实践经验、迁移、保健等方面的投资而获得的知识和技能的积累，即"非物力资本"，这种知识与技能不仅可以给其所有者带来工资等收益，而且可以形成特定的资本——人力资本。Schultz 的贡献不仅在于对教育投资的收益率及教育对经济增长和收入分配的影响做了定量的研究，估计出美国 1929～1957 年教育投资在经济增长中的贡献率为 33%；而且在于对"索洛余值"——产出增长率总是大于资源增长率，从要素质量方面做了新的解释。Mincer（1958）开辟了用人力投资收益模型计算人力资本投资收益率这一新的思路，并提出技术和知识资本是指一个人所具有的可以直接用于生产商品与服务的人力资本，主要通过专业学习（大学教育）、在职培训及"干中学"等途径获取，而迁移与流动资本是一种资源配置资本，它通过人力资本所有者职业、位置的变化带来收入的增加，并构造出具有极大工具价值的收入剖面图，反映了随年龄变化的年收入变化的轨迹，即"收入的生命路径"。但上述文献没有研究人力资本投资与产业结构之间的内在联系及其作用程度。

产业升级的本质是对各种生产要素进行重新配置，这些要素既包括自然资源和物质资本，还包括劳动力和人力资本。其中，人力资本是产业结构转化的重要基础，也是决定经济增长的核心因素。产业升级的主要驱动因素是技术进步，而人力资本正是技术进步的推动力量。Romer（1990）认为人力资本水平越高，"干中学"和知识外溢的效果就越好，这会促进技术引进与吸收。Lucas（1988）认为发展中国家由于技术水平落后，研究能力较弱，主要通过技术引进、"干中学"积累人力资本，人力资本的积累为引进技术服务。但是随着与发达国家技术的差距缩小，引进、更新技术变得非常困难，因此容易陷入低技术水平的均衡。当然，Lucas 假设人力资本积累仅仅通过"干中学"完成，没考虑教育及其他的人力资本投资形式。发展中国家也可以通过加大高等教育投入力度及人才引进等方式积累高素质人力资本，促进技术进步及产业升级，当然人力资本同技术进步必须相互匹配。Ramos 等（2009）认为，与产业结构转化、技术进步相匹配的人力资本才是经济增长的源泉。这种匹配关系不仅表现为人力资本在数量上的匹配，而且更为重要的是结构和类型上的匹配。国内学者对该问题进行了相关研究，黄玖立和冼国明（2009）基于 1990～1997 年中国 28 个省区市 31 个工业部门的经验研究发现，初始人力资本水平推动了中国省区的产业增长，这种推动作用是通过产业的技能劳动投入实现的。吴延兵和刘霞辉（2009）通过实证分析发现，企业法人代表、企业总经理和企业员工的人力资本水平越高，企业拥有独立研发机构的可能性就越大，也说明企业人力资本对企业技术进步有促进作用。徐瑛等（2006）认为人力资本对于经济产生持续、稳定的正面推动效应。有学者分析人力资本与产业结构升级之间的关系，并通过构造计量模型来分析人力资本对产业结构升级的促进作用（朱承亮等，2009；张若雪，2010）。更有部分学者研究了人力资本与产业结构匹配度对产业升级的作用，杨爽（2009）通过构造人力资本产业结构转换适配度指数（human capital fitness industry transformation index，HFIT）和产业结构高度（第三产业增加值比重/发达国家第三产业增加值比重），运用省级截面数据建立回归模型，发现人力资本和产业越匹配，产业结构越合理，就越能有效地推动产业升级。

通过上述文献可以看出，人力资本同技术进步相匹配将促进产业升级和经济增长，而人力资本同技术进步不匹配将阻碍产业升级和经济增长。本书将在理论推演和数据分析的基础上，分析人力资本、技术进步及产业升级的内在作用机制，并且认为：技术升级会促进人力资本收益水平提高，也会导致人力资本投资增加；同时，较高的人力资本水平和匹配程度对企业技术进步和企业收益提升有促进作用。

2.4　劳动制度环境与流动人口就业相关研究

改革开放以来，我国大量农村剩余劳动力进入城市，为经济发展贡献了巨大劳动力资源和劳动力人口红利（蔡昉，2011）。Peri（2016）对美国和欧洲移民对于劳动力市场的影响进行了理论和实证研究，认为移民能够促进劳动力市场的流动，能够在一定程度上促进劳动生产率提升。

2.4.1　制度环境对劳动力市场影响研究

制度环境衡量指标主要包括市场化指数（王小鲁等，2017；蔡安辉，2011；

冯旭南和李心愉，2012）。王小鲁等（2017）从五个方面来分析某一地区的市场化程度：政府与市场的关系、非国有经济的发展、产品市场的发育程度、要素市场的发育程度及市场中介组织发育程度和法律制度环境。也有学者使用市场化指数的分指标体系进行相关研究，丁烈云和刘荣英（2008）运用了要素市场发育程度作为市场化程度（制度环境）的替代指标。其他学者从法律环境（金祥荣等，2008）、产权环境（方颖和赵扬，2011）、政府干预（唐雪松等，2010；程仲鸣等，2008）等角度来分析制度环境。制度环境是维持契约关系、提升契约效率的重要因素。目前对制度环境的研究逐渐增加，研究主要侧重于制度环境对民间投资的影响、对企业投资的影响（杨畅等，2014）、对地方政府投资的影响（陈志勇和陈思霞，2014）、对服务业发展的影响（李筱乐，2016）、对高新技术产业的影响（戴魁早，2015）、对经济增长的影响（董志强等，2012）。也有学者研究了制度环境对企业人力资本投资的影响（余凡和王楚，2016）。从这些文献可以看出，制度环境对企业（政府部门）投资决策造成影响，从而对某个产业（行业）造成影响，乃至对整体经济造成影响。国外学者研究了市场规则和制度对劳动力市场的影响，包括影响企业与员工的流动（包括雇佣和解约）（Martin and Scarpetta，2012）、影响企业与员工的匹配、影响劳动力市场结构（Nataraj et al.，2014），以及对员工激励的影响（Anagnostopoulos and Siebert，2015）、对劳动契约期限的影响（Anagnostopoulos and Siebert，2015；Kahn，2010）、对劳动生产率的直接影响（Cette et al.，2016；Blanchard and Giavazzi，2003）等。

2.4.2　流动人口劳动制度环境的治理机制研究

梁伟军和叶凌（2016）从交易成本经济学角度出发研究如何提高流动人口劳动合约效率。工会在流动人口劳动权益保护中起着重要作用，魏下海等（2015）研究了工会对劳动合同期限的影响。有学者从马克思政治经济学角度重新审视流动人口劳动权益问题，孙中伟和贺霞旭（2012）分析了工会在外来人口权益保护中的“稻草人”机制。集体合同也是维护流动人口劳动权益的重要渠道，孙涛和张卫国（2015）研究了集体合同谈判与劳动力组织的工资效应。不完全契约理论也是契约治理的重要方面，Grossman 和 Hart（1986）建立了经典的 GHM 模型。聂辉华（2008）、李晓颖和张凤林（2012）在扩展 GHM 模型的基础上对契约治理提出了自己的观点。第二代不完全契约理论是参照点理论，Fehr 等（2011，2009）通过组织实验的方法发现外部履约环境对契约效率有重要影响，并研究了劳动契约的参照点效应。

从文献总结来看，流动人口的就业问题始终是政府和学界关注的热点话题，很多文献从经济学、社会学等视角研究流动人口（农民工）问题，提出了很多有益的观点及很多有针对性的政策建议；但从制度环境角度研究流动人口的文献较少。本书将沿着制度经济学的分析思路对流动人口就业问题展开研究。首先从整体宏观层面上研究劳动制度环境对流动人口就业的影响，拓展对流动人口就业研究的角度；其次，在理论建模的基础上探讨劳动制度环境对流动人口就业质量的影响效应，拓宽劳动经济学分析的制度视角。

通过对现有文献的梳理可以发现：①发达国家建立了完整的就业统计系统，因此基于这些数据的就业稳定性分析做得非常详细，特别是在宏观就业稳定性方面，运用了截面数据和面板数据从不同角度来分析就业稳定性，包括工作持续期、生存率等，同时对于不同年龄结构的就业稳定性展开了比较分析。数据表明发达国家的就业稳定性在20世纪90年代中后期开始下降，学者从技术变革、经济全球化及劳动政策变化等角度分析了就业稳定性下降的原因。发达国家完成了工业化及城镇化，不存在我国所定义的流动人口，但国外学者对于就业稳定性的分析方法值得本书借鉴。国内对就业稳定性的研究更加侧重于微观就业稳定性，即员工在企业的就业稳定性，也可以理解为离职倾向问题。对员工离职因素的研究主要从职业匹配度、心理契约等角度进行分析，大部分分析都建立在实地调研数据的基础上。②专用性人力资本投资不足是经济学研究的热点问题之一。学者试图从两个角度解释和分析这个问题，第一个角度是完全契约理论，即从契约设计角度来规避契约执行过程中可能存在的各种机会主义行为，包括契约期限结构设计、契约收益分配机制及其他契约激励措施。第二个角度则是基于产权安排的不完全契约理论。从不完全契约理论发展脉络来看，分为第一代不完全契约理论和第二代不完全契约理论。第一代契约理论以GHM模型为代表，主要从产权配置角度来分析契约效率问题；第二代不完全契约理论以参照点模型为代表，主要从心理行为角度分析契约效率。GHM模型运用比较广泛。不完全契约理论为契约研究提供了广泛的视角，包括契约中的产权配置、契约参与的风险偏好及其他偏好。劳动契约是典型的不完全契约，而我国流动人口的劳动契约更是存在很多不规范之处，包括劳动契约短期化、机会主义行为盛行等。从相关研究文献来看，对高层管理者及高学历人才专用性人力资本积累和劳动契约的研究较多，但对以流动人口为代表的普通员工契约治理的相关研究较少，本书试图从不完全契约理论角度来分析流动人口契约治理问题。③很多研究表明较高的就业稳定性能够促进专用性人力资本投资，特别是在员工与企业签订长期契约的情况下，会对专用性人力资本投资产生很大的激励作用。同时，就业稳定性高和专用性人力资本投资也会对员工收益起到正面作用。但从我国现实情况来看，流动人口就业稳定性不高、短期契约等是劳动力市场常态，其原因值得我们深入思考。

第3章　流动人口就业基本情况

3.1　流动人口基本情况

3.1.1　我国流动人口劳动制度环境基本情况

统计数据显示，2016年我国流动人口数量为2.45亿人，其中大部分是农村剩余劳动力向城市流动，包括跨省流动和省内流动。在跨省流动中，大部分是中、西部地区向东部地区流动。流动人口在很多城市已经成为劳动力市场的主要力量，流动人口在城市主要在次要劳动力市场就业，在制造业和建筑业就业的比重最高。从2011～2017年我国农民工流动数据来看，我国农民工数量呈现出稳步上升趋势，其中西部地区增加较多；中、西部地区农民工跨省流动比例下降，省内流动的比例上升。具体情况见表3.1。

表3.1　2011～2017年外出农民工地区分布及构成

年份	全国			东部地区			中部地区			西部地区		
	人数/万人	跨省	省内	人数/万人	跨省	省内	人数/万人	跨省	省内	人数/万人	跨省	省内
2011		47.1%	52.9%		16.6%	83.4%		67.2%	32.8%		57.0%	43.0%
2012		46.8%	53.2%		16.3%	81.7%		66.2%	33.8%		56.6%	43.4%
2013	16 610	46.6%	53.4%	4 936	17.9%	82.1%	6 424	62.5%	37.5%	5 250	54.1%	45.9%
2014	16 821	46.8%	53.2%	5 001	18.3%	81.7%	6 467	62.8%	37.2%	5 353	53.9%	46.1%
2015	16 884	45.9%	54.1%	4 944	17.3%	82.7%	6 592	61.1%	38.9%	5 348	53.5%	46.5%
2016	16 934	45.3%	54.7%	4 691	17.8%	82.2%	6 290	62.0%	38.0%	5 350	52.2%	47.8%
2017	17 185	44.7%	55.3%	4 714	17.5%	82.5%	6 392	61.3%	38.7%	5 470	51.0%	49.0%

资料来源：根据国家统计局2011～2017年全国农民工监测调查报告整理，其中2016年和2017年增加的东北地区，这里没有列入

流动人口劳动制度环境是指与流动人口就业相关的制度性安排，主要包括劳动力产权安排、集体合同、劳动仲裁执行、劳动保护等影响劳动合同的正式制度安排及社会资本、就业歧视等非正式制度。制度是经济发展的重要影响因素，可以认为劳动制度环境对流动人口就业质量有重要影响，就业质量体现在就业稳定性、就业水平、人力资本水平及工资水平等方面。尽管我国出台了许多保护流动人口劳动权益的法律和政策，但是由于种种原因，流动人口劳动制度环境不太理想，对流动人口就业产生负面影响，主要体现在：与用人单位签订劳动合同比例不高，长期合同的比例更低；社保参保率较低；相关劳动权益保护不足。

（1）签订合同比例。劳动合同是劳动者保护自身权益的重要手段，《中华人民共和国劳动法》（简称《劳动法》）规定，用人单位要与员工签订劳动合同；由于流动人口维护自身权益的意识不强，流动人口签订劳动合同的比例较低。2016年与雇主或单位签订了劳动合同的农民工比重为35.1%，比上年下降1.1个百分点。其中，外出农民工与雇主或单位签订劳动合同的比重为38.2%，比上年下降1.5个百分点；本地农民工与雇主或单位签订劳动合同的比重为31.4%，比上年下降0.2个百分点。具体情况见表3.2。

表3.2　农民工签订劳动合同情况

农民工分类	无固定期限劳动合同	一年以下劳动合同	一年及以上劳动合同	没有劳动合同
2015年农民工合计	12.9%	3.4%	19.9%	63.8%
其中：外出农民工	13.6%	4.0%	22.1%	60.3%
本地农民工	12.0%	2.5%	17.1%	68.4%
2016年农民工合计	12.0%	3.3%	19.8%	64.9%
其中：外出农民工	12.4%	4.2%	21.6%	61.8%
本地农民工	11.5%	2.2%	17.7%	68.6%

（2）工资水平。农民工在城市就业主要集中在制造业和建筑业，农民工的工资水平也低于城镇非私营单位职工的工资水平。从整体上看，2016年农民工平均工资仅为城镇非私营单位职工平均工资的58%；2016年，农民工月均收入3275元，比上年增加203元，增长6.6%，增速不高。具体情况见表3.3。另外，农民工在整体就业环境、福利待遇和劳动保护方面还有很多不足，农民工整体工资福利待遇还需要改善。

表 3.3　分行业农民工月均收入及增速

行业	2015 年农民工月工资/元	2016 年农民工		2016 年城镇非私营单位职工平均月工资	2016 年农民工月工资与城镇非私营单位职工月工资之比
		月工资/元	工资增长速度		
行业整体水平	3072	3275	6.6%	5630.75	0.58
制造业	2970	3233	8.8%	4955.83	0.65
建筑业	3508	3687	5.1%	4340.17	0.85
批发和零售业	2716	2839	4.5%	5421.75	0.52
交通运输、仓储和邮政业	3553	3775	6.2%	6137.50	0.62
住宿和餐饮业	2723	2872	5.5%	3615.17	0.79
居民服务、修理和其他服务业	2686	2851	6.1%	3964.75	0.72

（3）参加社会保险水平。外出农民工参加社会保险水平逐步提高，但总体水平仍然较低。2014 年农民工参加养老保险、工伤保险、医疗保险、失业保险和生育保险的比例分别为 16.7%、26.2%、17.6%、10.5%和 7.8%。2014 年同 2008 年相比，外出农民工养老保险、医疗保险、失业保险和生育保险的参保率分别提高 6.9 个百分点、4.5 个百分点、6.8 个百分点和 5.8 个百分点，而“五险”中参保率相对较高的工伤保险仅提高 2.1 个百分点。具体情况见表 3.4。

表 3.4　外出农民工参加社会保险的比例

社会保险	2008 年	2009 年	2010 年	2011 年	2012 年	2013 年	2014 年
养老保险	9.8%	7.6%	9.5%	13.9%	14.3%	15.7%	16.7%
工伤保险	24.1%	21.8%	24.1%	23.6%	24.0%	28.5%	26.2%
医疗保险	13.1%	12.2%	14.3%	16.7%	16.9%	17.6%	17.6%
失业保险	3.7%	3.9%	4.9%	8.0%	8.4%	9.1%	10.5%
生育保险	2.0%	2.4%	2.9%	5.6%	6.1%	6.6%	7.8%

资料来源：国家统计局 2008～2014 年全国农民工监测调查报告

（4）劳动权益保护渠道。在劳动权益受到侵犯的时候，根据法律的相关规定，可以通过劳动关系调解、仲裁、法院起诉等途径解决。但是，农民工通过正常法律程序解决劳动争议的比例偏低。在工作和生活中遇到困难时，62.4% 的进城农民工想到的是找家人、亲戚帮忙，找老乡的占 28.9%，找本地朋友的占 24.7%，找单位领导或同事的占 11.7%，找工会、妇联和政府部门的占 6.8%，找社区的占 2.3%[①]。

① 资料来源：国家统计局《2016 年农民工监测调查报告》。

流动人口就业具有不稳定性，特别容易受到宏观经济波动和劳动制度环境等因素的影响，出现二次流动和回流等现象。流动人口就业的不稳定性给用人单位造成了不便，也给区域经济发展造成了一定困扰，在各大城市中时常出现的“用工荒”便是具体体现。本书将从劳动制度环境视角审视流动人口就业问题。

3.1.2　广东流动人口抽样调查情况

国家卫生健康委员会每年都会对流动人开展抽样调查工作，并将调查结果公开给研究机构和研究人员使用。全国流动人口动态监测调查数据按照随机原则在全国流动人口较为集中的流入地抽取样本点，开展抽样调查，调查结果具有较强代表性。调查对象是在流入地居住一个月以上，非本区（县、市）户口的 15 周岁及以上的流入人口。调查采用个人问卷和村（居）民委员会问卷进行。个人问卷主要包括四部分内容：一是家庭成员与收支情况；二是就业情况；三是基本公共卫生和计划生育服务；四是老年人医疗卫生服务。2015 年在广东总共收集问卷 15 000 份，涵盖了广东省 21 个地级市。调查对象主要分布在珠三角地区，总样本数量为 13 440 份，占比为 89.6%，其中佛山收集问卷数量最多，为 2400 份，深圳、广州、东莞、中山各 2000 份，惠州 1120 份，江门 920 份，珠海 680 份，肇庆 320 份（表 3.5）。广东经济发展吸引了大量的跨省流动人口，从此次抽样情况看，在所有跨省流动人口中来自以下五个省区的流动人口最多，分别为广西、湖南、四川、湖北、江西，人数分别为 2361 人、2205 人、1379 人、909 人和 798 人。

表 3.5　广东流动人口流动属性情况

地区	跨省		跨市		跨县		跨境	
	人数/人	比例	人数/人	比例	人数/人	比例	人数/人	比例
全省	10 690	71.27%	3 903	26.02%	402	2.68%	5	0.03%
珠三角	9 618	71.56%	3 656	27.20%	161	1.20%	5	0.04%
非珠三角	1 072	68.72%	247	15.83%	241	15.45%	0	0
广州	1 251	62.55%	742	37.10%	6	0.30%	1	0.05%
深圳	1 319	65.95%	673	33.65%	6	0.30%	2	0.10%
佛山	1 713	71.38%	682	28.42%	3	0.13%	2	0.08%
东莞	1 620	81.00%	380	19.00%	0		0	
珠海	452	66.47%	227	33.38%	1	0.15%	0	
中山	1 576	78.80%	424	21.20%	0		0	
惠州	832	74.29%	275	24.55%	13	1.16%	0	

续表

地区	跨省		跨市		跨县		跨境	
	人数/人	比例	人数/人	比例	人数/人	比例	人数/人	比例
江门	678	73.70%	176	19.13%	66	7.17%	0	
肇庆	177	55.31%	77	24.06%	66	20.63%	0	

注：本表因进行了约分，存在比例合计不等于 100%的情况

从表 3.5 的情况来看，珠三角地区的流动人口以跨省流动为主，占比达到 71.56%；其中东莞、中山和惠州三地跨省流动人口占比较高。对于跨省和跨市流动人口占比，珠三角地区为 98.76%，高于非珠三角地区的 84.55%。

从流动人口受教育水平来看，广东省流动人口受教育水平较低，高中及以下学历人员占比为 89.84%，本科及以上仅占 2.89%。珠三角地区流动人口受过高等教育（学历在大专及以上）的比例高于非珠三角地区，其中深圳、珠海、广州三个城市表现比较突出。具体情况见表 3.6。

表 3.6　广东流动人口受教育水平

地区	小学以下	小学	初中	高中	大专	本科	研究生
全省	0.82%	9.20%	53.16%	26.66%	7.26%	2.79%	0.10%
珠三角	0.74%	8.27%	52.90%	27.68%	7.52%	2.79%	0.10%
非珠三角	1.47%	17.31%	55.38%	17.88%	5.00%	2.82%	0.13%
广州	0.65%	6.90%	48.85%	31.20%	9.00%	3.35%	0.05%
深圳	0.70%	5.15%	38.70%	32.50%	15.95%	6.75%	0.25%
佛山	1.33%	14.42%	60.00%	18.96%	3.63%	1.54%	0.13%
东莞	0.20%	2.95%	53.40%	34.45%	6.85%	2.10%	0.05%
珠海	0.59%	5.15%	46.18%	33.38%	9.41%	5.15%	0.15%
中山	0.70%	9.05%	56.35%	26.65%	5.45%	1.75%	0.05%
惠州	0.80%	8.93%	57.95%	26.16%	4.82%	1.25%	0.09%
江门	1.09%	13.59%	60.33%	19.79%	4.46%	0.76%	0
肇庆	0	7.50%	64.38%	20.94%	6.25%	0.94%	0

注：本表数据因进行了约分，存在比例合计不等于 100%的情况

从图 3.1 中可以看出，流动人口在就业地购买医疗保险的比例不是很高，很多流动人口还是在户籍地购买医疗保险；在就业地购买的医疗保险品种是城镇职工医疗保险，并且学历越高，在当地购买医疗保险的比例越高（调查对象中研究生学历流动人口仅 15 人，样本数量少，导致其参保比例低于本科）。根据这个统计情况可以初步判断出，流动人口的学历对其获得流入地的公共水平具有一定影响。

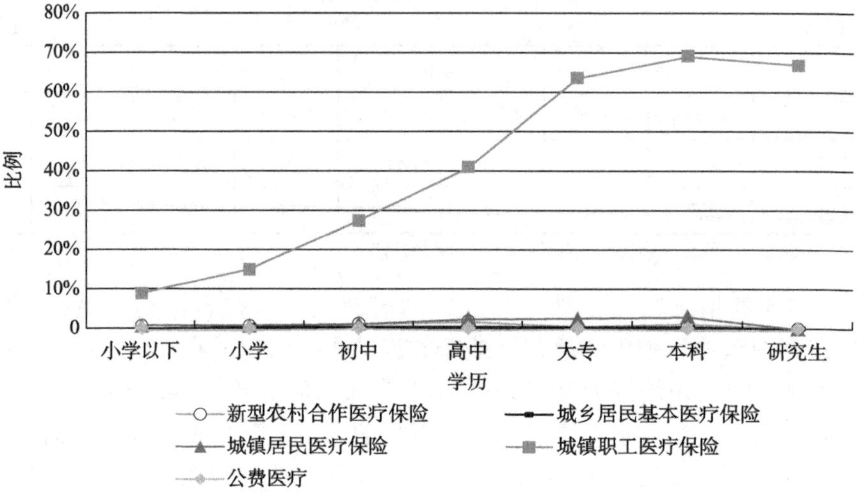

图 3.1　不同学历流动人口参加当地医疗保险比例

3.2　流动人口人力资本形成机制及不足

3.2.1　我国企业用工基本情况

“技工荒”出现之后，我国逐步重视技能人才培养，加大了对技能人才培养的投入力度。企业职工的受教育水平和供给量总量在不断上升。由于我国经济发展迅速，技能人才需求量大，技能人才一直处于供不应求状态。由表 3.7 可见，2010～2016 年我国制造业的就业人员受教育水平不断上升；持有高中及以上文凭的劳动者的占比越来越大；持有大专文凭的技能人才的占比从 2010 年的 5.9%上升至 2016 年的 9.2%。具体情况见表 3.7。

表 3.7　全国制造业就业人员受教育程度构成

受教育水平	2016 年	2015 年	2014 年	2013 年	2012 年	2011 年	2010 年
小学以下	1.0%	0.5%	0.7%	0.7%	0.5%	0.7%	0.9%
小学	10.2%	10.3%	9.9%	9.9%	10.6%	13.1%	13.1%
初中	49.5%	51.8%	53.0%	53.0%	54.1%	56.3%	56.8%
高中	24.2%	22.8%	23.1%	23.6%	23.3%	20.1%	20.6%
大专	9.2%	9.7%	8.9%	8.6%	7.9%	6.4%	5.9%
本科	5.4%	4.6%	4.2%	3.8%	3.4%	3.1%	2.5%
研究生	0.5%	0.3%	0.3%	0.4%	0.2%	0.3%	0.2%

资料来源：根据《中国劳动统计年鉴》（2011～2017 年）整理所得

从企业职工的实际技能水平来看，我国职工技能水平也在提升。由表3.8可知，2010～2015年企业职工获取职业资格证书的总人数整体呈增长态势。其中，获取高级技能、技师和高级技师职业资格证书的人数年均增速较快；获取初级和中级职业资格证书的人数虽有所增长但年均增速比较缓慢。这符合在经济转型期从注重经济总量转变为注重经济质量提升和结构调整的背景下，企业最缺乏的人才从普通技工向高级技工转变的现状。

表3.8　全国近几年获取职业资格证书人数（单位：人）

年份	初级技工	中级技工	高级技工	技师	高级技师	高级技能人才总数	初、中级技能人才总数
2010	5 899 079	5 544 598	2 097 432	316 663	71 587	2 485 682	11 443 677
2011	6 533 022	5 464 700	2 464 290	286 769	71 723	2 822 782	11 997 722
2012	6 655 452	5 604 790	2 760 639	336 187	130 866	3 227 692	12 260 242
2013	6 766 044	5 372 332	2 728 517	376 144	123 627	3 228 288	12 138 376
2014	6 094 580	5 707 155	3 117 737	429 024	194 270	3 741 031	11 801 735
2015	5 915 465	5 831 396	3 092 249	416 439	136 746	3 645 434	11 746 861

资料来源：根据《中国劳动统计年鉴》（2011～2016年）整理所得

表3.9反映了广东省2010～2015年获取职业资格证书的人数。与全国相比较，2010～2015年广东省获取高级技工、技师和高级技师职业资格证书的人数同样呈现较快速的增长模式，但获取初级和中级职业资格证书的人数反而呈现了下降的趋势。

表3.9　广东省2010～2015年获取职业资格证书人数（单位：人）

年份	初级技工	中级技工	高级技工	技师	高级技师	高级技能人才总数	初、中级技能人才总数
2010	549 446	547 020	136 690	16 905	3 968	157 563	1 096 466
2011	544 067	546 987	178 689	11 407	3 271	193 367	1 091 054
2012	513 410	553 325	171 668	15 030	4 310	191 008	1 066 735
2013	471 451	528 801	184 727	19 978	7 355	212 060	1 000 252
2014	316 312	559 815	189 029	21 193	10 156	220 378	876 127
2015	249 407	522 997	208 341	17 580	7 007	232 928	772 404

资料来源：根据《中国劳动统计年鉴》（2011～2016年）整理所得

尽管我国技能人才总量不断提升，但结构性矛盾仍然比较突出。从求人倍率可以分析技能人才的供给是否满足需求；当求人倍率大于1时，说明职位供过于求，人才供不应求。由图3.2可知，2010～2016年各个级别的技能工人的求人倍率都大于1，其中初级技工和中级技工的求人倍率维持在1.4～1.6。2010～

2013 年高级技工、技师和高级技师的求人倍率有明显的上涨趋势；2014～2016 年高级技工和技师的求人倍率呈现一定的下跌趋势。

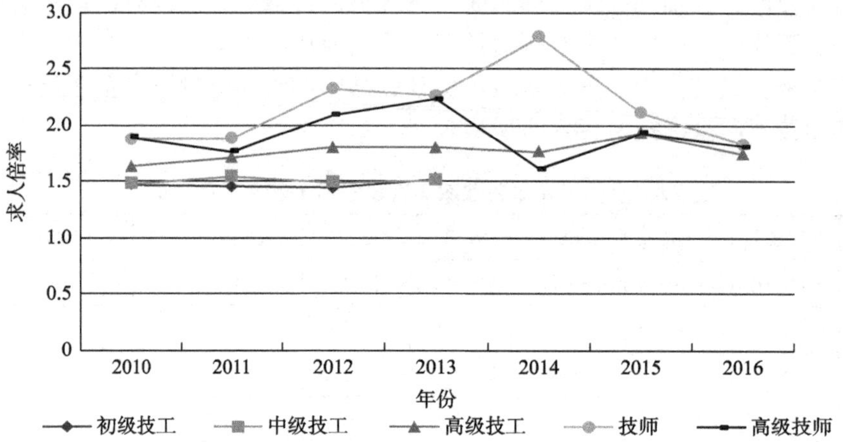

图 3.2　2010～2016 年全国技能工人求人倍率

资料来源：根据中国人力资源市场信息监测中心《部分城市公共就业服务机构市场供求状况分析》（2011～2014 年）数据整理所得（由于数据分类原因，本图中没有体现初级技工和中级技工的求人倍率在 2014～2016 年的变化趋势）

综合技能人才供给与需求进行分析，每年获得初级和中级职业资格证书的人数变化不大，但这两个级别的技能人才求人倍率都大于 1，并且维持着一定的水平，这说明初、中级技能人才仍存在供不应求的情况。高级技能人才每年的供给量逐步增加，其求人倍率却也逐年呈现上升的趋势。这说明企业对高级技能人才的需求比对初级技能人才的需求更加迫切，需求增长速度大于供给量的增长速度。可以看出，随着经济的发展，职业技能培训愈加受到重视，我国制造业就业人员的受教育水平和技能水平在不断提升。在经济发展与转型过程中，劳动力市场中技能人才供应仍不能满足需求，特别是高技能人才供求不平衡的问题尤为严重，这种供需矛盾需从高级技术人才的供应渠道来分析。

3.2.2　技能人才供不应求的原因分析

我国的技能人才培养模式是政府、企业、职业院校、社会和高技能人才个人共同参与的多元模式，技能人才供给主要分为三个渠道，一是学校培养，包括中等职业技术学校、技工学校、高等职业学院等；二是社会培训机构培训，主要是社会培训机构的短期技能人才培训；三是企业内部培训，也是专用性人力资本形成的主要渠道。政府在技能培训过程中主要是提供财政补贴或资助。

1. 政府的补贴政策

由于各地出现的“技工荒”现象，政府加大对技能人才培养的重视程度。虽然从数据上看（图 3.3），2011～2015 年我国政府对职业教育的财政投入逐年增长，但与国家对高等教育的投入相比，职业教育受重视程度仍然是不够的。我国政府对职业教育的教育经费投入无论是总量还是增量都不如高中教育和高等教育。但劳动市场的现状是高校毕业生供大于求而技能工人尤其是高技能工人供不应求。因此，政府应调整教育经费的支出结构，加大对中职、高职的资金投入。

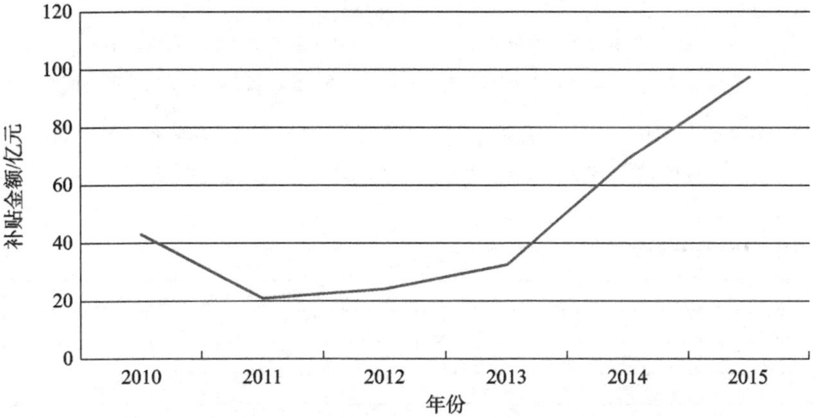

图 3.3　2010～2015 年政府对民办职业培训机构的补贴

资料来源：根据《中国劳动统计年鉴》（2011～2016 年）整理所得

2. 职业学校和社会培训机构对技能人才的输出情况

职业学校和社会培训机构是技能人才输出的最基本渠道，随着国家对职业教育的不断重视和劳动力市场对技能人才的需求不断扩大，中（高）等职业教育为社会输送更多的技能人才才是符合经济发展规律的。然而统计数据显示，2010～2016 年技工学校和培训机构的数量都呈现下降趋势，技工学校的数量从 2010 年的 3064 所降至 2016 年的 2545 所，培训机构也由 2010 年的 20 144 所降至 2016 年的 18 887 所。不仅是各类职业培训机构的数量下降，其招生和人才培养情况也不乐观。图 3.4 表明 2010～2015 年民办职业培训机构向劳动力市场输出的技能人才数量上升得十分缓慢，获得中级职业资格证书的人数甚至下降。图 3.5 则反映了 2010～2015 年技工学校的招生数量、毕业生数量及各级技能人才培养数量的变化。

从图 3.5 中可知，2010～2015 年技工学校的招生人数和毕业生人数整体呈下降态势，获得初级和中级职业资格证书的人数也在下降，只有获得高级职业资格证书的人数整体呈现缓慢上升的态势。

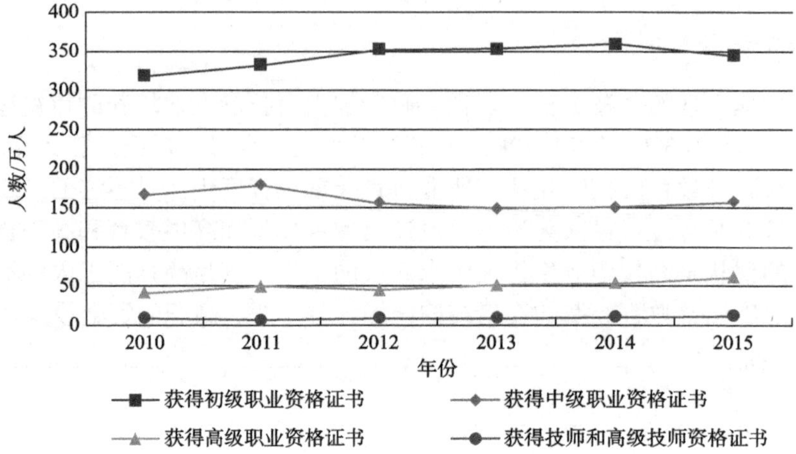

图 3.4　2010～2015 年民办职业培训机构每年获得职业资格证书人数

资料来源：根据《中国劳动统计年鉴》（2011～2016 年）整理所得

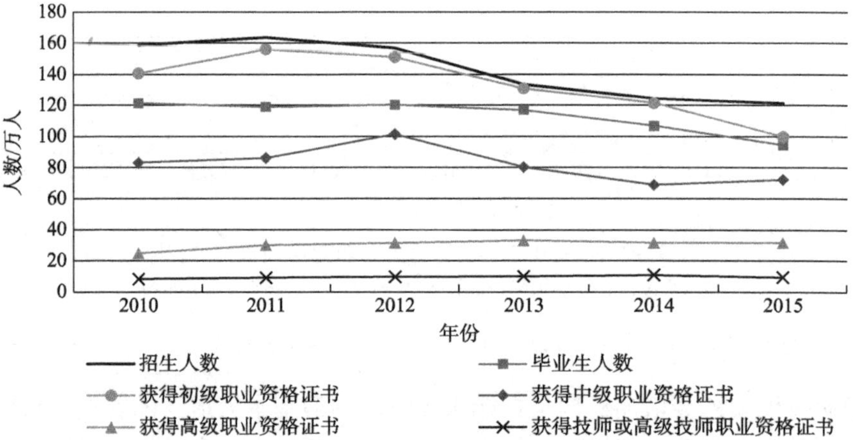

图 3.5　2010～2015 年技工学校的招生人数、毕业生人数及每年获得职业资格证书人数

资料来源：根据《中国劳动统计年鉴》（2011～2016 年）整理所得

民办职业培训机构对技能人才培养的情况与技工学校类似，学校数量也呈现下降的趋势。但是从招生对象上看，民办职业培训机构的招生对象分为劳动预备制人员、下岗失业人员、农村劳动者和在职人员等。可以看出，职业培训机构主要面向想提升职业技能水平的在职职工。对于普通职工，他们的工资水平并不高，还面临着巨大的家庭和社会压力，参与职业技能培训不仅存在难以负担的直接成本，还意味着他们要承担放弃部分工作时间所带来的机会成本，这让他们参与职业技能培训的动力不大。

3. 企业内部技能人才培养

技能人才的另一个来源渠道是企业内部培养人才，德国、日本等发达国家建立了非常完善、有效的企业内部培训机制，满足了企业对于技能人才的需求。我国企业提供培训有两种模式：一种是企业内部建立完整的培训体系，对不同层次的工人提供技能培训；另一种是企业与技校或者培训机构合作，技校传授理论知识，企业提供实践的培养模式。企业自己培养所需要的人才对企业具有较大的正效益。首先，可以解决劳动力市场技能工人尤其是高技能工人供给量不足的问题。其次，企业内部培养的技能人才人力资本的专用性更强，更加熟悉企业所需的工艺技术和流程，人才流动性也相对会更小。但在制造业行业，其替代性强，职员流动性强，对于企业而言，流动性强意味着自己培养的技能工人存在跳槽的可能性较大，则投入大量的精力培养技能人才的收益可能弥补不了成本，加之企业急于追求短期利润而忽视间接投资收益，因此企业更倾向于直接招聘技能水平较高的工人。

我国对于企业内部培训的调查制度不是非常完善，因此全国性规范企业内部培训数据库还没有建立。有些地方政府与科研机构对于本地区的企业内部培训进行了抽样性调研，本书根据可以查找的公开文献进行一定整理。从这些数据文献中可以看出我国流动人口专用性人力资本投资的部分现状。

（1）企业对于员工培训投入不足。人力资本是企业中最重要的、最具活力的生产要素，企业员工的人力资本水平对于企业发展起着重要作用。企业应该重视对员工的培训，提高企业整体人力资本水平。1996 年劳动部和国家经济贸易委员会根据《劳动法》等的有关规定制定《企业职工培训规定》，“职工培训经费按照职工工资总额的 1.5% 计取，企业自有资金可有适当部分用于职工培训”。但从对不同地方调研的情况来看，企业对于员工培训的投入不足。2004 年国务院发展研究中心中国企业人力资源管理发展报告（白皮书）课题组对全国 2100 家企业进行了调研，报告指出，总体上看，我国企业在员工培训经费的投入上普遍较低；占公司销售收入 3‰～5‰以上的企业仅为 8.7%，而占销售收入 0.5‰ 以下的企业有 48.2%。蔡娟（2013）对重庆市北碚区 100 家高新技术企业调研发现，北部新区接受调查的中小型高新技术企业中，仅有 1.5% 的企业培训费用占到销售额的 2%左右，有 55.81%的企业培训费用占销售额的比重在 0.2%～0.5%，41.28%的企业在 0.1%以下。周路路等（2010）于 2009 年对江苏省 1488 家中小企业进行调研，发现 62.3% 的企业有培训预算，但仍有 37.7% 的企业没有培训预算。在有培训预算的企业中，68.2% 的企业年度培训预算小于 10 万元，25.8%的企业的年度培训预算是 10 万～15 万元。

（2）企业培训内容以行业专用性人力资本投资为主。企业内部培训总是具有很强的针对性，如培训企业需要的各种业务技能等，具有很强的专用性人力资本投资特征。中小企业培训的主要项目是专业技术、新员工培训和管理技能培训。企业管理者获得培训的机会远高于普通员工。当然很多企业培训计划都缺乏战略性。王丽静（2011）在2010年对北京市300家中小企业进行调研，发现组织过业务技能培训的企业最多，比例为63.8%；其次是企业文化的培训，比例为46.2%，消防安全的培训比例为 40.8%，其他的培训分别是市场营销、企业战略管理、生产管理、执行力、人力资源管理等。唐文君（2008）在对青岛市中小企业调研中发现，中小企业日常开展的培训内容主要是员工岗位技能培训（45.4%）、管理能力培训（22.3%）、企业文化培训（22%）、经营方式培训（16.1%）。从上面数据可以看出，企业培训投入较低，培训内容主要是行业专用性职业技能，对于企业专用性职业技能培训较少。

2017年对佛山市产业工人的一次调查中发现大部分企业对在职培训的意愿不强，员工接受在职培训的机会较少；接受过在职培训的员工也仅是参加一些基本安全知识或入职培训的居多。本次调查问卷中，在“有没有接受过企业组织的技能培训”这一问题上，有效回答人数为791人。其中，597人表示有接受过企业组织的技能培训，占调研人数的75.5%。接受企业组织的技能培训时长在一个月以内的人数占全部接受过企业组织的技能培训的总人数的比例为84%，其中一周以内的所占比例为59%（图3.6）。在接受过企业提供的技能培训的员工中，觉得企业组织的技能培训非常有效的有376人，觉得培训效果一般的有359人，觉得没有什么效果的有36人。

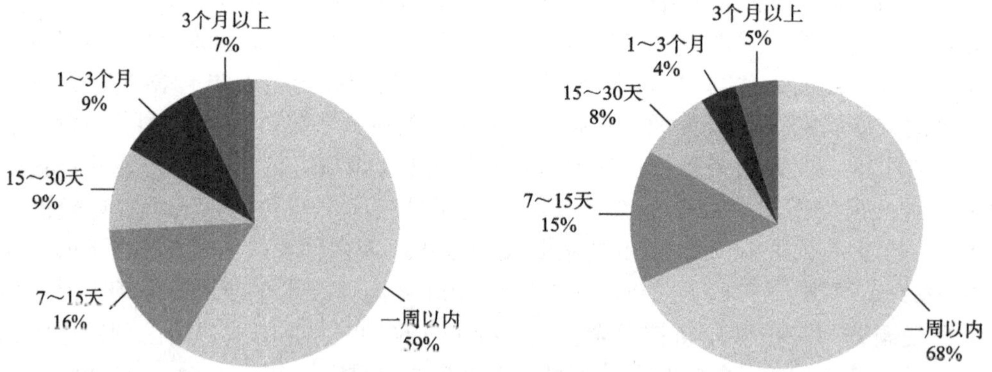

（a）接受企业组织的技能培训时长　　（b）接受政府组织的技能培训时长

图3.6　佛山部分企业员工接受企业或政府培训情况

本图分组遵循“下组限不在内”原则

在“有没有接受过政府组织的技能培训”这一问题上，有效回答人数为852人。其中，359人表示有接受过政府组织的技能培训，占42.1%。在接受过政府组织的技能培训的员工中，接受政府组织的技能培训时长在一个月以内的人数占 91%，其中时长在一周以内的占 68%。接受过政府组织的技能培训的员工中，176 人表示培训效果显著，132 人表示效果一般，还有 51 人表示政府组织的技能培训对自身工作没有效果。由此可以看出，企业对于职业培训的意愿不足，员工接受在职培训的时间较短，很难获得系统性技能培训。接受过企业组织的技能培训人数不到 80%，而接受过政府组织的技能培训人数不足 43%。企业和政府组织的技能培训时长绝大部分在一个月以内，接受过技能培训的员工半数以上反馈培训的效果一般或表示效果不好。

3.3　流动人口就业稳定性情况——以东莞为例

3.3.1　东莞流动人口宏观就业稳定性情况

东莞流动人口已经成为就业市场的主力，但流动人口就业稳定性不高，工作转换频率较快，平均在企业工作持续时间在 3 年左右。从企业所有制类型来看，流动性最高的为港澳台投资型企业，平均 65%的港澳台投资型企业人才曾经换过工作；流动性最低的是国有企业，仅有约 39%的国有企业人才曾经换过工作。从行业细分情况来看，传统制造业（包括玩具、纺织、家具、鞋业等行业）中流动人口的就业稳定性不如现代制造业（包括医药、电子信息、新能源等行业）；传统服务业（如酒店行业）流动人口的就业稳定性也不如现代服务业（包括教育等行业）。由此可以看出，在现代产业中流动人口就业稳定性高于传统产业。具体情况见表 3.10。

表 3.10　东莞有代表性企业就业稳定性情况

行业	0	1	2	3	4	5	>5
玩具	21.95%	25.85%	26.34%	17.56%	2.44%	2.44%	3.41%
纺织	32.23%	19.83%	22.31%	16.53%	4.13%	2.07%	2.89%
电子信息	39.24%	23.05%	20.57%	11.43%	2.86%	2.10%	0.76%
家具	29.41%	22.88%	20.92%	15.69%	5.23%	5.23%	0.65%
鞋业	32.73%	27.27%	23.64%	12.73%	1.82%	1.82%	0
造纸	46.33%	15.25%	18.08%	12.99%	2.82%	1.13%	3.39%
食品	44.32%	20.45%	22.73%	5.68%	3.41%	2.27%	1.14%
医药	87.80%	6.10%	1.22%	2.44%	2.44%	0	0

续表

行业	0	1	2	3	4	5	>5
模具	29.33%	15.87%	27.88%	16.83%	5.77%	2.88%	1.44%
酒店	12.50%	15.63%	34.38%	25.00%	0	6.25%	6.25%
教育	74.29%	11.43%	8.57%	5.71%	0	0	0
新能源	67.78%	6.67%	12.22%	10.00%	2.22%	1.11%	0

注：各列表头数字表示流动人口来东莞工作之后换工作的次数，这个数字越小，说明流动人口就业越稳定

3.3.2 分类别流动人口就业稳定性情况

东莞流动人口从总体上来看就业稳定性不高，当然流动人口也分为不同类型，其就业稳定性也具有差异。首先，从流动人口不同就业岗位来看，中高级管理岗位的就业稳定性最强，签订长期合约（3 年以上和无固定期限）的比例超过 40%，普通员工的就业稳定性最弱，签订长期合约的比例最低，仅为 14.9%，大部分都是短期合约。这也从一定程度上证实了第 4 章命题 4.3，因为管理人员和核心技术人员拥有的企业专用性人力资本高于普通员工及技术工人。具体情况见表 3.11。

表 3.11 不同岗位员工签订不同类型劳动合约情况（比例）

人员类型	没有签订合约	1 年以内	1～3 年	3 年以上	无固定期限
中高级管理岗位	1.2%	10.3%	47.1%	21.8%	19.5%
中高级专业技术岗位	0.9%	16.1%	51.8%	21.4%	9.6%
技术工人岗位	3.2%	15.7%	53.1%	17.3%	10.5%
普通员工岗位	3.5%	16.6%	62.1%	14.9%	2.6%

其次，从不同教育背景的流动人口来看，流动人口受教育程度越高，越趋向于稳定就业。随着教育水平的提高，没有更换过工作的比重逐渐增加，初中及以下为 28.70%，本科为 52.24%，研究生为 90.00%。同时，频繁更换工作（换工作在 3 次或 3 次以上）的比例越来越低，初中及以下为 25.14%，本科为 9.77%，研究生为 5.00%。具体情况见表 3.12。

表 3.12 不同教育背景流动人口就业稳定性情况

更换工作次数/次	初中及以下	高中（技校）	大专高职	本科	研究生
0	28.70%	37.10%	41.50%	52.24%	90.00%
1	23.53%	18.50%	15.54%	25.33%	5.00%
2	22.64%	22.01%	23.22%	12.66%	0

续表

更换工作次数/次	初中及以下	高中（技校）	大专高职	本科	研究生
3	15.69%	14.42%	14.08%	6.07%	2.50%
4	4.28%	3.80%	2.93%	1.58%	2.50%
5	2.50%	2.94%	2.01%	1.06%	0
>5	2.67%	1.23%	0.73%	1.06%	0

3.3.3　东莞流动人口就业稳定性生存分析

就业稳定性可以通过计算平均的工作持续时间等来确定，国外学者经常用久期模型（duration model），即生存分析模型（survival analysis model）研究失业持续时间，以及政策变动（失业救济政策）对失业持续时间的影响，也用于测算就业稳定性问题。一种生存分析模型的分析方法是计算平均工作持续期。国外学者常从生存分析模型中的经历期和生存概率（survival rate）两个角度来测度就业稳定性。经历期可以理解为工作持续期；生存概率是指在某一时间段内，继续待在同一岗位上的劳动数量比率。与生存概率相对应的是风险率（hazard rate）。

$$\text{平均工作持续期}=\frac{\sum_{t=1}^{n} N_{0,c-t} S_{t,c-t}\cdot t}{\sum_{t=1}^{n} N_{0,c-t} S_{t,c-t}}$$

其中，c 表示现期；t 表示一定时间周期；$N_{0,c-t}$ 表示在时期 $c-t$ 开始工作的工人数量；$S_{t,c-t}$ 表示生存率，即一份工作在 $c-t$ 时期开始能够持续到 t 时期的概率。

另一种生存分析模型的分析方法是统计存续率（retention rate），存续率是指一份工作在已经持续一定长度的时间的前提下在特定时间能够继续存在的概率。

定义持续期为 t，在时刻 c 的存续率即

$$R_{t,c}=\frac{N_{t,c}}{N_{t-i,t-c}}$$

其中，$N_{t,c}$ 表示在时刻 c 持续期为 t 的个体数量；$N_{t-i,t-c}$ 表示在基期的相对应数量；下标 i 表示间隔长度。相应地，风险率为 $1-R_{t,c}$。本次调研掌握了流动人口在东莞工作时间及在东莞换工作次数。由于没有获得几年的连续数据，只能采用平均工作持续期作为稳定性指标：

$$\text{平均工作持续期}=\frac{\text{在东莞工作时间}}{\text{换工作次数}+1}$$

并且假设如果流动人口平均工作持续期为 5 年，则表示他没有持续稳定就业。可

以得到具有一定代表价值的东莞流动人口生存函数曲线，见图 3.7。

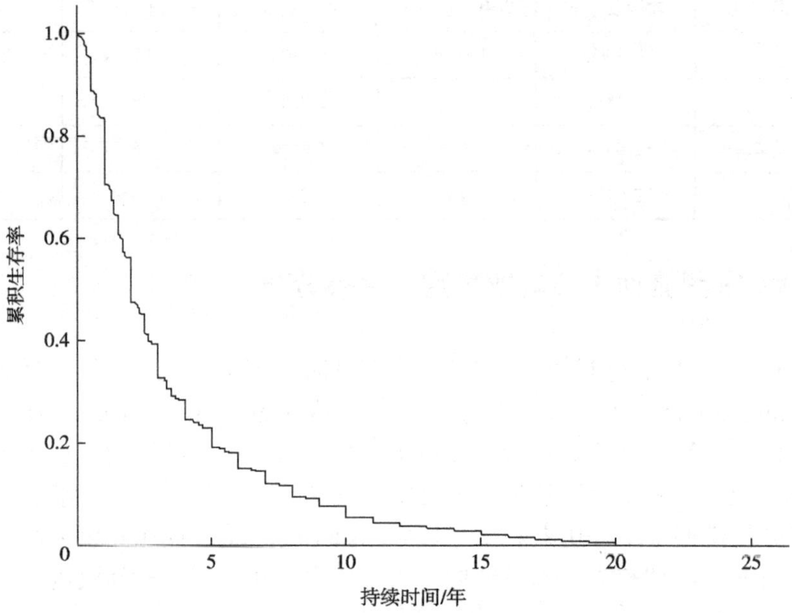

图 3.7　东莞流动人口总体就业稳定性生存函数图

从图 3.7 可以看出，东莞流动人口就业稳定性不容乐观。就业持续期的中位数为 3 年左右，即超过一半的流动人口在同一企业就业持续时间不超过 3 年。

3.3.4　东莞流动人口就业不稳定原因分析

在本次调研中发现，东莞流动人口工资福利待遇、社会保障情况及劳动福利保障情况都不容乐观，这些对流动人口就业稳定性造成负面影响。具体情况如下。

（1）东莞流动人口职业发展前景不理想成为其转换工作的主要原因。在本次调研中，设置了问题“离开原来工作岗位的原因”，从结果来看，选择“工资福利待遇不满意”的有 902 人，占比为 41.6%；选择“职业发展可能性小”的有 792 人，占比为 36.5%；选择“自身学历或自身工作失误而被迫离开原来工作岗位”的有 80 人，占比为 3.7%；选择“其他原因”的有 394 人，占比为 18.2%。说明东莞部分企业中流动人口的成长发展环境不佳或者职业前景不确定是造成人才流失的重要原因。从不同教育背景流动人口的分类统计情况来看，受教育水平越低的流动人口因为工资和福利待遇不好而更换工作的比例是最高的，也侧面反映了企业对于底层员工的劳动权益保护不足。当然，由于流动人口的自身原因离职的比重也较高［见表3.13的“其他原因（如年龄）”］，说明流动人口在外就业过程中具有一定的内在不稳定性。

表3.13　不同教育背景流动人口的离职原因

离职原因	初中及以下	高中（技校）	大专（高职）	本科
技能水平、学历无法适应企业新要求	2.99%	2.01%	0.72%	2.50%
原工作工资太低、福利待遇不好	56.37%	45.53%	30.07%	28.57%
原工作的职业发展可能性小	18.92%	36.80%	47.73%	50.71%
因工作失误被辞退	1.39%	0.45%	0.95%	0.71%
其他原因（如年龄）	20.32%	15.21%	20.53%	17.50%

注：本表数据因进行了约分，存在比例合计不等于100%的情况

（2）东莞流动人口薪酬水平偏低，部分企业用工氛围较差。尽管广东是全国第一经济大省，但职工薪酬水平落后于北京、上海和天津等地。以2010年为例，当年广东省的职工月平均工资水平为3489元，不仅远低于北京的6886元，上海的6203元，天津的4967元，而且相对于江苏、浙江等沿海发达省份，平均工资水平也偏低。从本次调研情况来看，东莞流动人口的月平均工资水平比广东省平均水平还低，42%的技能人才月工资水平仅在920～2000元，31%的技能人才月工资集中在2000～3000元。可见东莞薪酬水平较低，难以形成较为有效的人才聚集吸引力，难以满足东莞经济转型发展的要求。

（3）东莞流动人口社会保险参保率不高。近年来，对于流动人口的各种制度保护日益完善，流动人口可以在就业地参加社会保险及享受部分社会福利。但流动人口与本地户籍享受的社会保险和社会福利存在明显差异。本次调研总共收回问卷2784份，其中户籍地为东莞以外的流动人口有2478人，东莞本地户籍人口有306人。在删除填写不完整问卷之后，流动人口中合格问卷有2082份，东莞本地户籍人口中合格问卷有274份。从表3.14可以看出，户籍人口参加社会保险的情况明显好于流动人口，其中医疗保险参保比例方面高出1.96个百分点；失业保险高出16.84个百分点；养老保险高出7.51个百分点；生育保险高出4.11个百分点；工伤保险高出19.93个百分点。由此可以看出，户籍人口所享受的社会保险水平明显高于流动人口。另外，对小孩上学问题的调研结果显示，在所有流动人口中填写了有小孩的有1154人；其中完整填写小孩在哪里上学的有966人，有小孩在东莞读书的有212人，占比为21.95%；而东莞本地户籍职工中大部分小孩都在东莞入学。可见东莞流动人口未能完全享受到此项社会福利。另外，东莞流动人口也很难享受到住房保障等社会福利。

表 3.14　东莞流动人口与户籍人口参加社会保险情况

社会保险	流动人口			户籍人口		
	参保人数/人	未参保人数/人	参保比例	参保人数/人	未参保人数/人	参保比例
医疗保险	1821	261	87.46%	245	29	89.42%
失业保险	1268	814	60.90%	213	61	77.74%
养老保险	1599	483	76.80%	231	43	84.31%
生育保险	1541	541	74.02%	217	57	79.20%
工伤保险	307	1775	14.75%	95	179	34.67%

根据保险类别的供需结构进一步分析保险福利的普及情况后发现，技能人才对于保险的需求和供给尽管基本满意，但也存在一定的偏差，如意外伤害险办理的人数较少，但是需求的人数较多。在 2010 年对东莞流动人口一次问卷调查中发现，在流动人口已办理的保险类别中，办理最多的是医疗保险，为 2349 人，其次是养老保险，为 2093 人，接下来是工伤保险 1998 人，失业保险 1678 人，生育保险和意外伤害险办理的人数最少，分别是 421 人和 390 人。

（4）流动人口的福利待遇水平不高。流动人口劳动技能不高，工资水平不高，又是从异地来莞工作，如果自己单独租房则房租将会成为其沉重的经济负担。东莞大部分企业都能提供一定的食、宿等基本福利，但条件较差，急于改善。通过对企业问卷的调查，发现其中 88%的企业为员工提供住宿补贴，83%的企业为员工提供膳食补贴，大部分企业能保障技能人才的饮食和住宿问题，但仍有 12%和 17%的企业仅能为部分员工提供或不提供住宿和膳食补贴。具体情况如表 3.15 所示。

表 3.15　流动人口基本福利待遇情况

数值	住宿补贴			膳食补贴			保险	
	为全部员工提供	为部分员工提供	不提供，由员工自己解决	为全部员工提供	为部分员工提供	不提供，由员工自己解决	有	没有
绝对值	82	8	3	69	9	5	1269	1250
百分比	88%	9%	3%	83%	11%	6%	50.4%	49.6%

第4章　流动人口就业稳定性与专用性人力资本投资

流动人口在就业过程中存在的就业稳定性不足及专用性人力资本投资不足与其受到的激励不足有关。流动人口在就业过程中与企业形成劳动契约关系。劳动契约是一种不完全契约，也是一种关系型契约。流动人口就业稳定程度越高，专用性人力资本积累越多，说明劳动契约效率越高，也说明双方合作程度越高。但是，企业与流动人口的有限理性与机会主义行为使得双方合作水平降低，流动人口就业稳定性差，以及专用性人力资本投资水平低。如果能够加强对流动人口契约激励及制度激励则会增强其合作水平。

4.1　流动人口劳动契约特征及契约失灵

4.1.1　流动人口劳动契约特征

劳动契约（合同）从法律意义上说是一种劳动力雇佣关系；各国法律都将劳动关系定义为劳动力租用合同。1804 年的《法国民法典》中将雇佣关系称为“劳动力租赁”，并在第 1710 条将“劳动力租赁”定义为“当事人约定、一方为他方完成一定的工作，他方约定支付报酬的契约”（拉德布鲁赫，1997）。这种契约关系是一种劳动力出让，劳动力的所有者在一定条件下让渡给企业并获得一定的收益。在现代市场经济条件下，劳动契约不是简单的雇佣契约，而是劳资双方在合作过程中的行为规范。劳动契约具有以下特征。

（1）劳动契约本质上是一种合作关系。劳动契约关系从本质上说是非简单雇佣关系，具有长期合作性质。这种合作关系中表现出一定的互惠特征。首先，企业提供资本，员工付出劳动，资本和劳动有机结合共同创造了价值；员工进行人力资本投资并获得合理报酬，企业所有者则获得了部分剩余价值的控制权。其次，员工在企业能够得到价值体现的同时获得人力资本的积累和较高的就业质量。当然，这包括企业为员工提供良好的用工环境和劳动保障措施，提供良好的培训机制和晋升制度等。如果企业抱着攫取的心态，在短视的眼光下与员工签订雇佣契约，则无法达成长期合作，对双方都是一种损失。

（2）劳动契约是不完全契约。劳动契约是一种长期契约，其表面文字不能涵盖所有契约活动；在契约存续期内，双方存在一系列的计划和合作。由于工作内容的复杂性和未来的不确定性，存在可观察但不可证实的契约行为，如员工努力程度。因此，劳动契约在很多情况下是一种不完全契约。劳动契约仅是“框架协议”，说明一些可契约化的内容及规定双方认可的一些处理契约关系的原则。劳动契约又可分为刚性契约和柔性契约。刚性契约是指对劳动合同内容进行详细说明和列举，包括工作内容与福利待遇、劳动争议安排、劳动过程中的权责安排等。柔性契约则相反，对劳动合同内容没有详细说明，只介绍关键要素和基本原则，最柔性的契约莫过于口头合约或没有契约。劳动契约是不完全契约，不能对将来所有的或然事件做出规定；当出现或然事件时，双方基于关系的基础协商解决，因此也是一种关系型契约。

改革开放后，我国实施经济体制改革，逐步由计划经济体制向市场经济体制逐步转变。目前我国已基本上建立社会主义市场经济体制，经济结构也由单一的公有制经济转变为以公有制为主体、多种所有制经济共同发展的基本经济制度。经济体制改革也带来就业制度的重大转变，以往农村与城市二元分割的劳动力市场被逐渐打破，大量农村劳动力进入城市就业给经济带来巨大活力。劳动雇佣关系发生了深刻的变化，劳动合约形式多样化，劳动契约关系更加复杂。首先，最重要的转变就是由计划经济时代的身份关系向契约关系转变。契约的本质是双方在自由平等的基础上进行交易。在计划经济时代，企业和员工之间缺乏这种自由，企业和员工服从于国家计划，并实行终身雇佣制，不存在自由选择，但存在干部与工人、正式工和临时工等的身份差异。在市场经济中，劳动契约主体可以在市场中自由选择，企业可以在市场中根据自身需要选择所需要的人才；员工可以自由地选择与企业达成或解除契约，对企业的依赖性减小。其次，劳动契约的形式逐步多样化。劳动契约有显性契约和隐形契约，显性契约包括短期契约和长期契约，隐形契约包括口头契约和心理契约等。由于企业具有复杂性，员工在人力资本积累方面也有复杂性，以及经济制度安排不同，劳动契约的形式也多种多样。

从总体上来看，我国流动人口在就业过程中的劳动契约有以下特点：一是契约期限结构不合理。流动人口在就业过程中短期契约比较普遍，而且很多仅仅具有口头契约。受传统文化影响，很多情况下流动人口通过亲戚或者老乡介绍进入城市就业，在同一企业打工就业或者直接受雇于他们。基于地缘性信任，当双方具有直接雇佣关系时往往不签订正式契约，而只有口头契约。这种口头契约形成了事实劳动关系。我国法律规定，口头契约相应的劳动关系调解适用于现行的劳动法律法规制度。具备较高人力资本水平的流动人口在正式企业中就业时往往签订正式契约。从各种调研数据中也发现，正式契约中短期契约较多，而长期契约较少。二是柔性契约较多。很多流动人口由于自身素质不高，不具备与企业签订刚性契约的能力，或者只能被动接受企业提供的规范契约，因此大部分契约都是相对柔性的契约。这种契约必然存在较大缺口，在契约执行过程中，由于劳动者对企业的实际贡献具有不可测量性，会产生各种机会主义问题。双方在劳动契约执行过程中会针对一些或然情况进行讨价还价，并对契约做出相应调整。此时，流动人口个体谈判能力弱，只能将其对企业的心理预期放在心里，若在劳动过程中能实现心理预期，则继续在企业中工作；反之，则有离开企业的意愿。

4.1.2　流动人口劳动契约失灵

人总是在复杂环境中进行决策，经济交易中的各个行为人（企业和个人）处于自身利益角度进行选择。行为人能否在每次选择中都能实现自身利益的最大化，是经济学者争论的焦点。古典经济学建立在完全理性假设基础上，认为经济学是研究在资源稀缺情况下的最优配置问题；人的思考过程不需要成本，并且能够在瞬间完成；行为人能实现效用最大化。完全理性假设认为人对于未来的情况可以完全掌握，并且在复杂环境中能根据效用最大化原理进行最优决策。完全理性的决策者能够在几乎无成本的情况下在诸多选择中做出最优选择，这也是用自己的价值观支配自己行为的过程。完全理性假设主要包括：①不存在信息的不确定性，对于完全理性的人来说，一切信息都是确定的；②行为人具有强大的分析和计算能力，能够在短时间内做出最优决策；③行为人能够预见各种选择情况下的后果；④行为人有自己的效用函数，根据每个选择所赋予的效用进行最优决策。不过很多学者认为完全理性假设与实际情况不太相符。首先，人们在做决策的时候受感情因素影响，情绪波动对决策有重大影响，人的行为是由理性和感性共同决定的；其次，从人类的行为心理来看，人们对于同样的事情在表述不一样时会出现理解偏差从而影响决策；最后，人类大脑的分析和计算能力有限，在对复杂问题进行决策时不能做出最优决策。因此，在现实中人们都是有限理性的。有限理性的主要原因在于：①受人的分析能力的限制；②人出于自利原因有意为之，包括机会主义和道德风险等行为。

西蒙（1989）提出了有限理性的观点，认为决策者存在知识的有限性、评价的不充分性和选择的有限性等缺陷，因此不能在任何情况下都做出最优决策。他认为有限理性是缺乏全智全能的理性，是受限制的理性。有限理性是人们不知道全部备选方案、有关外生事件具有不确定性，以及有限的计算能力造成的。考恩利斯克（Conlisk）把经济主体思考经济决策所费的成本称为深思熟虑的成本或思考的成本。有限理性认为人类思考是有成本的，这种成本可以称为心智成本，并且心智成本为正。有限理性说明心智是一种稀缺资源，当外在约束既定时，经济主体倾向于脑力的节约；在复杂环境下，依赖直觉、习惯、情感、组织和秩序等信息简化机制来降低心智成本。然而，现实经济世界是不确定的世界，存在大量的不完全信息，这给决策者带来很大困难，由于人的生理限制等因素，有限理性相对于完全理性与现实更加贴近，得到很多学者的认同。

人的理性程度很难度量，也难以用严谨的数学函数来表示。人总是追求效用最大化的，效用大小与环境的不确定和信息的不完全有关，也与决策者的认知能力不足有关。从效用角度理解理性程度，完全理性可以认为是实现了效用最大化，达到最优状态；有限理性则是指不能实现效用最大化，只能得到次优结果。举个例子，如果决策者在决策过程中可以得到三种结果，分别是“最优”“满意”“不满意”，“最优”是完全理性，“满意”是有限理性，“不满意”则是有限理性不足。另外，人的理性程度会随着时间（年龄）的增加而得到提高；在较短时间内，众多不确定性和自身认知能力不足导致决策失误，最终结果不满意；而随着时间的延长，决策对于各种风险的认知达到一定程度，通过一定的学习和模仿，决策者能够获得满意的结果。流动人口在就业过程中理性不足，很难适用于完全理性假设，只能认为是有限理性的。

在合作中有限理性给决策者自己带来了困扰，机会主义则是给他人决策带来困扰。威廉姆森认为存在交易前机会主义和交易后机会主义，交易前机会主义主要体现在信息不对称；签约后的机会主义主要包括在双边契约交易中的敲竹杠行为，以及在集体行动中存在的搭便车行为。这些机会主义行为给契约双方增加了契约成本，使得契约失灵，也严重影响了合作行为。人类有合作动机，但是人类合作行为经常受到有限理性和机会主义行为干扰。在有限理性假设下，由于行为人掌握的信息不足，以及分析计算能力有限，可能会出现“短视行为”，即对于眼前收益看得比较重要，而对于将来收益比较轻视。合作是一种长期行为，这种“短视行为”对长期合作会造成重要影响。劳资冲突是双方在信息不完全的情况下的有限理性或机会主义行为导致的利益冲突，这种情况经常在流动人口就业过程中出现。流动人口在某些方面具有天然的弱势，主要体现在：①在信息获取上的不足。流动人口很多时候是在亲戚朋友或者老乡的带动下外出就业，通过其他途径获取就业信息的意识或能力都不足。②在风险认知和处理上的不足。流动人口对于各种就业制度的了解不够，不能合理运用制度来保护自身权益。流动人口在职业初期对于复杂环境认知不足，往往表现出一些有限理性行为，如频繁转换工作、对在职培训的不配合、对劳动合同的忽视等。但是随着工作时间的增加，就业理性程度增加，此时已经积累了较高的人力资本水平，注重合同的签订，就业持续时间也在增加。这种理性程度的增强也与对周边环境的认知程度有关，在流动人口职业初期，对于就业制度环境、经济环境和社会环境都不熟悉，存在着很多不确定性，在复杂环境下的决策行为往往具有非理性特征。随着社会阅历的增加，对于各种就业制度、经济环境及其他环境的认识加深，在决策中能够规避各种风险，提高决策的理性程度。流动人口机会主义主要在于流动人口有时会过于看重短期收益，而忽视未来长期收益；表现为在某一企业就业中积累了一定的人力资本后通过转换就业方式来获取短期高收益，给培训企业造成一定损失，也会造成流动人口就业不稳定，不利于流动人口与企业之间长期合作。流动人口属于弱势群体，正当劳动权益可能会受到侵害，这也是企业机会主义的体现。企业机会主义行为主要表现为：①忽视劳动契约，在就业时不与流动人口签订劳动契约，或者仅有口头契约，为将来就业过程中克扣流动人口福利待遇、恶意延长就业时间等行为埋下伏笔；②在企业经营状况恶化时不做好流动人口安置工作，在企业亏损时不按时发放员工工资福利，甚至恶意转移资产或恶意躲债。

有限理性和机会主义会影响流动人口就业过程中双方的合作，给流动人口就业稳定性与专用性人力资本投资都带来负面激励。对于机会主义行为可以通过合理的制度安排来有效规避，包括规范的制度设计及恰当的制度实施，也包括企业内部的契约安排和企业外部的制度安排。

4.2　制度激励与流动人口就业稳定性

4.2.1　制度安排下的产权激励

流动人口在就业过程中的劳动收益权益主要与人力资本产权有关，人力资本同物质资本一样参与了生产经营活动，应该获得收益分配等权益。从法律角度来定义人力资本产权，即市场交易过程中人力资本所有权及其派生的使用权、处置权和收益权等一系列权利的总称，是制约人们行使这些权利的规则，本质上是人们社会经济关系的反映。所有权是指对于人力资本排他的控制权，而人力资本使用权和处置权是指在权利使用范围使用及处置人力资本的权利。在市场经济条件下，劳动者能自由支配自身的人力资本。人力资本的收益权是指人力资本所有者能够获得人力资本使用过程中产生的收益的分配权。人力资本的收益权最直接的表现形式为劳动者工资，在市场经济条件下，人力资本的收益实现一定通过市场来完成。劳动力产权如何界定是一个难题。一方面，劳动力产权的特征是具有天然性，劳动力产权天然属于私人产权，具有一定的排他性。亚当·斯密指出，劳动所有权是一切其他所有权的基础，一个穷人所有的世袭财产，就是他的体力与技巧，不让他们以他们认为正当的方式，在不侵害他人的条件下，使用他们的体力和技巧，那明显是侵犯这最神圣的资产。另一方面，劳动力产权具有社会性。劳动力需求是引致需求，劳动力的价值需要与实物资本配合时才能体现出来，这种私人产权范围会随着社会制度的变化而变化。在奴隶社会，奴隶完全依附于奴隶主，不存在自由缔约的机会，奴隶只能获得最低的收益，即维持劳动者生存的最低费用；而在封建社会，农民与地主之间的缔约方式多样化，有长期雇佣的隐性契约，也有分成契约，但是农民也不能获得劳动者的全部收益。在资本主义社会中，在完全竞争条件下，劳动者能够获得正常市场收益。即使在公有制社会中，劳动力产权也很难彻底变为公有产权。马克思从历史维度，结合生产力与生产关系的辩证关系，系统性地对劳动力产权进行了深刻阐述，认为劳动力成为商品实现其价值的前提条件是劳动者必须首先成为法律上的自由人，并拥有自身劳动能力的所有权与支配权，这样才能在劳动力市场上实现其价值。在社会主义制度下，劳动力产权具有公有性质，也有私有性质。公有性质是指全体劳动者共同占有全部生产资料；私有性质是指劳动者自主地参与社会劳动，获得一定的劳动报酬。在计划经济中的国有企业，劳动力产权与物质资本产权混合在一起，劳动者作为一个集体可以获得更多收益权，包括隐形的福利，如生老病死都由企业负责。国家作为一个“超级大企业”存在，企业只是其中的一个单元，而“超级大企业”的所有者是全体劳动者。

从上面的分析可以看出，人力资本天然依附于劳动者，劳动者能否实现其收益权及其实现程度取决于社会制度安排。这种制度安排包括宏观经济体制及相关法律制度安排。改革开放以来，我国流动人口相关的就业制度变迁主要包括以下两个方面。

一是流动人口劳动力转移的制度安排。劳动力产权与实物产权的区别在于：实物产权具有可转让性，劳动力产权天然依附在劳动者身上，无法进行转让。解除对于劳动力流动的限制就意味着劳动力产权可实现更多收益。由于我国经济的二元结构，大部分流动人口都是由农村向城市转移，劳动力自由流动是流动人口劳动权益实现的首要条件。我国由计划经济体制向市场经济体制过渡，政府允许农村劳动力向城市自由流动，也是对流动人口劳动力产权的完全认可。产权保护是对产权所有者的激励，如果产权缺乏保护将会造成“公地悲剧”。在计划经济时代，农村人口被束缚在土地上，加上政府在商品价格上的控制，虽然农民没有被雇佣，也没有被剥夺剩余价值，但其人力资本产权没有得到真正实现，城乡居民收入待遇存在巨大差距。改革开放后，政策逐步放开，社会主义市场经济体制逐步完善；流动人口（主要是农村剩余劳动力）自发转移，大规模地由农村向城市流动。农村剩余劳动力向城市转移中获得更多的劳动收益，实现了人力资本产权。我国的经济体制改革最早从农村地区开始，1978 年开始实施的家庭联产承保责任制把集体土地经营收益权向农户转移，这大大激发了农户劳动经营的积极性，粮食产量快速增加，农村经济和面貌得到迅速改善。鉴于农村改革的成功，我国逐步加强了对私有产权的保护。1988 年《中华人民共和国宪法修正案》中对第十一条进行了修改，增加规定："国家允许私营经济在法律规定的范围内存在和发展。私营经济是社会主义公有制经济的补充。国家保护私营经济的合法的权利和利益，对私营经济实行引导、监督和管理。" 1999 年《中华人民共和国宪法修正案》对第六条进行了修改，规定"国家在社会主义初级阶段，坚持公有制为主体、多种所有制经济共同发展的基本经济制度，坚持按劳分配为主体、多种分配方式并存的分配制度"。私有产权的认可和保护对于私人投资是一种激励，我国因此吸引了大量外资进入，民营企业也得到了快速发展。经济规模的迅速扩大加大了对劳动力的需求，导致大规模的流动人口涌入沿海地区及经济发展较快的城市。对于劳动力产权保护，《劳动法》第三条规定："劳动者享有平等就业和选择职业的权利、取得劳动报酬的权利、休息休假的权利、获得劳动安全卫生保护的权利、接受职业技能培训的权利、享受社会保险和福利的权利、提请劳动争议处理的权利以及法律规定的其他劳动权利"。这对来自农村的流动人口劳动力产权方面进行了有效的保护，主要包括：①允许农村剩余劳动力自由向城市流动，获得就业机会和劳动报酬；②实施劳动合同制，通过劳动合同来调解雇佣方和劳动方的关系，同时对其基本劳动权益进行保护；③逐步消除对流动人口的歧视，逐步完善流动人口相关劳动权益。

二是与流动人口劳动权益保护相关的制度安排。流动人口就业制度环境主要包括宏观经济制度、劳动就业制度及社会管理制度等。我国社会主义市场经济体制的确立，使各种生产要素的积极性被充分调动起来，农村剩余劳动力也大规模地向城市流动，在计划经济时代下的农村剩余劳动力被约束的产权得到了释放。多种要素分配制度则决定了劳动力价格（工资）由市场决定。就业制度则是与就业相关的各种制度，包括劳动合同制、社会保障制度和工会制度等。劳动合同制是就业的基本制度，劳资双方签订了劳动合同之后，流动人口与雇佣者之间是一种契约关系。不同于以往国有企业（集体企业）中的身份关系，流动人口与雇佣者之间的关系调整主要由相关法律和劳动契约来决定。社会保障制度是在市场条件下劳动力产权的衍生，是劳动力应该受到的一种福利保障。由于流动人口人力资本水平低，就业竞争能力弱，其劳动权益容易受到侵害，需要制度保护。在改革开放初期，流动人口保护自身权益意识不足，政府对于流动人口产权保护没有足够的重视，因此流动人口的劳动力产权没有得到有效保护，主要表现为流动人口工资收入低，在比较苛刻的环境下工作，以及社会保障制度不完善。随着国家劳动法律法规的完善，对流动人口的劳动力产权的保护逐渐加强。特别是 2008 年《中华人民共和国劳动合同法》（简称《劳动合同法》）正式实施，对于流动人口的劳动合同签订、社会保障的落实都有了更多严格的规定。正式劳动合同签订之后，在法院等第三方强制监督下，流动人口的劳动权益能得到保证。我国已经建立流动人口养老保险、医疗保险、工伤保险等社会保障制度，并将进一步完善。社会管理制度主要是指户籍制度及由此衍生出来的社会保障和义务教育等社会福利问题。目前很多地方开始对于包括大中专毕业生在内的高素质流动人口放开户籍限制；广东也开始对外来务工人员实施“积分入户”政策。这些有关流动人口就业制度的变迁都是偏向于保护流动人口权益。

但是，我国流动人口劳动权益保护的制度安排仍然存在不足之处。马克思认为劳动力产权具有社会属性，是其他产权的基础，能够分享社会物质收益。从这点来看，我国流动人口的劳动权益保护的制度安排还不完善。主要体现在流动人口与户籍人口在社会保障和社会福利制度等方面的差异，而这些制度安排对流动人口就业稳定性有重要影响。

4.2.2 参照点理论视角下的产权安排与流动人口就业稳定性

不完全契约理论的产权观点认为企业产权是企业中不可契约部分的剩余控制权。参照点理论认为契约是参照点，如果契约一方觉得受到侵害则会采取报复行为。因此双方会在刚性契约与柔性契约之间进行选择，以求得事前契约成本与事后契约成本之间的平衡。刚性契约需要更多的谈判成本，柔性契约则会增加事后机会主义和报复行为的可能性。事后的报复行为取决于双方的心理参照点处于何种境地。有学者认为，双方如果事前在竞争环境下签约，双方的心理参照点是市场均衡价格。在劳动力市场中流动人口的工资收入主要由市场竞争水平来决定，但是社会保障水平却是由法律来确定。即在各种制度的完善与融合情况下，流动人口的劳动福利水平逐步提高，也成为其在签订劳动契约时的参照点。这个参照点可以理解为在[0,1]移动，其中“0”表示流动人口的相关权益，包括社会保障、相关劳动权益及社会福利等，完全没有受到保护；而“1”则代表流动人口相关权益受到完全保护。如果政府对流动人口权益的保护更加完善，参照点则逐渐向右方端点移动。

契约参照点理论（Hart and Moore，2008）认为当参与方感觉到自己的利益受到较严重侵害时，会采取报复行为。因此，当工资水平主要由企业决定，工资水平被压低，与自身预期水平有较大差距时会产生报复行为，这种报复行为对企业的影响为 $\theta(\bar{W}(i)-W(i))$，其中，$\bar{W}(i)$ 表示期望的工资水平；$W(i)$ 表示实际工资水平；$0<\theta<1$，表示员工报复行为对企业的影响程度。当这种报复行为对企业

影响较少时，即 $\theta \to 0$，企业倾向于采取柔性契约，而不是刚性契约。当这种报复行为对企业影响较大时，即 $\theta \to 1$，企业倾向于采取刚性契约。因此在外部劳动力市场劳动力供给超过劳动力需求时，员工报复行为对企业影响程度小，企业对于仅仅拥有行业专用性人力资本的员工采用柔性契约，特别是当 $\theta \to 0$ 时，企业可能给予的是口头契约；对于具有企业专用性人力资本的员工，企业会签订较为刚性的契约，即正式契约。流动人口一般具备较少的专用性人力资本，因此，很多时候都是比较灵活的柔性契约，甚至是口头契约。这种契约增加了双方的灵活性，也增加了报复的概率，即就业的不稳定性。

劳动制度是规范劳动者与企业之间的关系的准则，也是调整双方劳动关系的重要标准，是双方签订契约和执行契约的基本参照。特别是当双方在劳动契约方面存在巨大分歧时，劳动制度起到基本的协调作用。制度是从无到有的，并且处于不断演变当中。我国从计划经济到市场经济，各种劳动制度也是逐步建立起来的。我国劳动制度的完善实现了对流动人口劳动权益的保护，也可以说是对流动人口劳动力产权的保护。这种制度保护对双方契约行为会产生重要影响。

首先，对于专用性人力资本水平较低的流动人口，按照 Hart 和 Moore（1990）产权配置观点，此时应将契约中的剩余控制权配置给企业，当然也会降低劳动者进行专用性人力资本投资的意愿。1998 年以来我国出台的各种劳动制度对流动人口的各种劳动权益做出了规定，包括流动人口拥有参与社会保障体系的权益，拥有集体工资协商权益，拥有各种其他权益等。这些制度安排以法律法规的形式对流动人口进行了保护，也增加了流动人口在劳动契约中的产权配置，增加了劳动者的劳动力收益，降低了流动人口报复的可能性，减少了契约效率的损失。即 $\theta(\bar{W}(i)-\hat{W}(i))<\theta(\bar{W}(i)-W(i))$，其中，$\hat{W}(i)$ 表示存在制度保护下的工资水平；而 $W(i)$ 可以认为是无制度保护下的工资水平，$\hat{W}(i)>W(i)$。这种制度保护会促进企业用刚性契约来替代柔性契约。其次，对于专用性人力资本水平较高的流动人口，其本身具有较强的谈判能力，并且赋予了较高的剩余价值控制权，而且一般都是刚性契约，因此，制度保护带来的边际收益对其而言较低。

通过上述分析可以发现，劳动制度对于流动人口，特别是人力资本水平较低的流动人口保护作用明显；能够促进企业以更加刚性的契约来代替柔性契约，也会减少事后企业机会主义行为，提高流动人口收益及就业稳定性。

4.3　流动人口就业稳定性与专用性人力资本投资的关系分析

流动人口劳动契约可以看作一种关系型契约，也是不完全契约。本节将基于不完全契约理论中的 GHM 模型，分析企业专用性人力资本投资与流动人口就业稳定性的关系并得出一定结论。

通过修订 GHM 模型，构造企业和流动人口的双边投资博弈模型。雇佣关系分为两个阶段。第一阶段（培训阶段），双方对员工进行专用性人力资本投资，分别为i_E和i_W，以促使雇员专用性技能的形成。流动人口的投资成本为$C(i_W)$，企业投资成本为$C(i_E)$，双方投资均满足$C'(\cdot)>0$，$C''(\cdot)<0$。这里的员工成本包括直接成本和间接成本。根据 Acemolgu 的压缩工资理论，员工在第一阶段的工资W_1较低，甚至低于保留工资W_0，这种工资上的损失归于直接成本；而员工付出的努力的负效用是间接成本。双方第一阶段投资完成之后，自然状态θ随机实现$\theta\in\Theta$，其中，Θ表示可能性自然状态的有限集；θ独立于i_E和i_W。双方在第一阶段结束后再谈判并重新签订了一份合约，令一期的状态为$\sigma\equiv(i_E,i_W,\theta)$，企业的新增收益为$R(\sigma)$，假设二阶可微，且$R'(\sigma)>0$，$R''(\sigma)<0$。同时，新增受益与工作持续时间$t$相关，即$R=R(i_W,i_E,t)$，并且工作时间越长，新增的收益越多，$R'(t)>0$，$R''(t)<0$。遵循可观察但不可证实假设，即对局内人可以观察，对局外人不可证实。假设双方的收益分配为R，假设工资占培训后收益的比重为α，即$W_2=\alpha R$，企业事后收益为$(1-\alpha)R(\sigma)$；假设不考虑贴现，企业的收益函数为$R_E=(1-\alpha)R(\sigma)-C(i_E)$；而员工的收益函数为$R_W=\alpha R(\sigma)-C(i_W)$。假设满足激励相容条件，不存在代理问题，即企业和员工进行人力资本投资都比不进行人力资本投资好①。

在上述假设下，最优的社会总收益为$\text{RS}=R_E+R_W=R-C(i_W)-C(i_E)$，实现社会总收益是最优的投资水平应该满足：

$$\begin{cases}\dfrac{\partial R}{\partial i_W^*}=C'(i_W^*)\\[2mm]\dfrac{\partial R}{\partial i_E^*}=C'(i_E^*)\end{cases}$$

此时，由一方同时获得人力资本产权和企业产权，在现实中就是个体独资企业或个人经营者，此时劳动者和雇佣者都获得最优的激励。但是流动人口就业大部分都不是这种形式，在劳动力产权与资本产权分离的情况下，双方都无法达到最优的投资，企业和流动人口最优投资满足：

$$(1-\alpha)\frac{\partial R}{\partial i_E}=C'(i_E)$$

$$\alpha\frac{\partial R}{\partial i_W}=C'(i_W)$$

① 这个假设是一个较严格的假设。

特别地，假设双方坚持纳什谈判解，即平均分摊收益，此时 $\alpha = 0.5$，企业最优投资满足 $\frac{\partial R}{\partial i_E} = 2C'(i_E)$，流动人口最优投资满足 $\frac{\partial R}{\partial i_W} = 2C'(i_W)$。

此时双方的投资不是最优的社会投资水平，可以用图 4.1 表示。

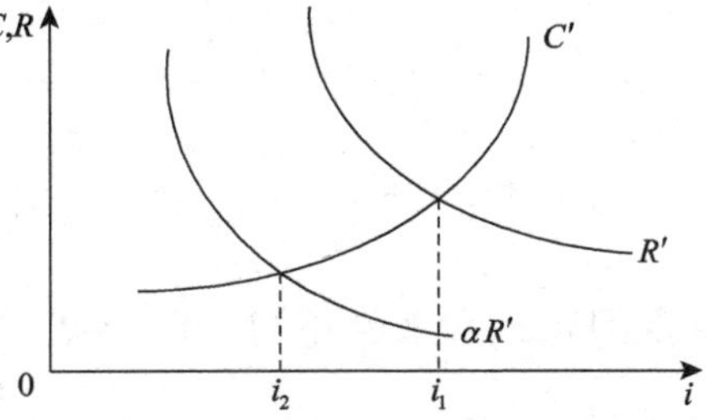

图 4.1　流动人口最优人力资本投资水平

根据假设，双方的成本函数都是凸函数，其一阶导数为正，在图形上边际成本为向上的曲线；而收益函数则是凹函数，其一阶导数为负，在图形上边际收益为向下的曲线。如果劳动力产权与企业产权统一在一起，最优的投资水平为 i_1，两者分离时最优的投资水平为 $i_2(i_2 < i_1)$。图 4.1 仅描述了流动人口的情况，企业情况以此类推，可见当两个产权分离时，双方的投资都不能实现最优。

假设第二阶段状态 θ 在事先可以明确，收益是工作时长的函数，简单表示为 $R_W(i_w, i_e, t) = x(t)R_W(i_w, i_e)$，其中 $x'(t) > 0$[①]。存在两种合同：长期合同，合同期限为 L；短期合同，合同期限为 S。假设流动人口和企业都不采用机会主义行为，能按期完成劳动合约。由于企业专用性人力资本投资在其他企业低于在原企业中的收益，则长期合同收益 $R_W^L(i_W, i_E)$ 大于短期合约的收益 $R_W^S(i_W, i_E)$。流动人口追求收益最大化，即 $\frac{\mathrm{d}R_W}{\mathrm{d}i_W} = 0$，即 $\frac{\partial R}{\partial i_W} = \frac{C_W(i_W)}{\alpha}$，由于 $(R_W^L)'(i) = x(L)R_W' > x(S)R_W' = (R_W^S)'(i)$，且 $C_W' > 0$，在长期合约的情况下员工最优人力资本投资 i_L^* 大于短期合约的最优人力资本投资 i_S^*（图 4.2）。一般而言，在双方理性程度高，没有机会主义行为的条件下，长期合约对于流动人口和企业的专用性人力资本投资都是一种激励。由此可得命题 4.1。

命题 4.1：流动人口工作持续时间长，将对企业和流动人口专用性人力资本投资产生激励。

① 这里假设工作持续时间是个确定值，与员工和企业人力资本投资水平无关。

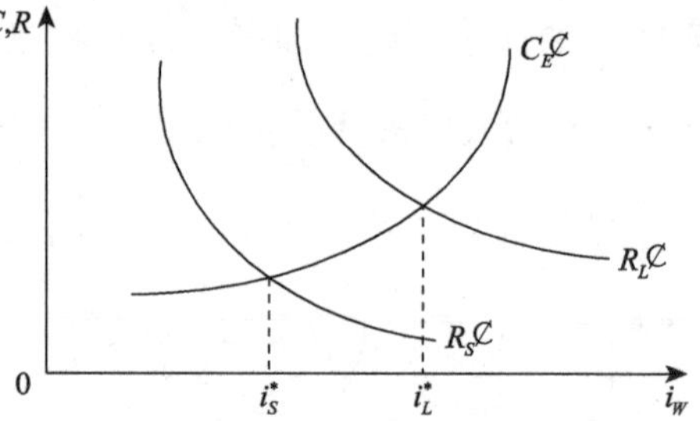

图 4.2　理性程度较高情况下流动人口最优人力资本投资水平

考虑到未来收益折现问题，未来收益的折现为 $R=\sum_{j=1}^{n}\delta^{j}R_j(i_W,i_E)$ ，其中，j 表示第 j 期；n 表示合作期数，n 越大，合作时间越长；δ 表示未来收益折现率，$0<\delta<1$。假设有两种类型的流动人口，第一种类型的流动人口理性程度不足，不注重个人声誉，此时折现率为 δ_1 ；第二种类型的流动人口理性程度较高，注重个人声誉，此时折现率为 δ_2 ，可以认为 $\delta_2>\delta_1$ 。对于第一种类型员工，其收益为 $R_W^1=\alpha\sum_{j=1}^{n}\delta_1^{j}R_j(i_W,i_E)$ ；对于第二种类型员工，其收益为 $R_W^2=\alpha\sum_{j=1}^{n}\delta_2^{j}R_j(i_W,i_E,t)$ ，且 $R_W^2>R_W^1$ 。根据流动人口人力资本投资原则 $\frac{\mathrm{d}R_W^2}{\mathrm{d}i_W}=\alpha\sum_{j=1}^{n}\delta_2^{j}\left(\frac{\partial R}{\partial i_W}\right)>\alpha\sum_{j=1}^{n}\delta_2^{j}\frac{\partial R}{\partial i_W}=\frac{\mathrm{d}R_W^1}{\mathrm{d}i_W}$ ，在理性程度比较高的情况下，流动人口自身具有增加人力资本投资的激励。企业会增加流动人口的专用性人力资本投资。由此可以得到命题 4.2。

命题 4.2：在理性程度较高的情况下，流动人口自身进行专用性人力资本投资的激励也较高。

在技能人才供给充分的情况下，企业的目标在于留住能力强的员工；而在技能人才供给不足的情况下，企业则希望流动人口能够稳定工作。企业可以提供两种合约，一种合约是长期合约，另一种合约是短期合约[①]。在长期合约中，企业和流动人口的关系型投资水平较高；在短期合约中，企业和流动人口的关系型投资水平较低。短期合约对于流动人口而言具有灵活性，能随时实现外部选择权；长期合约灵活性低，这种外部选择权收益可以看作流动人口的机会成本 $c(i_W)$ 。与流动人口签订短期合约，则企业面临转换成本 $c(i_E)$ 。将两类成本纳入模型中，企业的收益为

$$R_E=(1-\alpha)R(\sigma)-C(i_E)-c(i_E)$$

① 这里假设合约的性质为自动履约的，即合约内部包含了一些约束条件，使得双方能遵守并履行合约规定的内容。例如，为了防止员工参加培训后跳槽到竞争对手，培训合约中会加入竞业禁止条款；为了防止员工培训后不履行为公司服务的义务，会有赔偿条款。

流动人口的收益为

$$R_W = \alpha R(\sigma) - C(i_W) - c(i_W)$$

社会总收益为 $\mathrm{RS} = R_E + R_W = R - C(i_W) - C(i_E) - c(i_E)$ ①，很显然，考虑到企业的转换成本时，社会总收益降低。如果流动人口稳定就业，签订长期合约，企业转换成本降低，能提升社会总收益。但是，从现实调研情况来看，流动人口就业中存在大量短期合约，这是一种社会福利的损失。从个人理性角度来看，选择短期契约和长期契约是个人在现实约束条件下的理性决策。

流动人口考虑到外部选择权的时候，其最优投资规则为 $\dfrac{\partial R}{\partial i_w} = \dfrac{C_w(i_W)}{\alpha} + c'(i_W, t)$。在不同的契约期限情况下，流动人口最优人力资本决策不同，假设机会成本会随着合约期限长度增加而增加，即 $\dfrac{\partial c(i_W, t)}{\partial t} > 0$。考虑到合约期限与专用性积累的交互关系，如果双方为正的交互效应，则专用性人力资本积累越高，期限越长，机会成本越大，即满足 $\dfrac{\mathrm{d}c'(i_W)}{\mathrm{d}t} > 0$；如果有负的交互效应，则专用性人力资本积累越高，机会成本越小，$\dfrac{\mathrm{d}c'(i_W)}{\mathrm{d}t} < 0$；如果两者无关，则 $\dfrac{\mathrm{d}c'(i_W)}{\mathrm{d}t} = 0$。因此，在短期合约中流动人口的人力资本积累水平会减少，见图 4.3。

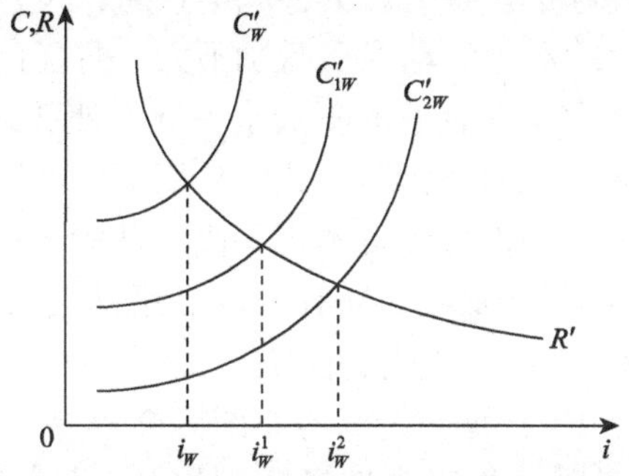

图 4.3　交互效应为正的员工最优投资

上下标中 1 表示长期合约，2 表示短期合约

从上述分析中可以看出，首先，考虑到机会成本，流动人口的最优投资均少于不考虑机会成本时的最优投资。其次，如果交互效应为正，流动人口在长期合约情况下对应更多的专用性人力资本投资；在短期合约中对应更少的专用性人力资本投资。如果交互效应为负，流动人口在短期合约中的专用性人力资本投资多于长期合约，也就是说长期合约对于专用性人力资本投资为负激励，见图 4.4。这

① 由于流动人口的机会成本是隐性成本，在计算社会总收益时不用加入。

也可以理解为：流动人口考虑机会成本的情况下，如果自身具备的专用性人力资本外部机会成本高，更倾向于选择短期合约。

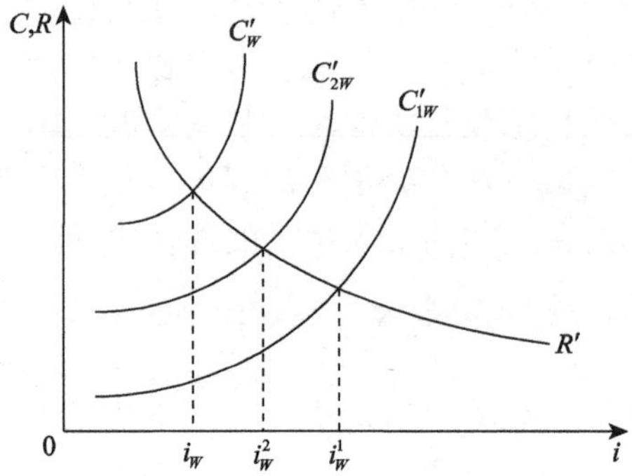

图 4.4　交互效应为负的员工最优投资

上下标中 1 代表长期合约，2 代表短期合约

假设流动人口的专用性投资分为两个层次，第一个层次是行业专用性人力资本投资 H_1；第二个层次为企业专用性人力资本投资 H_2。流动人口在企业工作时积累的专用性人力资本是两者之和 $H = H_1 + H_2$，当流动人口仅有行业专用性人力资本时，可以认为 $H_2 = 0$。流动人口如果仅拥有行业专用性人力资本则可以在外面找到同等工资水平的工作，外部选择权大，机会成本较高；人力资本水平与合约期限交互效应为正，此时长期合约对于流动人口激励不大。拥有企业专用性人力资本的流动人口外部期望工资水平会比在企业的薪资水平低，外部选择权小，机会成本小；人力资本水平与合约期限交互效应为负，此时长期契约的激励更大。在企业中，中高级管理人员拥有的企业专用性人力资本水平高，此时他们的就业稳定性更高。

命题 4.3：考虑到外部机会成本，拥有企业专用性人力资本的流动人口比拥有行业专用性人力资本的流动人口就业更稳定。

在传统竞争性行业，由于员工获得的外部机会较多，员工的外部机会成本相对较高，长期契约缺乏激励，员工会选择短期契约，员工稳定性弱；同时，企业对于流动人口专用性人力资本投资较少。在竞争性较弱的现代产业中，流动人口外部选择权较小，外部机会成本相对较小，长期契约也具有一定激励，员工稳定性强；同时，企业更注重对流动人口进行专用性人力资本投资。因此可以得到命题 4.4。

命题 4.4：传统竞争性行业中，流动人口外部机会成本相对较高，长期契约缺乏激励，就业稳定性弱；现代产业中，流动人口外部机会成本相对较低，流动人口会选择长期契约，就业稳定性强。

流动人口与企业在缔约过程中除了受到正式制度的约束和影响之外，还有很多情况下会受到非正式制度及企业内部缔约环境的影响。要维持企业与流动人口之间的长期合作关系，可以从关系型契约角度来考虑流动人口契约关系。由于受传统文化影响，以及对劳动契约认识不够，契约意识不强，流动人口出现投机性契约行为，具体表现为契约的短期化及高流动性。同时，部分企业管理制度不健全，对于处于基层员工的流动人口缺乏应有的激励机制，缺乏维系双方雇佣关系的各种投资，也导致流动人口就业不稳定。本节基于 GHM 模型分析流动人口就业稳定性与专用性人力资本投资之间的关系，发现双方合作收益越高，流动人口就业越稳定；流动人口就业越稳定，专用性人力资本投资越高。本书第 5 章运用东莞实地调研数据进行实证分析，对上述结论进行验证。同时发现，对流动人口的专用性人力资本投资进行补贴能对流动人口专用性人力资本投资产生激励作用。

根据上文分析，流动人口劳动契约短期化对社会总收益而言是一种损失。提升流动人口就业稳定性，也可以提高其劳动契约效率，对于政府而言是一种收益的增加。我国是典型的强制性制度变迁社会，流动人口的制度变迁对于流动人口的就业稳定性有何影响？本节将在动态演化博弈的基础上展开讨论。

4.3.1　市场竞争条件下的流动人员就业稳定性的演化均衡

继续沿用上文的分析模型，假设企业为流动人口提供了两种类型的劳动合约，流动人口有契约自由，可以选择长期合约或短期合约；企业则决定是否提供专用性人力资本投资。此时选择短期契约的收益为 $\alpha R(\cdot)-C(i_W)-c^2(i_W)$，选择长期契约的收益为 $\alpha R(\cdot)-C(i_W)-c^1(i_W)$。在上文的分析中，流动人口在考虑外部机会成本的情况下可能会更偏好短期契约，此时 $\alpha R(\cdot)-C(i_W)-c^2(i_W) > \alpha R(\cdot)-C(i_W)-c^1(i_W)$。企业面临的选择是是否给予流动人口专用性人力资本投资，企业在给予流动人口专用性人力资本投资的情况下希望流动人口能稳定就业，流动人口选择长期合约对其而言收益更大。在表 4.1 中，$\tilde{R}_W$ 表示流动人口在不进行专用性人力资本投资的情况下，长期合约相比短期合约带来的收益增量。$\tilde{R}_E$ 表示企业在不进行专用性人力资本投资的情况下，流动人口稳定工作带来的收益增量，包括降低了的转换成本等。

表 4.1　流动人口与用工企业博弈

契约形式		用工企业	
		提供专用性人力资本投资	不提供专用性人力资本投资
流动人口	长期契约	$\alpha R(\cdot)-C(i_W)-c^1(i_W)$， $(1-\alpha)R(\cdot)-C(i_E)$	$\tilde{R}_W$，$\tilde{R}_E$
	短期契约	$\alpha R(\cdot)-C(i_W)-c^2(i_W)$， $(1-\alpha)R(\cdot)-C(i_E)-c(i_E)$	0，0

注：表中的“0”不是代表双方没有收益，而是指与以前状态无任何差异

考虑在有限理性情况下的大规模群体随机匹配的复制动态博弈。古典博弈都是假设博弈方是完全理性的；但是在复杂的社会与经济环境中，博弈方很难做到完全理性，其理性程度有限。演化博弈假设在有限理性情况下，博弈方从大规模总体中随机抽取，并按照生物演化的方式反复配对进行博弈。

假设在大规模群体博弈中，在时刻t有$x(t)$［$0\leqslant x(t)\leqslant 1$］比例的流动人口倾向于选择短期合约，有$1-x(t)$比例的流动人口倾向于选择长期契约。在时刻$t$有$y(t)$［$0\leqslant y(t)\leqslant 1$］比例的企业选择提供专用性人力资本投资；有$1-y(t)$比例的企业选择不提供专用性人力资本投资。考虑一个企业与流动人口的2×2博弈，企业和个人的总体期望收益分别为E_E 和E_W ，$E_W = x(t)E_{W1} + (1-x(t))E_{W2}$。其中，$E_{W1}$表示流动人口选择长期契约的预期收益；$E_{W2}$表示流动人口选择短期契约的预期收益。

$$E_{W1} = (\alpha R(\cdot) - C(i_W) - c^1(i_W))y + \tilde{R}_W(1-y)$$
$$E_{W2} = (\alpha R(\cdot) - C(i_W) - c^2(i_W))y$$

流动人口的复制动态方程为

$$f(x) = \frac{\mathrm{d}x(t)}{\mathrm{d}t} = x(1-x)[\tilde{R}_W(1-y) + y(c^2(i_W) - c^1(i_W))] \quad (4.1)$$

企业的期望收益为$E_E = yE_{E1} + (1-y)E_{E2}$，其中，$E_{E1}$表示企业提供专用性人力资本投资的期望收益；$E_{E2}$表示企业不提供专用性人力资本投资的期望收益。

$$E_{E1} = x((1-\alpha)R(\cdot) - C(i_E)) + (1-x)((1-\alpha)R(\cdot) - C(i_E) - c(i_E))$$
$$E_{E2} = x\tilde{R}_E$$

企业的复制动态方程为

$$\begin{aligned} f(y) = \frac{\mathrm{d}y(t)}{\mathrm{d}t} &= y(t)[E_{E1} - E_{E2}] \\ &= y(1-y)\left[(1-\alpha)R(\cdot) - C(i_E) - (1-x)C(i_E) - x\tilde{R}_E\right] \end{aligned} \quad (4.2)$$

流动人口的均衡状态有以下三种情况。

（1）当$\tilde{R}_W(1-y) + y(c^2(i_W) - c^1(i_W)) = 0$时，$x$取任意值都是均衡状态。

（2）当$\tilde{R}_W(1-y) + y(c^2(i_W) - c^1(i_W)) > 0$时，$x$=1是稳定状态，见图4.5。

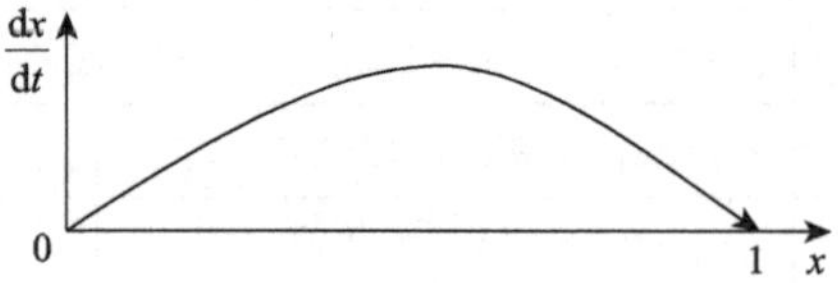

图4.5 相位图（一）

（3）当$\tilde{R}_W(1-y) + y(c^2(i_W) - c^1(i_W)) < 0$时，$x$=0是稳定状态，见图4.6。

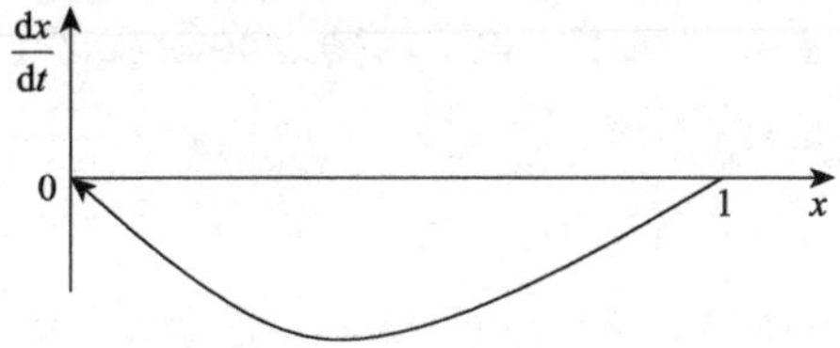

图 4.6　相位图（二）

在复制动态演化博弈模型中，流动人口的策略选择与企业的策略选择相关。定义 $\Delta c(i_W)=(c^2(i_W)-c^1(i_W))$，若 $\Delta c(i_W)<0$，并且 y 较大的情况下，会出现第三种情况，即流动人口全部选择短期合约。其经济含义为：在考虑到外部机会收益的情况下，即使企业提供了培训，流动人口还是会选择短期合约。若 $\Delta c(i_W)>0$，则流动人口会全部选择长期合约。

对于企业而言，也存在以下三种均衡状态。

（1）当 $(1-\alpha)R(\cdot)-C(i_E)-(1-x)c(i_E)-x\tilde{R}_E=0$ 时，y 取任意值都是稳定状态。

（2）当 $(1-\alpha)R(\cdot)-C(i_E)-(1-x)c(i_E)-x\tilde{R}_E>0$ 时，$y=1$ 是一种稳定状态，见图 4.7。

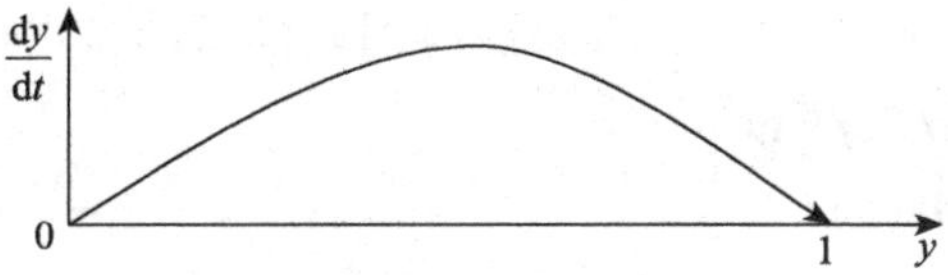

图 4.7　相位图（三）

（3）当 $(1-\alpha)R(\cdot)-C(i_E)-(1-x)c(i_E)-x\tilde{R}_E<0$，$y=0$ 是一种稳定状态，见图 4.8。

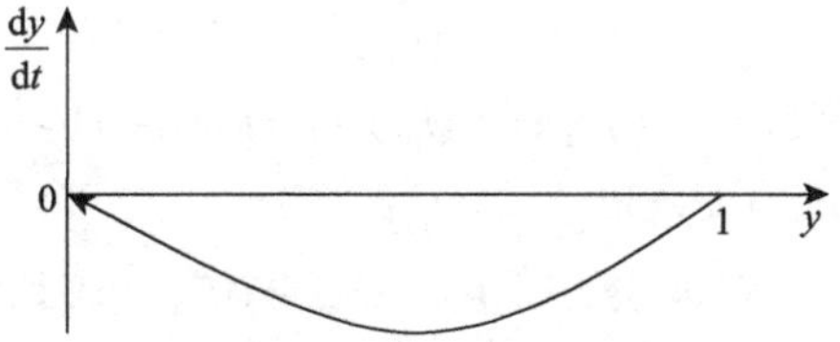

图 4.8　相位图（四）

同样，企业的策略选择也与流动人口策略选择有关，当流动人口选择长期合约的比重 x 较低，企业的转换成本较高时，企业会选择不提供专用性人力资本投资。其经济含义为：当流动人口大部分选择短期合约时，企业不会提供专用性人力资本投资。

从理论上来看，存在四个特殊的均衡点，即 (x,y) 为 $E_1(0,0)$、$E_2(0,1)$、$E_3(1,0)$、

$E_4(1,1)$，这四个点构成了一个二维空间，均衡点必须在这个空间之内，该空间 $\Omega=\{(x,y)|0\leqslant x\leqslant 1;0\leqslant y\leqslant 1\}$。

当 (x,y) 满足 $\begin{cases}\tilde{R}_W(1-\mathrm{y})+y(c^2(i_W)-c^1(i_W))=0\\(1-\alpha)R(\cdot)-C(i_E)-(1-x)c(i_E)-x\tilde{R}_E=0\end{cases}$，

$$\begin{cases}x^*=\dfrac{(1-\alpha)R^2(\cdot)-C(i_E)-c(i_E)}{\tilde{R}_E-c(i_E)}\\y^*=\dfrac{\tilde{R}_W}{C^1(i_W)-C^2(i_W)+\tilde{R}_W}\end{cases}\tag{4.3}$$

即当 (x,y) 满足式（4.3）时，也是一个稳定状态 E_5，如果 E_5 在空间 Ω 之外则应该舍去。动态过程究竟会在哪个均衡点趋于稳定，取决于博弈方采用策略比例的初始状态和动态微分方程在相应区间的正负情况。若某个均衡状态是稳定，我们称之为进化稳定策略（evolutionarily stable strategy，ESS）。按照 Hirshleifer 的概念，若从使得动态系统中的某平衡点的任意小邻域内出发的轨线最终都演化趋向于该平衡点，则称该平衡点是局部渐近稳定的，这样的动态稳定平衡点就是 ESS，需要满足以下条件。

分别对式（4.1）和式（4.2）求偏导得到该模型的雅可比矩阵：

$$J=\begin{bmatrix}\mathrm{d}f(x)/\mathrm{d}x & \mathrm{d}f(x)/\mathrm{d}y\\ \mathrm{d}f(y)/\mathrm{d}x & \mathrm{d}f(y)/\mathrm{d}y\end{bmatrix}$$
$$=\begin{bmatrix}(1-2x)(\tilde{R}_W(1-y)+y(c^2(i_W)-c^1(i_W)))-x(1-x)(c^2(i_W)-c^1(i_W)-\tilde{R}_W)\\ y(1-y)(c(i_E)-\tilde{R}_E)(1-2y)((1-\alpha)R(\cdot)-C(i_E)-(1-x)c(i_E)-x\tilde{R}_E)\end{bmatrix}$$

由此可以推导出：

$$\begin{aligned}\det J=&(1-2x)(\tilde{R}_W(1-y)+y(c^2(i_W)-c^1(i_W)))(1-2y)((1-\alpha)R(\cdot)\\&-C(i_E)-(1-x)c(i_E)-x\tilde{R}_E)\end{aligned}\tag{4.4}$$

$$\begin{aligned}\operatorname{tr} J=&(1-2x)(\tilde{R}_W(1-y)+y(c^2(i_W)-c^1(i_W)))+(1-2y)((1-\alpha)R(\cdot)\\&-C(i_E)-(1-x)c(i_E)-x\tilde{R}_E)\end{aligned}\tag{4.5}$$

在五个均衡点中，当满足 $\det J>0$，$\operatorname{tr} J<0$ 时，该均衡点为 ESS。从社会收益最大化角度来看，希望双方能够在 (1, 1) 稳定均衡，即流动人口稳定就业，企业提供专用性人力资本投资。次优状态为 (0, 1) 和 (1, 0) 及 E_5，当然，最差的状态为 (0, 0)，即流动人口都选择短期合约，企业不进行专用性人力资本投资。把 $\{x=1,y=1\}$ 和 $\{\mathrm{x}=0,y=0\}$ 分别代入式（4.4）和式（4.5）中可得状态 Ⅰ 和状态 Ⅱ。

状态 Ⅰ：$\begin{cases}\det J=(c^2(i_W)-c^1(i_W))((1-\alpha)R(\cdot)-C(i_E)-\tilde{R}_E)\\ \operatorname{tr} J=-(c^2(i_W)-c^1(i_W))-((1-\alpha)R(\cdot)-C(i_E)-\tilde{R}_E)\end{cases}$

$$\text{状态 II:}\quad \begin{cases} \det J = \tilde{R}_W\,((1-\alpha)R(\cdot)-C(i_E)-c(i_E)) \\ \operatorname{tr} J = \tilde{R}_W + ((1-\alpha)R(\cdot)-C(i_E)-c(i_E)) \end{cases}$$

下面分情况进行讨论。

要实现状态 I，必须同时满足以下两个条件：

$$c^2(i_W)-c^1(i_W)>0 \tag{4.6}$$

$$(1-\alpha)R(\cdot)-C(i_E)-\tilde{R}_E>0 \tag{4.7}$$

其经济含义是：①流动人口在接受企业专用性人力资本投资后，考虑外部机会较少的情况下，长期契约的机会成本小于短期契约的机会成本，更愿意接受长期合约。②企业在不考虑转换成本的情况下，企业进行专用性人力资本投资的收益高于不进行专用性人力资本投资的收益。在发达国家，技能人才在就业过程中往往与企业签订长期合约，并且企业一直对其进行专用性人力资本投资。此种情况类似于状态 I 。

要实现状态 II，必须同时满足以下两个条件：

$$\tilde{R}_W<0 \tag{4.8}$$

$$(1-\alpha)R(\cdot)-C(i_E)-c(i_E)<0 \tag{4.9}$$

其经济含义是：①流动人口在不接受企业专用性人力资本投资的情况下，长期契约的收益低于短期契约；②企业对流动人口进行专用性人力资本投资后，考虑到流动人口离职后的转换成本，企业收益为负。在改革开放初期，很多劳动密集型企业处于产业链下游，企业对员工培训后的收益不明显，再考虑员工的流动性，企业对员工进行培训的激励很少。另外，企业用工制度不规范，侵害员工权益的事情时有发生，员工就业非常不稳定。此种情况类似于状态 II 。

4.3.2　制度变迁的流动人口就业稳定性与专用性人力资本投资分析

上文的分析中没有加入制度变量。在我国经济发展过程中，各种制度不断改进与完善。本小节将分析这些制度变迁对流动人口就业稳定性与专用性人力资本投资的影响。1998 年以来，与流动人口就业相关的制度变迁可以分为三大类：第一类是关于劳动力产权保护的制度变迁，包括自由就业的权利、劳动合同权、最低工资制度等；第二类是关于劳动权益的制度变迁，主要包括社会保障制度、失业救济制度及劳动福利制度等；第三类是各类与专用性人力资本投资相关的财政税收政策措施。

1. 劳动力产权保护与劳动权益的制度变迁

从我国劳动力制度变迁的轨迹来看，流动人口的劳动力产权保护得到加强。

主要体现在：①强化了劳动合同制度，《劳动合同法》规定企业用工时必须签订劳动合同，在企业就业超过十年的必须签订无固定期限合同。这对于稳定就业关系、保护流动人口合法权益起着重要作用。②劳动争议调解仲裁制度大大降低了流动人口维护自身劳动权益的成本，对企业规范劳动用工行为有重大约束作用。③最低工资制度为流动人口的劳动权益保护设立了底线。我国对于流动人口的劳动权益保护主要是完善了各种社会保险和社会救济制度，主要包括：①逐步将流动人口纳入工伤保险范围；②逐步将流动人口纳入当地养老保险范围，并且提高养老保险标准；③逐步将流动人口纳入当地医疗保险范围，保障范围逐步扩大，标准逐渐提高；④允许流动人口在就业地参加失业保险。

在 4.3.1 节的讨论中，要实现状态Ⅰ，必须满足式（4.6），即流动人口在长期契约中的机会成本小于短期契约中的机会成本。这种机会成本的大小是一种心理成本，是外部工作机会与内部工作收益的比较。在严格的劳动力产权制度保护下，将规范企业用工行为，提升流动人口就业稳定性。

2. 与流动人口专用性人力资本投资相关的财政补贴政策措施

在 2003 年出现“技工荒”和“民工荒”之后，我国对中（高）等职业教育进行了财政补贴，连续出台了一系列措施。这些措施对于流动人口参加职业技能教育产生了激励。虽然这些政策措施主要针对在校教育而非企业内部培训，但是如果类似的政策能适用于企业，则将对企业进行专用性人力资本投资产生直接激励。

在 4.3.1 节的讨论中，要实现状态Ⅰ，必须满足式（4.7），即企业进行专用性人力资本投资的收益高于不进行专用性人力资本投资的收益。在企业内部培训中，很多企业都承担了大部分成本，如果受培训人员选择离开的话，企业将承担一定损失。如果培训企业能得到一定的财政补贴，则企业进行专用性人力资本投资的意愿增强。综合上述分析，可以得到命题 4.5。

命题 4.5：流动人口劳动权益保护制度的变迁能够给流动人口就业稳定性带来激励；对于企业内部培训的财税补贴政策能对企业进行专用性人力资本投资产生直接激励。

第5章　产业转型升级背景下的流动人口就业稳定性、劳动生产率与劳动收入

在第 4 章的理论分析中探讨了流动人口就业稳定性与劳动者权益的制度保护、专用性人力资本投资及流动人口声誉的关系。本章将利用东莞调研数据对其进行实证分析。

5.1　制度激励与流动人口就业稳定性分析

从前文的分析可以看出，对流动人口劳动权益的制度保护能够对其就业稳定性产生正面激励作用。本节将利用广东省东莞市实地调研数据建立有序 logit 回归模型进行实证分析。

课题组在对流动人口的个体问卷中，主要设计了“是否购买了社会保险”“购买了哪些社会保险”等问题，这些问题能够反映流动人口能够获得的社会保障水平；同时，设计问题“是否有小孩在东莞上学”，这个问题反映了流动人口获得的社会福利情况。这些是实证分析中能够引入的制度变量。在问卷中还设计了问题“签订合同情况”，作为流动人口就业稳定性的度量指标，合同期限越长，流动人口就业稳定性越好。另外，模型设计了一些控制变量，包括流动人口的性别、年龄、学历、技术资格等级；还包括一些企业的基本特征，如产业类型、所有制构成等。具体情况见表 5.1。

表 5.1　合同期限等变量设置情况

变量类型	变量名称	变量设置
因变量	合同期限（y）	y=0 表示没有签订合同； y=1 表示签订 1 年以下合同； y=2 表示签订 1～3 年的合同； y=3 表示签订 4～5 年的合同；

续表

变量类型	变量名称	变量设置
因变量	合同期限（y）	y=4 表示签订 5 年以上的合同； y=5 表示签订无固定期限合同
解释变量	社会保障水平（ssl）	该指标为流动人口获得的各种社会保险的综合加权测度。权数设置为：若购买养老保险，权数为 0.2；若购买医疗保险，权数为 0.08；若购买生育保险、失业保险和工伤保险，权数均为 0.01
	职业培训（train）	train=1 表示接受企业培训超过一个月； train=0 表示其他
	社会福利水平（sw）	sw=1 表示有小孩在东莞上学； sw=0 表示小孩在老家或其他地方上学及没有小孩
控制变量	性别（gen）	gen=1 表示女性； gen=0 表示男性
	年龄（age）	age=1 表示老一代流动人口，即出生于 1980 年前的流动人口； age=0 表示新一代流动人口，即出生于 1980 年后的流动人口
	户籍（hj）	hj=1 表示为广东户籍（东莞除外）； hj=0 表示其他省（自治区、直辖市）户籍
	受教育水平（edu）	edu=0 表示初中及以下； edu=1 表示高中、中专或技校； edu=2 表示大专或高职院校； edu=3 表示本科； edu=4 表示研究生
	工资水平（wage）	由于在设置工资变量时，没有调查流动人口的具体工资水平，而是调查工资范围；具体区间包括：[0,920]，(920,2000]，(2000,3000]，(3000,4000]，(4000,5000]，以及 5000 以上（单位：元）。这里采用小时工资，即大致取工资中间值去除以每月工作小时数
	工作岗位（job）	job=1 表示中高级管理岗位； job=0 表示其他岗位
	职业资格（qua）	qua=0 表示无职业资格； qua=1 表示初级技工； qua=2 表示中级技工； qua=3 表示高级技工； qua=4 表示技师； qua=5 表示高级技师
企业特征	产业特征（ind）	ind=1 表示现代产业； ind=0 表示传统产业
	所有制特征（own）	own=1 表示国有企业、外资企业； own=0 表示港澳台企业及民营企业

这里社会保障水平（ssl）的度量指标是对流动人口（员工）购买的各类社会

保险进行加权计算，比如，在员工购买了养老保险、医疗保险和工伤保险，而没有购买失业保险和生育保险的情况下，ssl=0.2+0.08+0.01=0.29；其他情况以此类推。在设置企业产业特征中，区分了现代产业和传统产业；这里的现代产业是指先进制造业和现代服务业，主要依据 2008 年出台的《中共广东省委广东省人民政府关于加快建设现代产业体系的决定》。在企业所有制特征中，考虑到国有企业和外资企业在贯彻劳动者权益保护方面相对于民营企业与港澳台企业具有一定的优势。同时，此次调研中没有集体企业，因此集体企业不予考虑。

在实地调研数据中有部分员工是东莞本地户籍人口，此类员工不属于流动人口，因此不采用此类问卷。同时删除一些填写不完整的问卷，在本次实证分析中共有 1364 份有效问卷。其基本情况见表 5.2。

表 5.2　制度激励与合同期限等变量基本统计情况

变量属性		统计情况/份	变量属性		统计情况/份	变量属性		统计情况/份
y=	0	34	qua=	0	811	sw=	1	140
	1	197		1	197	ssl	均值	0.24
	2	777		2	204		标准差	0.10
	3	236		3	73	train=	1	212
	4	118		4	54		0	1152
	5	2		5	25	hj=	1	233
edu=	0	293	gen=	1	492		0	1131
	1	600		0	872	job=	1	220
	2	275	age=	1	496		0	1144
	3	179		0	868	wage	均值	13.62
	4	17	sw=	0	1224		标准差	6.71

在总共 96 家被调研企业中，有 30 家企业能符合现代产业的标准，其他属于传统产业。从调研情况来看，大部分流动人口签订了劳动合同，但是短期合同（3 年及以下）占大多数，占比约为 74%；社会保障水平也不高，大部分流动人口不能购买全部的社会保险；流动人口也不能享受户籍人口同等的社会福利水平，仅少数流动人口子女能在东莞上学，约占 10%；流动人口中接受培训累计时间超过一个月的比例约为 16%，说明很多企业对于培训制度的执行力度不够。

由于本次调研只进行了一次，得到的是一个截面数据，而且被解释变量是分类变量，这里采用有序 logit 回归模型。有序 logit 回归模型主要用于处理被解释变量为有序分类结果的模型。假设被解释变量 Y 为 K 个等级的有序变量，第 k

（$k=1,2,\cdots,K$）类的概率分别为$\{\pi_1,\pi_2,\cdots,\pi_K\}$，影响因素$x^{\mathrm{T}}=(x_1,x_2,\cdots,x_P)$为解释变量，$x_i(i=1,2,\cdots,p)$可以是连续变量、无序或有序分类变量。则有序 logit 回归模型可以表示为

$$\mathrm{logit}(P(Y\leqslant k|x))=\ln\frac{P(Y\leqslant k|x)}{1-P(Y\leqslant k|x)}=\alpha_k-\sum_{i=1}^{p}\beta_i x_i\quad (k=1,2,\cdots,K-1)\tag{5.1}$$

每个有序 logit 回归模型均可看作一个一般的二分类 logit 模型，只不过是将 1 至 k 类合并为一类，而将 k+1 至 K 类合并为另一类。在这两类基础上定义的 $\mathrm{logit}(P)$ 表示属于前 k 个等级的累积概率 $P(Y\leqslant k|x)$ 与后 $K-k$ 个等级的累积概率 $1-P(Y\leqslant k|x)$ 的比数的对数，故该模型也称为累积比数模型。对于 K 类有序反应变量，可产生 $K-1$ 个累积 logit 模型。实际上就是通过合并将原来的多个反应转变为一般的二分类反应。式（5.1）中，α_k 和 β_i 为待估参数，α_k 表示解释变量均为 0 时，在某一固定的 k 下的两类不同概率之比的对数值；β_i 描述了解释变量 x_i 改变一个单位，反应变量 $Y\leqslant k$ 而不是 $Y>k$ 的对数优势比，即 β_i 反映的是解释变量 x_i 对反应类别 $Y\leqslant k$ 的效应大小。若 $\beta_i>0$，且式（5.1）中 x_i 的符号为负，x_i 越大，则对数优势比越小，则 $P(Y\leqslant k|x)$ 越小，而 $P(k<Y\leqslant k|x)$ 越大，即选择 $K-k$ 个等级的可能性越大。对于 K 类反应变量，$K-1$ 个累积 logit 模型各有一个不同的 α_K 估计，而对于 x_i，$K-1$ 个模型的系数 β_i 均相同。回归结果见表 5.3。

表 5.3　制度激励与就业稳定性回归结果

变量	系数估计值	标准误差	Z 值	P 值
own	0.322 260	0.123 906	2.600 842	0.009 3***
ind	0.140 864	0.119 796	1.175 861	0.239 7
gen	0.029 823	0.116 357	0.256 304	0.797 7
age	0.185 944	0.122 300	1.520 396	0.128 4
sw	0.515 316	0.180 037	2.862 274	0.004 2***
hj	0.161 843	0.144 776	1.117 886	0.263 6
edu	−0.173 096	0.049 592	−3.490 375	0.000 5***
wage	0.024 279	0.008 728	2.781 605	0.005 4***
job	0.287 230	0.097 260	2.953 231	0.003 1***
qua	0.148 208	0.042 557	3.482 565	0.000 5***
train	0.342 934	0.082 371	4.163 304	0.000 0***
ssl	4.265 368	0.566 353	7.531 293	0.000 0***
截距一	−2.222 751	0.238 644	−9.314 086	0.000 0

续表

变量	系数估计值	标准误差	Z 值	P 值
截距二	−0.046 010	0.185 787	−0.247 652	0.804 4
截距三	2.785 782	0.204 000	13.655 76	0.000 0
截距四	4.186 306	0.222 669	18.800 55	0.000 0
截距五	10.511 13	1.852 617	5.673 666	0.000 0
似然比统计量	173.470 4			
似然比统计量的 P 值	0.000 0***			

***表示在 1%显著性水平下显著

从回归结果来看，整个模型结果比较理性，似然比检验显著。制度因素对于流动人口就业稳定性的影响明显。社会保障水平（ssl）、社会福利水平（sw）和职业培训（train）的系数为正且显著，说明加强对流动人口制度激励对于其就业稳定性有正向促进作用。从本次实证分析结果来看，流动人口的个体特征，如性别、年龄和户籍情况对劳动合同期限结构无显著影响。

5.2　流动人口就业稳定性与工资收入分析

根据职业搜寻理论，劳动力通过劳动力市场不断地更换工作的目的是使劳动力自身与岗位更加匹配，优化人力资本配置，提高生产效率，同时提高劳动者收入。劳动力流动一般的规律是从传统产业向现代产业转移，从低收入职位向高收入职位转移。因此，可以认为劳动力的流动能促进其收益提高。而从人力资本积累理论来看，员工在企业中稳定就业能通过企业培训、“干中学”等途径获得更多的人力资本，较高的人力资本能促进其收入提高。因此，可以认为稳定就业能促进其劳动收益增加。流动人口的就业稳定性与收入关系如何，本节将以东莞调研数据为例对其进行实证分析。

从本次调研情况来看，流动人口的就业稳定性不足，工资待遇较低。由于个人问卷中没有设置具体工资额的问题，仅设置了工资所在区间的问题，没有掌握精确的工资水平。经估算，东莞技能人才月平均工资为 2500 元，工资水平分布呈“中间大两边小”的特征，大部分技能人才工资水平在 920～3000 元。流动人口工资水平与其受教育水平、技能水平和职级正相关。拥有高级管理和技术水平可以进一步提高技能人才的工资水平。从不同学历的技能人才工资分布结构上看，工资水平和学历呈现着较强的正相关关系，学历越高，普遍工资水平更高。具体情况见表 5.4。

表 5.4　不同类型流动人口的工资分布情况

工资范围	中高级管理岗	中高级专业技术岗	技术工人岗	普通员工	研究生	本科	大专或高职院校	高中、中专或技校	初中及以下
900 元以下	0	0	1%	2%	0	0	1%	2%	2%
901～2000 元	12%	12%	39%	67%	2%	17%	29%	45%	65%
2001～3000 元	28%	26%	43%	25%	13%	27%	34%	33%	29%
3001～4000 元	23%	31%	13%	4%	42%	23%	19%	13%	3%
4001～5000 元	18%	20%	4%	2%	29%	18%	10%	5%	2%
5000 元以上	19%	11%	0	0	13%	15%	7%	3%	0

资料来源：根据调研资料整理

注：本表数据因进行了约分，存在比例合计不等于 100%的情况

由于流动人口的收入及稳定性水平不一定属于正态分布，可以采用分位数回归模型。分位数回归利用因变量的条件分位数来建模，通过最小化加权的残差绝对值之和来估计回归参数。定义随机变量 x 的分布函数为 $F(y)=P(Y\leqslant y)$，则 Y 的第 τ 分位数为 $F^{-1}(\tau)=\inf\{y:F(y)\geqslant\tau\}$，其中，中位数可以表示为 $F^{-1}(1/2)$。对于 Y 的一组随机样本 $\{y_1,y_2,\cdots,y_n\}$，样本均值是 $\min\sum_{i=1}^{n}(y-\xi)^2$ 的最优解，样本中位数是最小残差绝对值和的解，即

$$F^{-1}(1/2)=\arg\min_{\xi\in R}\sum_{i=1}^{n}|y_i-\xi|$$

对于其他第 τ 分位数可以求解下式：

$$\min_{\beta\in R^p}\left[\sum_{i\in\{i:y\geqslant\xi\}}\tau|y_i-\xi|+\sum_{i\in\{i:y<\xi\}}(1-\tau)|y_i-\xi|\right]$$

若 $\rho_\tau(z)=\tau zI_{[0,\infty)}(z)-(1-\tau)zI_{(-\infty,0)}(z)$，其中 $I(\cdot)$ 为示性函数。一般线性条件分位数函数为 $Q(\tau\mid X=x)=x'\beta(\tau)$，通过求解得到参数估计值 $\hat{\beta}(\tau)=\arg\min_{\beta\in R^p}\sum_{i=1}^{n}\rho_i(y_i-x_i'\beta)$，对任意的 $\tau\in(0,1)$，估计 $\hat{\beta}(\tau)$ 称为第 τ 分位数的回归系数估计值。

本节将运用分位数回归来分析流动人口就业稳定性对收入的影响。这里的收入包括工资收入及部分社会保险福利。对于工资收入，由于问卷设计时没有直接设置有关精确工资收入的问题，而只设置了工资所在区间（表 5.4）。但是在实证分析中，仅通过流动人口工资所在区间来区分工资差距不太恰当。在问卷中还涉及每周工作天数及每天工作小时，因此本节定义了小时工资。小时工资等于月平均工资除以每月工作小时数，其中月平均工资取所在工资区间的中位数，而每月工作小时数等于每周工作小时数的 4 倍。而社会保险福利则主要选

取了是否有参加养老保险和医疗保险这一指标。若参加养老保险，则工资收益增加 28%；若参加医疗保险，工资收益增加 10%。而对工资收入有影响的个人因素主要包括个人受教育水平、技能水平、工作年限等。个人受教育水平主要是指受教育程度，包括研究生教育、本科教育、大专（高职）教育及高中（中专或技校）等。技能水平主要是指获得资格证书情况，包括高级技师、技师、高级技工、中级技工和初级技工资格。

对个人问卷进行整理，将相关信息填写不全面、不规范的问卷删除后得到 1685 个有效样本。在回归模型中设置了虚拟变量。其中，对受教育水平设置了 4 个虚拟变量：$D_1=1$ 表示学历为高中（中专或技校），$D_1=0$ 则表示其他；$D_2=1$ 表示大专（高职），$D_2=0$ 则表示其他；$D_3=1$ 表示本科，$D_3=0$ 则表示其他；$D_4=1$ 表示研究生教育，$D_4=0$ 则表示其他；$D_1=D_2=D_3=D_4=0$ 则表示初中及以下。$D_5=1$ 表示担任企业中高级管理人员，$D_5=0$ 则表示其他。对流动人口技能水平设置了 5 个虚拟变量，其中，$D_6=1$ 表示初级技工，$D_6=0$ 则表示其他；$D_7=1$ 表示中级技工，$D_7=0$ 则表示其他；$D_8=1$ 表示高级技工，$D_8=0$ 则表示其他；D_9=1 表示技师，$D_9=0$ 则表示其他；$D_{10}=1$ 表示高级技师，$D_{10}=0$ 则表示其他；D_6=$D_7=D_8=D_9=D_{10}=0$ 则表示没有任何资格证书。$D_{11}=1$ 表示男性，$D_{11}=0$ 则表示女性。本节流动人口的就业稳定性指标 ws 用工作平均持续期来表示每份工作平均持续时间。借鉴明瑟收入方程，建立基本模型为 $w=\beta_0+\sum_{i=1}^{11}\beta_i D_i+\mathrm{ws}+\mathrm{wl}+\mathrm{wl}^2+\mu$，其中 wl 为参加工作年数。

首先运用普通最小二乘法（ordinary least square，OLS）对基本模型分别进行三次回归，结果见表 5.5。

表 5.5　就业稳定性对流动人口收入影响的 OLS 回归结果

变量	模型一		模型二		模型三	
	系数	t 值	系数	t 值	系数	t 值
D_1	2.90	5.78***	2.77	5.52***	3.05	6.01***
D_2	8.81	12.26***	8.91	15.40***	9.48	16.31***
D_3	13.25	20.29***	13.53	20.75***	14.29	21.90***
D_4	18.34	13.43***	18.92	13.81***	19.46	14.02***
D_5	2.55	6.85***	2.69	7.2***		
D_6	−2.31	−4.28***				
D_7	−0.162	−3.12***				
D_8	−1.98	−2.22**				

续表

变量	模型一		模型二		模型三	
	系数	t 值	系数	t 值	系数	t 值
D_9	−1.25	−1.26				
D_{10}	1.39	0.93				
D_{11}	1.86	4.77***	1.50	3.93***	1.39	3.58***
wl	0.97	11.22***	0.97	11.13***	1.07	12.37***
wl^2	−0.02	−7.17***	−0.02	−7.22***	−0.02	−7.78***
ws	0.15	2.75***	0.15	2.8***	0.14	2.65***
C	5.52	8.88***	5.04	8.5***	4.56	7.30***
F 值	76.61***		114.59***		118.75***	

***表示在 1%显著性水平下显著，**表示在 5%显著性水平下显著

从模型一中发现在技能水平中 D_9 和 D_{10} 不显著，并且 D_6、D_7、D_8 的系数为负，与经验事实不符。造成这种现象的原因可能是受教育水平与技能水平的交互效应（多重共线性），因此在模型二和模型三中把技能水平删除后得到回归结果。从回归结果来看，ws 的系数显著为正，就业稳定性对于工资收入有正向影响，即就业越稳定，流动人口的收入水平越高。本节将继续以模型二为基本模型进行分位数回归，采取十分位数，判断回归系数的变化与差异。

从回归结果（表 5.6）来看，流动人口稳定就业对其收入的影响是正面的，只是在第六个和第九个十分位数时，ws 的系数不显著。可以认为，目前东莞劳动力市场中高端人才缺乏，高端人才的流动对其收入没有影响；而低端人才的频繁流动不能带来收入的增加，反而会给其带来损失。因此命题 4.1 得到一定佐证，频繁地跳槽并非一种理性行为，对其人力资本积累及收入有负面影响；也可以理解为，就业越稳定，专用性人力资本积累越高。

表 5.6　流动人口就业稳定性与收入的分位数回归结果

变量	0.1	0.2	0.3	0.4	0.5	0.6	0.7	0.8	0.9
D_1	1.18	1.62	1.90	1.74	2.07	2.54	2.50	1.98	2.55
	4.62***	4.03***	4.24***	4.37***	4.20***	5.19	3.11***	2.73***	2.67***
D_2	4.04	4.77	5.69	6.72	7.57	8.47	8.90	8.85	10.69
	13.46***	10.30***	11.04***	14.63***	13.33***	14.96	9.54***	10.33***	9.44***
D_3	5.47	7.03	8.82	10.13	12.10	13.12	14.25	16.02	16.85
	17.28***	13.69***	15.47***	19.81***	18.92***	20.34	13.22***	16.22***	12.71***

续表

变量	0.1	0.2	0.3	0.4	0.5	0.6	0.7	0.8	0.9
D_4	13.77	15.67	15.40	15.19	15.64	15.96	18.70	18.71	23.68
	20.49***	15.13***	12.84***	14.26***	11.76***	12.02	8.84***	9.81***	9.89***
D_5	1.03	2.70	3.49	3.51	4.44	4.96	5.37	6.80	7.31
	3.28***	5.84***	8.19***	10.64***	12.06***	14.81	10.63***	16.02***	13.93***
D_{11}	0.20	0.72	0.91	1.19	1.26	1.23	1.44	2.29	3.37
	1.01	2.31**	2.64***	3.91***	3.35***	3.31	2.38**	4.18***	4.71***
wl	0.28	0.43	0.51	0.65	0.71	0.79	0.92	0.95	1.29
	6.14***	6.47***	7.00***	9.92***	8.37***	9.31	6.28***	6.75***	7.12***
wl^2	−0.006	−0.01	−0.01	−0.02	−0.02	−0.17	−0.02	−0.02	−0.02
	−4.50***	−4.9***	−5.48***	−7.09***	−5.18***	−5.61	−3.28***	−3.52***	−3.57***
ws	0.12	0.11	0.16	0.17	0.21	0.19	0.16	0.16	0.06
	3.83***	2.72***	3.43***	4.02***	4.39***	3.97	2.15**	2.38**	0.70
C	5.47	5.31	5.51	5.73	5.98	6.41	7.20	9.04	9.67
	19.06***	11.78***	10.76***	12.13***	9.86***	10.21	6.64***	8.74***	6.96***
伪 R^2	0.1145	0.1403	0.1631	0.1840	0.2322	0.2495	0.2539	0.2870	0.3090

***表示在 1%显著性水平下显著，**表示在 5%显著性水平下显著

5.3　流动人口就业稳定性与专用性人力资本投资分析

从本次调研中发现，相当部分企业没有建立完善的内部培训体系，培训的内容一般是适应性岗前培训，层级较低，没有将培训与企业和员工的长远发展相结合；培训时间较短，累计参与培训时间在一个月以上的员工的比例仅约为 16%。同时，东莞技能人才有效供给不足，很多企业认为在劳动力市场上找不到企业所需要的技能人才。员工（主要是流动人口）就业稳定性不强，技能人才在企业工作时间平均约为 3.5 年，40%左右的员工更换过两次及以上工作。从调研情况来看，东莞企业内部技能培训制度不够完善，员工同企业对于专用性人力资本投资缺乏积极性，人力资本投资水平较低。培训项目：常规性培训较为普遍，职业技能培训还需加强。培训渠道：以内部培训成主，其他渠道为辅。培训形式：以企业内的在职培训为主，其他形式为辅。培训费用：主要由企业来负担。员工的就业稳定性水平较低，员工流动性较强，企业缺工状况普遍，特别是高技能人才缺口比例较大。调研显示很多企业都存在技能人才短缺。在对企业急需技能人

才的问卷调查中，收到有效问卷 59 份。调查数据显示，59 个企业共急需各类技能人才总计 3533 名，占到 59 家企业现有技能人才总数 14 640 的 24.13%。东莞技能人才流动性比较高，工作更换频率较快；其中，一直在一个企业工作的比例为 40%，换过一次工作的为 20%，换过两次工作的为 19.5%，换过三次工作的为 13.4%，换过四次及以上的为 7.1%。另外，在调研中还发现东莞流动人口工资水平不高，月薪大部分集中在 1000～3000 元，薪酬福利有待提高。具体情况如表 5.7 所示。

表 5.7 东莞技能人才培训与就业稳定性基本情况

培训项目		培训形式		培训费用分担情况		缺工情况		员工就业稳定性	
培训内容	比例	培训渠道	比例	培训费用	企业数量/家	缺工种类	比例	换工作次数	比例
职业技能培训	85%	内部在职培训	78.78%	企业负担	73	高级技师	31.33%	0 次	40%
常规培训	92%	外部在职培训	14.36%	企业、个人共同负担	8	技师	28.61%	1 次	20%
劳动法律法规培训	68.74%	脱产培训	5.46%	个人支付	1	高级技工	26.98%	2 次	19.5%
		缺失值	9.59%	缺失值	7	中级技工	17.38%	3 次	13.4%
						初级技工	26.68%	4 次以上	7.1%

由于数据限制，流动人口专用性人力资本投资水平无法用连续型指标来测度。本节在实证分析时采用了人力资本投资水平的结果即是否取得职业资格证书来表示。职业资格证书分为五个档次，因此可以采用有序 logit 回归模型。

本节的被解释变量为员工的专用性人力资本投资水平，用职业资格（y）来表示；y=0,1,2,3,4,5。其中，y=0 表示员工没有进行相关专用性人力资本投资，没有取得任何职业资格证书；y=1 表示取得初级技工资格证书；y=2 表示取得中级技工资格证书；y=3 表示取得高级技工资格证书；y=4 表示取得技师资格证书；y=5 表示取得高级技师资格证书。在解释变量中，主要包括：①就业稳定性指标，这里用流动人口平均工作持续时间来表示，由于调研数据仅为截面数据，没有持续观察数据，流动人口平均工作持续时间为来莞工作时间除以员工工作次数；②合同签订情况，主要是指流动人口签订的合同期限，在调研数据中，合同期限分为无固定期限、3 年以上、1～3 年、1 年以内。③理性程度，流动人口受教育程度是个人理性程度的一种体现，受教育程度越高，理性程度越高，这里理性程度用受教育程度来替代，并采用虚拟变量形式。除此之外还包括一些次要的影响因素，如员工性别、社会资本、在行业持续工作时间①，以及企业的产业属性。流动人口

① 我国在职业资格评定上有时间限制，因此员工工作时间也是取得职业资格的必备条件。

社会资本属性是指员工在莞直系亲属数量。企业的产业属性是从产业升级角度来看企业是否属于现代产业体系范畴。

本节实证分析部分将利用个人问卷和企业问卷的数据进行分析。变量设置情况及样本基本统计情况见表 5.8。

表 5.8　专用性人力资本投资等变量统计情况

变量名称	变量取值	均值或比例	标准差
被解释变量：职业资格（y）	y=0 表示没有取得任何职业资格证书	0.20（比例）	
	y=1 表示取得初级技工资格证书	0.54（比例）	
	y=2 表示取得中级技工资格证书	0.16（比例）	
	y=3 表示取得高级技工资格证书	0.05（比例）	
	y=4 表示取得技师资格证书	0.04（比例）	
	y=5 表示取得高级技师资格证书	0.01（比例）	
理性程度：受教育程度	x_1=1 表示中职（高中），x_1=0 表示其他	0.42（比例）	
	x_2=1 表示高职（大专），x_2=0 表示其他	0.21（比例）	
	x_3=1 表示本科及以上，x_3=0 表示其他	0.18（比例）[1]	
就业稳定性指标：平均工作持续时间	x_4=在东莞工作总时间/（工作转换次数+1）	3.58（均值）	4.09
合同签订情况：合同期限	x_5=1 表示 1 年以内（含 1 年），x_5=0 表示其他	0.15（比例）	
	x_6=1 表示 1～3 年（含 3 年），x_6=1 表示其他	0.55（比例）	
	x_7=1 表示 3 年以上，x_7=0 表示其他	0.18（比例）	
	x_8=1 表示无固定期限，x_8=0 表示其他	0.10（比例）[2]	
个人投资成本：培训补贴情况	x_9=1 表示有补贴，x_9=0 表示全部自费	0.30（均值）	0.46
在行业持续工作时间	x_{10}表示在行业持续工作时间	6.07（均值）	5.44
社会资本属性：在莞直系亲属数量	x_{11}表示在莞直系亲属数量	1.76（均值）	0.94
性别属性	x_{12}=1 表示男性，x_{12}=0 表示女性	0.63（均值）	0.48
产业属性	x_{13}=1 表示现代产业，x_{13}=0 表示传统产业	0.33（均值）	0.47
小孩是否在东莞	x_{14}=1 表示是，x_{14}=0 表示其他[3]	0.13（均值）	0.35

1）这里剩余的流动人口受教育程度为初中及以下

2）剩余的流动人口没有签订合同

3）这里包括小孩不在东莞或者暂时没有小孩

从上面的基本数据可以看出，流动人口人力资本投资水平不足，大部分只取得初级技工资格或者没有资格；部分流动人口平均在一家企业工作时间为3.58年；平均受教育水平也不高，大部分没有接受过正规高等教育；流动人口签订合同情况比较好，但期限较短；只有大约30%的流动人口在参与相关培训时获得了政府部门或企业的资助；大约只有13%的流动人口的小孩在东莞学习生活。同时，东莞产业结构中现代产业比重不高。

本节在计量过程中构建了两个模型，从最终结果（表5.9）来看，似然比统计量的P值显著地小于0.05，因此模型整体是显著的。模型一中解释变量为受教育程度、平均工作持续时间和培训补贴情况；模型二则增加了控制变量，包括员工的个人属性（在莞直系亲属数量、性别属性、小孩是否在东莞）和企业属性等。

表5.9　专用性人力资本投资与就业稳定性回归结果

解释变量	模型一			模型二		
	系数	Z值	P值	系数	Z值	P值
x_1	0.549	4.773	0.0000***	0.52	4.642	0.0000***
x_2	0.840	6.410	0.0000***	0.81	6.241	0.0000***
x_3	0.487	3.598	0.0003***	0.44	3.139	0.0017***
x_4	0.017	1.704	0.0884*	−0.02	−1.390	0.1646
x_5				−0.35	−1.819	0.0689 *
x_6				−0.11	−0.734	0.4632
x_7				0.26	1.420	0.1555
x_8				−0.02	−0.105	0.9167
x_9	0.279	3.020	0.0025***	0.23	2.437	0.0148**
x_{10}				0.04	3.565	0.0004***
x_{11}				0.02	0.366	0.7147
x_{12}				0.47	5.171	0.0000***
x_{13}				0.09	0.946	0.3440
x_{14}				−0.23	−1.747	0.0806*
截距一	−0.7481***			−0.4767**		
截距二	1.7019***			2.0393***		
截距三	2.8608***			3.2207***		
截距四	3.5648***			3.9320***		
截距五	4.9211***			5.2948***		
对数似然比	−2555.097			−2516.735		
似然比统计量	57.8351			121.5614		

续表

解释变量	模型一			模型二		
	系数	Z 值	P 值	系数	Z 值	P 值
似然比统计量的 P 值	0.0000			0.0000		
伪 R^2	0.0112			0.0236		

***表示在 1%显著性水平下显著，**表示在 5%显著性水平下显著，*表示在 10%显著性水平下显著

考虑变量内生性问题，运用 Hausman 内生性检验，结果发现就业稳定性指标（x_4）不具有内生性，不是内生变量。表 5.10 中 $R1$ 为 x_4 对其余解释变量的残差项。$R1$ 的系数不显著，说明就业稳定性指标不是内生变量，具体情况见表 5.10。

表 5.10　就业稳定性解释变量的 Hausman 内生性检验

变量	系数	标准差	Z 值	P 值
x_1	0.544 644	0.112 926	4.823 008	0.000 0***
x_2	0.854 741	0.131 788	6.485 724	0.000 0***
x_3	0.522 809	0.143 883	3.633 576	0.000 3***
x_4	0.215 018	0.248 250	0.866 133	0.386 4
x_5	−0.257 576	0.220 230	−1.169 578	0.242 2
x_6	−0.171 650	0.163 735	−1.048 338	0.294 5
x_7	0.099 637	0.251 721	0.395 824	0.692 2
x_8	−0.389 377	0.440 266	−0.884 413	0.376 5
x_9	0.199 524	0.097 401	2.048 471	0.040 5**
x_{10}	−0.069 456	0.114 001	−0.609 261	0.542 4
x_{11}	−0.033 238	0.069 519	−0.478 118	0.632 6
x_{12}	0.504 065	0.098 859	5.098 806	0.000 0***
x_{14}	−0.390 821	0.219 596	−1.779 731	0.075 1*
$R1$	−0.235 197	0.248 556	−0.946 256	0.344 0
截距一	−0.476 720	0.211 863	−2.250 135	0.024 4**
截距二	2.039 362	0.217 421	9.379 788	0.000 0***
截距三	3.220 749	0.225 268	14.297 39	0.000 0***
截距四	3.932 034	0.235 302	16.710 60	0.000 0***
截距五	5.294 786	0.284 083	18.638 17	0.000 0***
似然比统计量	121.561 4			
似然比统计量的 P 值	0.000 000			

注：变量 x_{13} 数据缺失，表中未列，不影响检验结果

***表示在 1%显著性水平下显著，**表示在 5%显著性水平下显著，*表示在 10%显著性水平下显著

第一，在模型一中，平均工作持续时间（x_4）的系数为正，说明流动人口平均工作持续时间越长，其专用性人力资本水平越高；也可以说，流动人口就业越稳定，对于专用性人力资本投资越有激励，命题 4.1 得到佐证。当然，在模型二中，x_4 的系数为负，但是不显著，原因可能在于解释变量的共线性。因为在模型中加入了合同期限（x_5，x_6，x_7，x_8），两者具有一定的相关性。在模型二中，在行业持续工作时间（x_{10}）越长，其专用性人力资本投资水平越高，说明流动人口稳定性预期给予企业更多的专用性人力资本投资激励。

第二，受教育水平（x_1，x_2，x_3）的系数为正，说明流动人口理性程度越高，其人力资本投资水平越高。可以认为，流动人口受教育水平是理性程度的体现，受教育水平高也说明理性程度越高。另外，这里的人力资本投资是指员工在参与工作后通过各种渠道获得专业技术资格，可以认为是专用性人力资本。因此命题 4.2 得到佐证，即在理性程度较高的情况下，流动人口自身进行专用性人力资本投资的激励也较高。另外，在调研中发现流动人口学历越高，工资收入和福利待遇越好。

第三，培训补贴情况（x_9）的系数为正，说明流动人口得到的培训补贴越多，人力资本投资成本越低，人力资本投资意愿越强。同时，命题 4.5 也得到一定程度的佐证，对流动人口培训补贴是对流动人口劳动权益保护的体现。性别属性（x_{12}）对专用性人力资本有影响，男性流动人口专用性人力资本投资水平明显高于女性，这跟中国“男主外，女主外”的传统观念有关。产业属性（x_{13}）对流动人口专用性人力资本投资无显著影响，这说明命题 4.4 在本案例中没有得到数据支撑，可能的原因在于数据的共线性问题，在现代产业中流动人口的人力资本投资水平比传统产业中高，从社会资本来看，流动人口社会资本属性（x_{11}）对人力资本投资无影响，小孩是否在东莞（x_{14}）对人力资本投资起到负面影响。

5.4　人力资本投资与产业转型升级

珠三角地区正在进行产业转型升级，人力资本同产业升级匹配程度及人力资本水平的提升对产业转型升级的作用程度是其核心。本节将在理论推演和数据分析的基础上，分析人力资本、技术进步及产业升级的内在作用机制，认为技术升级导致人力资本收益水平提高，从而导致人力资本投资增加；同时，较高的人力资本水平和匹配程度对企业技术进步和企业收益提升有促进作用。本节利用 2010 年东莞实地调研数据，运用 Mincer 模型分析发现，当人力资本同产业升级不匹配时会对产业升级产生阻碍作用，而同样的人力资本在现代产业体系中的收益率为

9.4%，高于传统产业的 7.3%，其他人力资本投资形式也有显著差异。现代产业对于高水平的人才有较大的吸引力；而较高的人力资本积累同技术进步相匹配才有利于产业转型升级的实现。

5.4.1　产业升级与人力资本匹配度描述性分析——以东莞为例

珠三角地区在改革开放后经济总量不断增大，但是产业结构仍然不合理，劳动密集型产业所占比重偏高，产品附加值较低，众多企业处于行业价值链的低端。面对不断完善的法律环境、不断健全的市场体系和不断上涨的劳动力成本，珠三角已经有尽快实现产业转型升级的共识，但珠三角地区产业结构和人力资本结构匹配度现状如何，人力资本在珠三角地区产业升级中到底发挥着怎样的作用，本小节首先以东莞 2010 年调研数据进行总体描述性分析。

东莞产业结构不尽合理，以纺织业、服装业、家具业为代表的劳动密集型产业仍然占较大比重，现代产业所占比重较低。劳动密集型产业对劳动力成本非常敏感，随着“双转移”政策的实施，大量劳动密集型企业外迁对本区域经济冲击较大。为了应对劳动力成本上升，减小产业结构转化所导致的经济震荡，珠三角积极实施产业转型和升级，大力发展现代产业。现代产业的发展以技术进步为支撑，同时需要大量高素质的劳动者，因此，为了提升产业结构必须以较高的人力资本为依托。而调研发现东莞存在人力资本水平较低、同产业发展不匹配等现象。同时，传统产业比重较高，大部分企业技术水平不高，研发投入较低，主要表现在以下几个方面。

一是劳动密集型企业较多，产业层次较低。东莞是改革开放后发展非常迅速的城市，其中制造业非常发达，随着产业转型，现代产业体系快速发展，第三产业所占比重迅速上升。但产业转型升级压力仍然较大，潜在的阻力重重，尤其是人力资本的掣肘作用日益明显。为此，2010 年华南师范大学和东莞市人力资源局联合进行了产业转型升级与人力资源关系研究的调查。本次调研共涉及东莞市 33 个镇（街）的 101 家企业，调研企业规模以具备总资产超过 3000 万元或员工总数在 1000 人以上的企业为主，收回有效企业问卷数 94 份。调查数据显示，本次调研的企业中外商投资企业和港澳台投资企业分别为 24 家和 28 家，占 55.3%。按照规划，未来东莞的产业发展方向应该是优化升级传统优势产业，重点发展高新技术产业和现代服务业，但从调研数据来看，目前东莞企业产业结构相对落后，传统产业比重较高，并且以劳动密集型产业为主，现代制造业和现代服务业的比重较低。传统优势产业企业为 48 家，占到有效企业数目的 50%以上；高新技术产业企业和现代服务业企业分别是 24 家和 12 家，所占比例接近 40%。

二是人力资本水平较低。东莞目前产业结构中，劳动密集型企业所占比重较大，并且东莞外来劳动力较多，员工流动性较大，员工人力资本水平较低。首先表现在员工受教育水平较低。在本次调研中，总共收集有效个人问卷2533份，其中大部分人没有受过高等教育，高中、中专或中技及以下的员工占65%，本科及以上的员工仅占15%。其次表现在员工获得职业技能资格证书的比例较低。在所调研企业中，大部分员工没有获得资格证书，有资格证书人数所占比例约为31.9%，在获得资格证书的人中大部分还是中、初级，高级技能人才比例非常低，约占总人数的13%（技师和高级技师占技能人才的比重）。最后表现在员工参加培训的时间较短，内容层次较低。从调研情况来看（此题有效作答人数为2271人），参加工作之后没有接受过任何技能培训的员工数量为1673人，比例约为74%；培训一个月以上的员工仅约占3%。可见，企业对员工的技能培训不重视，员工很难获得技能培训，影响了员工人力资本水平的提高。另外，培训的内容也比较简单。通过分析企业问卷可以了解到，在样本企业中，有80家企业提供职业技能培训，所占比例约为85%；有87家企业会提供常规性的培训，如企业规章制度、劳动安全教育培训，约占全部企业的93%；只有68家企业只是简单地配合相关部门的工作要求，对员工进行基本的劳动法律法规等其他培训。

三是人力资本水平满足不了产业升级需求。东莞大部分企业属于劳动密集型企业，在面临劳动力成本上升时，急需进行产业升级和转型，但是东莞转型中缺乏人力资源的支撑。调研发现，大部分企业都对高技能人才有很大的需求缺口。在对“企业急需技能人才”的问卷调查中，收到有效问卷59份，59个企业共急需各类技能人才总计3533名，占到59家现有技能人才总数（14 640名）的24.13%，各类技能人才缺工率中，高级技师人才缺工率最大，达到31.11%，后面依次是技师的28.61%、高级技工的26.98%和初级技工的26.68%，最后是中级技工的17.38%[①]。具体情况见表5.11。

表5.11 东莞调研整体情况

企业产业属性		员工受教育情况		员工技能水平		员工参加培训时长		企业缺工情况		
所属产业	数量/个	受教育水平	人数/人	技能水平	人数/人	参加培训时长	人数/人	职业技能水平	人数/人	缺工率
传统优势产业	48	初中及以下	581	高级技师	31	0天	1673	高级技师	112	31.11%
现代服务业	12	高中、中专或中技	1070	技师	84	一周以内	367	技师	226	28.61%
高新技术产业	24	大专或高职院校	495	高级技工	100	8～15天	104	高级技工	415	26.98%

① 该缺工率根据企业问卷得出。缺工率=（企业急需人数/企业现有人数）。

续表

企业产业属性		员工受教育情况		员工技能水平		员工参加培训时长		企业缺工情况		
所属产业	数量/个	受教育水平	人数/人	技能水平	人数/人	参加培训时长	人数/人	职业技能水平	人数/人	缺工率
先进制造业	9	本科	342	中级技工	350	16～30 天	54	中级技工	763	17.38%
现代农业	1	研究生	45	初级技工	325	一个月以上	73	初级技工	2017	26.68%

资料来源：根据调研数据整理

对于珠三角目前产业发展的现状，张涛和张若雪（2009）认为是各种历史原因导致珠三角陷入一种低技术水平均衡，即低人力资本投资水平—低技术水平—低收益的恶性循环。但是这种低技术水平均衡可以通过政府补贴等手段来打破，通过对人力资本投资补贴，或者对企业技术开发补贴，实现高技术水平均衡状态（张若雪，2010）。本节将根据理论模型推演及实证分析，说明低技术水平均衡并非珠三角地区产业发展的唯一特征，在存在大量劳动密集型传统产业之外，珠三角正在努力实现产业转型升级，加快现代产业建设。在现代产业中，较高的技术水平能够实现高技术水平均衡，即高人力资本投资—高技术水平—高收益的良性循环。

5.4.2　产业升级与人力资本相互影响分析

1. 理论模型

根据上述分析可知，现代产业的发展以技术进步为前提。假设有两个企业，分别来自传统产业和现代产业，可以认为现代产业中的企业技术水平高于传统产业中的企业技术水平。借鉴 Acemoglu 和 Zilibotti（2001）的分析思路，假设产出函数为

$Y_i = (A_l L_i^{\rho} + A_h H_i^{\rho})^{1/\rho}$（$i = 0,1$，$i = 0$ 表示传统产业，$i = 1$ 表示现代产业；$0 < \rho \leqslant 1$）

其中，Y_i 表示不同产业产出水平；A_l 表示低技能增强型技术水平；A_h 表示高技能增强型技术水平；$A_h > A_l$ 表示技术进步；L_i 表示不同产业中的低技能人才数量；H_i 表示不同产业中的高技能人才数量。两种劳动力可以相互替代，并且假设两产业部门的劳动力替代弹性相同，为 $1/(1-\rho)$。不同产业部门的不同技能人才工资水平为

$$W_l^{\,i} = \frac{\partial Y_i}{\partial L_i} = A_l^{\rho}(A_l^{\rho} + A_h^{\rho}\alpha_i^{\rho})^{1/\rho - 1}$$

$$W_h^{\,i} = \frac{\partial Y_i}{\partial H_i} = A_h^{\rho}(A_l^{\rho}\alpha^{-\rho} + A_h^{\rho})^{1/\rho - 1}$$

其中，$\alpha_i = \dfrac{H_i}{L_i}$，并且可以认为现代产业中高技能人才所占比重比传统产业中高技能人才所占比重要高，即$\alpha_1 > \alpha_0$，根据假设可知，随着技术水平的提高，产业升级之后，低技能人才和高技能人才工资水平都会得到提高。

$$\partial W_l / \partial A_l = \rho A_l^{\rho-1}\left(A_l^{\rho} + A_h^{\rho}\alpha_i^{\rho}\right)^{1/\rho-1}\left[1+\frac{A_l^{\rho}(1-\rho)}{\rho\left(A_l^{\rho}+A_h^{\rho}\alpha_i^{\rho}\right)}\right] > 0$$

$$\partial W_h / \partial A_h = \rho A_h^{\rho-1}\left(A_l^{\rho}\alpha_i^{-\rho} + A_h^{\rho}\right)^{1/\rho-1}\left[1+\frac{A_h^{\rho}(1-\rho)}{\rho\left(A_l^{\rho}\alpha_i^{-\rho}+A_h^{\rho}\right)}\right] > 0$$

假设不同产业的总人数为N，则人均产出y为

$$y = \frac{Y}{N} = \left[A_l\left(\frac{1}{1+\alpha}\right)^{\rho} + A_h\left(\frac{\alpha}{1+\alpha}\right)^{\rho}\right]^{1/\rho}$$

记$\gamma = \left(\dfrac{A_h}{A_l}\right)^{1/\rho}$，则

$$y = \frac{(A_l)^{1/\rho}}{1+\alpha}\left[1+(\gamma\alpha)^{\rho}\right]^{1/\rho}$$

产业升级与技术进步可以体现在两个方面，一是技术增强，二是人力资本水平提升。因此，$\gamma\alpha$的增大可以代表技术进步和产业结构升级。可以得出，人力资本水平的提升将有利于技术进步，提高人均产出水平。当然这里假设人力资本水平的提升与技术进步完全匹配，如果假设技术进步是外生的，就可能存在人力资本水平同技术水平不匹配的问题。按照前文所述，产业升级意味着技术水平的提高，可以提出以下两点假设。

假设 5.1：随着技术进步、产业升级，人力资本投资收益将增加。

假设 5.2：人力资本越高，并且与技术进步匹配度越高，越有助于企业产出效率的提升。

2. 对假设 5.1 的分析

变量设置说明。假设 5.1 主要是说明技术进步对人力资本投资收益（工资水平）的影响。由于技术进步很难直接用定量指标反映，但可以从企业性质来区分技术水平的高低，可以认为处于现代产业中的企业技术水平较高，处于传统产业中的企业技术水平较低。在筛选样本时，符合以下条件之一的被界定为现代产业：①企业属于世界 500 强（外资）投资；②属于先进制造业或现代服务业；③高新技术产业；④传统产业中处于价值链高端、研发费用较高的企业。因此，设置变量H（H=1 代表现代产业，H=0 代表传统产业）来区分样本。本次分析总共使

用数据 1612 个（部分被调研者在填写过程中漏填了一些项目，因此删除了部分数据）。本次分析采用了 Mincer 模型，主要分析在不同产业中工资的情况。由于问卷设计时没有直接统计员工工资水平，而是设计了分段选项，为了更好地对工资做出区分，在模型分析时采用了小时工资，即小时工资=（工资区间中位数）×12/（52×每周工作天数×每天工作时间）。影响工资的因素除了受教育年限（education）、工作时间（work_time）、技术进步影响外，还受下列因素影响：培训时间（training_time）、培训形式（training_mode）、政府培训（government_training）、工作转换次数（job_change）、企业性质（国有集体企业及其他事业单位和组织 state_own、外资企业 foreign、民营）、家庭成员在莞工作人数（home_number）、户籍（huji）、购买保险情况（insurance）、签订合同情况（无固定期限合同 long_contract、短期合同 short_contract、没有签订合同）、企业对职业资格证书重视情况（respect）、性别（sex）、婚姻状况（marriage）。具体情况见表 5.12。

表 5.12　变量设置情况

变量名称	变量设置
wage	小时工资=（工资区间中位数）×12/（52×每周工作天数×每天工作时间）
education	受教育年限（研究生：19 年；本科：16 年；大专、高职：15 年；中专、技校、高中：12 年；初中及以下：7.5 年）
work_time	工作时间：在行业内工作时间
training_mode	培训形式（1：脱产培训；0：在职培训）
training_time	培训时间［1：时间在半个月以上；0：半个月（含）以内］
government_training	政府培训（1：有；0：没有）
job_change	工作转换次数
foreign	外资企业（1：是；0：不是）
state_own	国有集体企业及其他事业单位和组织（1：是；0：不是）
home_number	家庭成员在莞工作人数
huji	户籍（1：本省；0：外省）
insurance	购买保险情况（1：有；0：没有）
long_contract	无固定期限合同（1：是；0：不是）
short_contract	短期合同（1：是；0：不是）
respect	企业对职业资格证书重视情况
sex	性别（1：男性；0：女性）
marriage	婚姻状况（1：已婚；0：未婚）

统计性描述。从样本情况来看，东莞从业人口中男性占 63%，大部分都已婚，并且外地人（非广东户籍）占大多数，占比约为 73%，来莞工作的外地员工很多都是通过亲友介绍来找工作，所以大部分员工都有其他家庭成员在东莞工作，家庭成员越多，员工的工作搜寻能力越强。从样本总体上看，员工转换工作频率较高，大部分人换过一次以上的工作，所占比例为 58%，但是大部分员工坚持在一个行业中，平均在一个行业中的时间为 6.15 年。从不同产业来看，在现代产业中工作的员工工作转换次数比在传统产业中工作的员工多，可以解释为，具有较高人力资本的员工不断从传统产业向现代产业转移。就样本总体而言，大部分员工没有受过高等教育，平均受教育年限为 12.58 年，即仅仅完成了高中（中专、技校）阶段的学习。只有 15% 的员工学历在本科及本科以上，22% 的员工具备大专或高职学历，剩下 63% 的员工没有接受过高等教育。区分不同产业来看，在现代产业中工作的员工同传统产业中的员工相比，受教育程度明显要高。在现代产业中，37.3%的员工学历在本科及本科以上，28.7%的员工接受过大专或高职教育，这些比例都远远高于传统产业。同时，具备职业资格的人数不多，只占 40%，而且大部分仅取得中、低级职业资格证书；大部分企业对于职业资格证书不是很重视，对职业资格证书非常重视的企业只占 36%，不过现代产业中企业对于职业资格证书的重视程度明显高于传统产业。在培训方面，发现大部分员工都接受过企业培训，但是培训时间短，大部分员工接受企业培训的时间在半个月以内，所占比例为 75.6%，不过可以看出现代产业中企业培训的时间明显多于传统产业。培训内容不够专业，基本上是一些厂规、生产安全等培训，技能培训方面非常欠缺。大部分员工没有接受过政府组织的培训，所占比例为 76%，说明政府在培训方面投入不足。在劳动关系方面，大部分员工都签订了劳动合同，仅 3%的员工未签订合同，不过签订无固定期限合同的员工很少；大部分企业都为员工购买了保险，仅 5%的员工没有购买。从企业性质来看，东莞是外资企业比较集中的地方，外资企业所占比重较大。具体情况见表 5.13。

表 5.13　样本数据基本统计情况

变量	总体		传统		现代	
	均值	标准差	均值	方差	均值	方差
wage	12.38	6.41	11.8	6.13	14.83	7.05
education	12.58	2.96	12.19	2.87	14.34	2.73
work_time	6.15	5.45	6.21	5.37	5.83	5.78
training_mode	0.05	0.32	0.05	0.34	0.047	0.214
training_time	0.24	0.43	0.22	0.42	0.34	0.47

续表

变量	总体		传统		现代	
	均值	标准差	均值	方差	均值	方差
government_training	0.24	0.42	0.23	0.42	0.25	0.43
job_change	1.29	1.55	1.31	1.55	1.19	1.54
foreign	0.65	0.48	0.70	0.46	0.43	0.51
state_own	0.06	0.25	0.02	0.16	0.23	0.44
home_number	1.79	0.92	1.78	0.93	1.82	0.90
huji	0.27	0.44	0.23	0.42	0.49	0.50
insurance	0.95	0.21	0.95	0.21	0.96	0.19
long_contract	0.10	0.30	0.10	0.30	0.10	0.30
short_contract	0.87	0.33	0.87	0.33	0.86	0.35
respect	0.36	0.53	0.33	0.47	0.51	0.75
sex	0.63	0.48	0.63	0.48	0.62	0.48
marriage	0.59	0.49	0.38	0.49	0.57	0.50

模型建立。本节利用 Mincer 模型分析不同产业中人力资本收益的差异。Mincer 认为人力资本收益来源于教育、工作时间和工作转换，本节在模型设计中加入了其他变量，首先是培训情况，认为培训是人力资本增加的有效途径；其次是合同签订情况及购买保险情况，陈祎和刘阳阳（2010）在对在京外来务工人员调查的基础上发现签订合同能有效地提高员工工资收入；再次是个人情况，包括性别，主要想考察在珠三角是否存在工资的性别歧视；最后是讨论不同产业对人力资本收益的影响，分别设立虚拟变量。在模型中，对小时工资收入水平取对数。模型设定如下：

$$\ln y = \alpha_0 + \alpha_1 \text{education} + \alpha_2 \text{work\_time} + \alpha_3 \text{work\_time}^2 + \beta_0 H + \sum \beta_i x_i$$

其中，x_i 表示文章所列控制变量；education 表示受教育年限；work_time 表示工作时间。

在数据分析时，采用逐步回归法，逐渐增加变量，首先是分析主要变量（教育和工作时间）对收入的影响，并区分了现代产业和传统产业不同的数据，分析结果见表 5.14 中的回归 1～回归 4；其次加入培训等变量，见回归 5～回归 7；最后加入企业属性、个人属性和劳动关系等情况，见回归 8～回归 10。

表 5.14　模型回归结果

变量	回归 1	回归 2	回归 3	回归 4	回归 5	回归 6	回归 7	回归 8	回归 9	回归 10
	样本总体	样本总体	传统	现代	样本总体	传统	现代	样本总体	传统	现代
C	1.177***	1.286***	1.197***	1.098***	1.184***	1.211***	0.989***	0.937***	1.015***	0.580**
H	0.076***				0.067**			0.107***		
wage	0.076***	0.069**	0.071***	0.0898***	0.072***	0.068***	0.098***	0.071***	0.065***	0.104***
education	0.060***	0.072***	0.064***	0.0448***	0.054***	0.055***	0.045***	0.040***	0.045***	0.026*
work_time	−0.001***	0.031***	−0.002***	−0.0018***	−0.001***	−0.001***	−0.001**	−0.001***	−0.002***	−0.001
training_mode					0.001	−0.009	0.108	−0.013	−0.026	0.093
training_time					0.069***	0.133***	−0.188***	0.072***	0.128***	−0.134*
government_training					0.123***	0.134***	0.133*	0.124***	0.135***	0.153*
job_change								0.012*	0.008	0.039*
foreign								−0.003	−0.021	0.026
state_own								−0.142***	−0.161**	−0.068
home_number								−0.034***	−0.042***	0.020
huji								−0.013	0.003	−0.049
insurance								0.079	0.078	0.098
long_contract								0.195**	0.159*	0.256
short_contract								0.176***	0.192***	0.119
respect								0.002	0.011	−0.004
sex								0.127***	0.121***	0.094
marriage								0.089***	0.082***	0.093
样本个数	1612	1612	1320	292	1612	1320	292	1612	1320	292
R^2	0.289	0.286	0.301	0.194	0.305	0.333	0.218	0.34	0.379	0.258

***表示在 1%显著性水平下显著，**表示在 5%显著性水平下显著，*表示在 10%显著性水平下显著

回归结果。在不同产业中，教育的回报具有明显差异，在传统产业中，教育投资回报率为 7.3%，而在现代产业中的回报率则为 9.4%，二者的差距为 2.1 个百分点，加入其他控制变量后，H 的系数为正且显著，可以认为现代产业中人力资本投资收益明显高于传统产业，验证了假设 5.1，即随着技术进步、产业升级，人力资本投资收益将增加。另外，从统计性描述中可以看出，现代产业中员工受教育年限明显高于传统产业，也说明了人力资本投资收益的增加导致员工人力资本投资的增加。工作时间对于人力资本收益有显著影响，总体而言，在行业工作时间增加 1 年，则工资水平增加 6.2%，说明在“干中学”能有效地提升员工的人力

资本收益水平。对于其他控制变量的解释：培训时间对工资收益的影响比较显著，培训时间超过半个月的员工相对于其他员工收益增加 7.1%，可以看出企业应该提供较长时间的技能培训，而不是简单的培训；而且在现代产业中培训所起的作用更大。培训模式（在职培训或者脱产培训）对员工工资收益的影响不显著；政府培训对人力资本水平有显著影响，说明政府组织的培训起到一定效果。工作转换次数对工资收益也有显著影响，总体而言，每更换一次工作，员工工资收益增加 1.3%，可以解释为员工通过不断的工作搜寻使自身技能同岗位更加匹配，劳动力收益增加；并且现代产业中的员工通过工作搜寻获得的收益更高，说明较高的人力资本水平能在市场中获得更多的收益回报。在企业性质比较中，可以发现国有性质企业员工的收益相对于外资和民营企业员工的收益明显较高。家庭成员在莞工作人数可以看作员工的社会资本，在传统产业中对工资收益有显著影响，而在现代产业中影响不显著。可以解释为当人力资本水平较低时，社会资本能给工作搜寻带来明显帮助；而人力资本水平提升后，社会资本对于工作搜寻的作用不明显。户籍对工资水平无显著影响，因此可以认为东莞劳动力市场比较成熟，不存在针对户籍的劳动力市场分割现象。劳动合同对员工收益水平有显著影响，不管是签订无固定期限合同还是短期合同，员工工资收益比不签订合同要高。性别对人力资本收益有显著影响，在同等条件下，男性员工工资水平比女性员工高出 13.5%，即在东莞企业中存在明显的性别歧视，不过在现代产业中，这种歧视现象不明显。

3. 对假设 5.2 的解释

假设 5.2 主要说明了人力资本与技术升级对企业效率的影响。本节主要利用企业调研数据来分析人力资本水平和企业研发投入对企业收益的影响。本次调研了 93 家企业，但在调研过程中，部分企业没有准确填写有关数据，有效样本数量比调研数量少。

变量设置。①人均利润（y），这里利用调研数据，以企业 2010 年人均利润作为产出效率的代表，人均利润=总利润/员工总数。②有效人力资本（hci），此处是指员工平均教育年限，即员工受教育年限总和除以员工总人数。对于受教育年限的计算，本节假设如果员工受教育程度为初中则记为 9 年，高中（技校、中专）记为 12 年，大专（高职）记为 15 年，本科记为 16 年，硕士研究生记为 19 年。统计结果发现大部分企业的有效人力资本在 11～13 年，即大部分企业的员工仅接受了高中（技校、中专）教育。③人均研发投入（rd），这里用企业研发支出占总人数的比重来表示。④人力资本不匹配比率（m），本节统计了企业缺工情况，人力资本不匹配比率=（缺工人数×学历要求）/（总人数×学历水平），用来反映人力资本匹配情况。⑤技能人才比重，即技能人才总数占企业员工总数的比重。

统计性描述。从整体情况（表 5.15）来看，企业人均利润均值为 1.777 万元，大部分企业能实现盈利，但利润率非常低；大部分企业的利润率（净利润/销售收入）在 5%以下，说明大部分企业营利能力比较弱。有效人力资本水平均值为 12.010 年[①]，员工大部分没有接受过高等教育。人力资本不匹配率均值为 0.138，说明企业缺工状况比较普遍，企业对于普工需求缺口比较大，同时对于高技能人才缺口也很大。人均研发投入均值为 1.068 万元，说明企业整体上研发投入较低，大部分企业研发投入占企业销售收入的比重低于 3%，少部分企业没有研发投入。不过现代产业中的研发投入情况同传统产业相比存在显著的差异。从统计情况来看，在现代产业中，人均利润明显高于传统产业，并且有效人力资本水平高于传统产业，人力资本不匹配率低于传统产业，人均研发投入高于传统产业，技能人才比重高于传统产业，说明现代产业在人力资本和技术方面具有优势。

表 5.15 调研企业基本情况统计表

统计指标	总体		现代		传统	
	均值	标准差	均值	标准差	均值	标准差
人均利润/万元	1.777	3.607	2.405	3.837	1.275	3.375
有效人力资本/年	12.010	1.180	12.260	1.307	11.765	0.985
人力资本不匹配率	0.138	0.181	0.122	0.122	0.154	0.228
人均研发投入/万元	1.068	1.041	1.307	0.914	0.855	1.124
技能人才比重	0.224	0.242	0.253	0.266	0.199	0.221

回归结果及分析如下。

回归结果 1：$y=-35.08+3.182\times \text{hci}$ $R^2=0.188$

（−2.1） （2.25）

回归结果 2：$\text{rd}=-11.45+1.07\times \text{hci}$ $R^2=0.275$

（−2.61） （2.89）

回归结果 1 是分析有效人力资本同企业人均利润的关系，可以看出有效人力资本的增加能促进企业人均利润的增加；回归结果 2 是分析有效人力资本同企业人均研发投入的关系，可以看出有效人力资本的增长能促进企业研发投入的增加。所以可以说明假设 5.2 成立，即人力资本越高，并且与技术进步匹配度越高，越有助于企业产出效率的提升。

① 此处员工受教育水平与假设 5.1 分析时不同的原因在于个人问卷是从每个企业抽取的样本。

5.4.3 分析的基本结论及意义

通过上述分析发现，人力资本同产业升级是互相促进的，人力资本在现代产业中能获得比较高的收益，同时有效人力资本的积累也是产业升级的必要条件。珠三角要实现产业升级转型，打破低技术水平均衡，实现产业升级，就必须在引进现代产业的同时，加大高级人才的引进和培训力度，有效提升本地区的人力资本水平，为产业转型和升级提供有效的人力资本保障。

首先，培育和引进现代产业。从本节前面的分析可以看出，现代产业中人力资本收益明显高于传统产业，在目前人力成本迅速提升的前提下，传统产业将面临严重的成本压力，在产业转型之际，应提高外部投资企业的门槛，吸引具有先进技术的企业，或者资本、技术密集型的现代产业。同时，鼓励企业技术或产品创新，对企业研发投入进行补贴，提高产品附加值，使企业向价值链高端转移。

其次，要大力提升区域人力资本水平。一要加大人才引进力度。对于高层次或急需人才，政府应该出台扶持政策来吸引人才，并且为人才提供良好的工作和生活环境。珠三角本地人才数量有限，要积极从外地引进人才，应该尽量放开户籍限制；在企业给予优厚待遇的前提下，政府提供一定的补助；对人才其他生活问题给予优惠，营造良好的用人氛围，留住人才。二要做好人才培训和开发。鼓励企业和培训机构合作，建立校企合作机制，企业将人才需求反馈到学校（培训机构），学校（培训机构）有针对性地培训人才，及时满足企业转型和升级对人才的需求。加大政府对于人才培训和开发的财政投入，对于急需人才的培训和开发，政府应该积极扶持，加大对个人或者学校（培训机构）的财政扶持力度。政府应该建立人才培训开发基地，打造一个规范化、规模化的人才培训和实训基地。

第6章　劳动制度环境与流动人口就业稳定性

流动人口劳动制度环境是指与流动人口就业相关的制度性安排，主要包括劳动力产权安排、集体合同、劳动仲裁执行、劳动保护等影响劳动合同的正式制度安排及社会资本、就业歧视等非正式制度。尽管我国出台了许多保护流动人口劳动权益的法律和政策，但是由于种种原因，流动人口劳动制度环境不太理想，对流动人口劳动就业产生负面影响。本章从理论上分析了劳动制度环境对劳动力市场的影响，主要认为加强对流动人口劳动权益的保护等于提升企业的用工成本，这将激励企业采用劳动节约型技术进步，从而减少低技能人才需求，增加高技能人才需求；同时，保护好流动人口劳动权益将提升流动人口就业稳定性，提升其人力资本水平，提高劳动生产率，提升流动人口的工资水平。本章首先对我国流动人口劳动制度环境进行了梳理，包括户籍制度、劳动合同制度、社会保障制度、劳动争议处理制度、最低工资制度及专用性人力资本投资的财政补贴制度等。从对制度变迁的梳理来看，我国流动人口的户籍制度和对流动人口的就业管制逐步放开，社会保障和劳动争议处理制度逐步完善，流动人口劳动制度环境得到较大改善；地方政府为了稳定地区经济社会发展而促进流动人口融合的意愿非常明显。其次，分析了劳动制度环境对劳动力流动的影响，使用全国流动人口动态监测调查数据进行实证分析，发现增强流动人口的劳动权益保护能够稳定流动人口就业，避免流动人口过度流动。最后，还从和谐劳动关系、公共服务均等化和落户指数比较珠三角和长三角的流动人口劳动制度环境情况，发现珠三角流动人口劳动制度环境整体上不低于长三角，对流动人口仍然具有很大的吸引力，也说明珠三角地区加强了流动人口劳动权益保护，流动人口规模不断扩大。

6.1　我国流动人口劳动制度环境变迁

随着改革开放的推进，我国劳动制度也经历了重大变革。我国劳动制度变迁具有明显的渐进性特征，主要体现在：①劳动制度调整关系范围从最开始的国有企业逐步扩展到私营企业。在改革开放初期，流动人口数量较少，劳动制度改革主要在城镇国有企业进行。1992 年我国确立了建立社会主义市场经济体制的目标，劳动力流动性大大增加。劳动制度调整也涵盖了流动人口。②劳动制度调整关系内容逐步宽泛，从劳动合同制度、社会保障制度到劳动争议处理制度和户籍制度，流动人口劳动制度处于逐渐完善中。

6.1.1 流动人口户籍制度改革

诺斯认为制度变迁分为两种，一种是诱致性制度变迁，主要是自下而上的，由直接利益相关人主导推动的比较缓慢的制度改进过程；另一种是强制性制度变迁，主要是自上而下的，由政策制定者直接推动的比较迅速的制度更新过程。改革开放以来，我国的制度变迁大部分是强制性制度变迁，少部分是诱致性制度变迁。改革开放以来，在流动人口管理过程中，我国经历了从管制到放开，再到公共服务均等化的总体变化过程。

逐步放松户籍管制的过程。在改革开放之前，我国实施严格的户籍制度，控制农村人口向城市转移。在这个过程中，农村人口向城市转移的数量非常有限，主要通过升学、招工的途径进入城市就业，而农村剩余劳动力则无法进入城市就业。1964 年国务院批转了《公安部关于处理户口迁移的规定（草案）》，明确了户口迁移不受限制的迁移类别，限制户籍从农村迁往城市、集镇，从集镇迁往城市，从小城市迁往大城市，以及从其他城市迁往北京、上海两市，城乡二元制结构确定。改革开放后，由于沿海地区存在大量的劳动力需求，农村剩余劳动力开始向城市转移。国家对于农村劳动力的限制逐步解除。1984 年国务院出台《国务院关于农民进入集镇落户问题的通知》，1985 年公安部出台《公安部关于城镇暂住人口管理的暂行规定》，暂住证和寄住证进入视野，城乡融合逐步展开。1992 年我国确定了建立社会主义市场经济体制的目标，继续坚持对外开放战略，农村剩余劳动力向城市转移的规模继续扩大，国家对于农村人口在城市落户的限制进一步放松。1998 年《国务院批转公安部关于解决当前户口管理工作中几个突出问题意见的通知》规定，“在城市投资、兴办实业、购买商品房的公民及随其共同居住的直系亲属，凡在城市有合法固定的住房、合法稳定的职业或者生活来源，已居住一定年限并符合当地政府有关规定的，可准予在该城市落户”。落户首次与就业结合起来。2003 年国家正式取消了收容遣送制度，这在一定程度上对流动人口在城市就业产生了一定的激励。2013 年，中共中央颁发了《中共中央关于全面深化改革若干重大问题的决定》，要求“全面放开建制镇和小城市落户限制，有序放开中等城市落户限制，合理确定大城市落户条件，严格控制特大城市人口规模”。2014年国务院出台《国务院关于进一步推进户籍制度改革的意见》，要求取消农业户口与非农业户口性质区分，建立完善积分落户制度。户籍制度对于劳动力流动的限制作用越来越小。

6.1.2 流动人口劳动合同制度

我国劳动合同制度改革分为以下三个阶段。第一阶段（1978～1993年）是国有企业劳动合同制度改革阶段，没有提及流动人口。在计划经济时代，国有企业社会化，员工与企业之间是一种依附关系，实行长期雇佣政策，没有劳动合同制度概念。改革开放后，开始着手进行劳动合同制度改革。1986年国务院发布了《国营企业实行劳动合同制暂行规定》，主要改革内容包括：打破长期雇佣关系，建立合理的进入退出机制，开始实行劳动合同制度。在新招工人中实行劳动合同制；招工实行面向社会、公开招考、择优录用；给企业辞退违纪职工的权利（赵东宛，2012）。此项改革的重要意义在于将原来国有单位的劳动力与企业的依附关系变成一种劳动契约关系；用劳动合同来规范和调整企业与员工的关系，并使得劳动合同观念逐步深入人心。到1988年底，全民所有制单位劳动合同制职工人数达到992万人（国家统计局，2002）。在这个阶段，流动人口规模很小，流动人口劳动合同制度还没有开始建立。第二阶段（1994～2006年）是劳动合同关系逐步规范阶段，1995年开始实施的《劳动法》第十六条规定：“劳动合同是劳动者与用人单位确立劳动关系、明确双方权利和义务的协议。建立劳动关系应当订立劳动合同。”《劳动法》的颁布施行标志着我国劳动合同制度的正式确立，使企业与员工劳动合同关系更加明确。同时，规范了用人单位的用工行为，保障劳动者的合法权利。《劳动法》作为调整劳动关系的基本法律，适合我国所有境内企业和组织，不仅限于国有企业。不管是哪种类型的企业和组织，其劳动关系调整都有法可依。这有效地保护了流动人口的劳动力产权，对流动人口外出务工也是很强的激励。在这个阶段，流动人口规模急剧增加，与企业签订合同的比例也增加。第三阶段（2007～2014年）是劳动合同制度完善阶段。随着社会主义市场经济体制逐渐深化，劳动力市场逐步建立，劳动契约形式更加丰富，劳动争议也更加频繁地出现。因此，需要一部完整、系统、科学并具有可操作性的劳动合同法予以规范。2007年《劳动合同法》的颁布标志着劳动合同法律制度的完善。劳动合同成为劳动关系的基础，也成了调解双方劳动关系的重要法律依据。特别是对劳动合同期限做出了明确规定，提出了无固定期限合同概念，对于强化长期雇佣关系产生了积极的作用。《劳动合同法》对于劳动合同的规定更加严格，规定“建立劳动关系，应当订立书面劳动合同”。2008年《劳动合同法》实施后，各地加强了对于流动人口劳动合同签订情况的监督检查力度，对不与员工签订劳动合同的企业给予相应的处罚措施，这对流动人口的权益保护起到很大的促进作用。但是由于各种原因，流动人口合同签约率不高。2012 年外出受雇农民工与雇主或单位签订劳动合同的占 43.9%，与上年基本持平[①]。

6.1.3　流动人口社会保障制度变迁

我国实行渐进式的改革，在劳动力市场上，首先是对于城镇就业人员的社会保障制度改革；其次才是对于流动人口的社会保障制度改革。对于流动人口的社会保障制度改革分为以下三个阶段。

第一阶段为起步阶段（1978～2000 年）。在这个阶段，对于流动人口的社会保障制度几乎是空白，只有《企业职工工伤保险试行办法》对于合同制员工相关工伤政策做出了规定。另外，由于很多流动人口在城市中从事建筑行业，在建筑行业中工资拖欠情况比较严重，国务院有关部门出台了相关打击欠薪的规定，对于其他社会保险则没有任何制度安排。

第二阶段为过渡阶段（2001～2008 年）。自 2003 年开始，我国沿海地区出现了“民工荒”和“技工荒”现象，政府对于流动人口的关注加强，开始逐步建立相应的社会保障制度。中央政府开始在农村地区实行新型农村合作医疗制度；2001 年劳动和社会保障部出台了《关于完善城镇职工基本养老保险政策有关问题的通知》，对于农民合同制职工参加养老保险提出了相关要求。2004 年劳动和社会保障部出台了《关于推进混合所有制企业和非公有制经济组织从业人员参加医疗保险的意见》，推动与城镇用人单位建立了劳动关系的农村进城务工人员参加医疗保险。当然，这些文件都没有将流动人口完全纳入户籍居民的社会保障体系中。各地方政府也开始对流动人口社会保险制度做出相关规定，但是大部分地方对于流动人口的社会保障都区别于当地户籍人口。比如，北京市在 2001 年制定了《北京市农民工养老保险暂行办法》，针对农民工的特点设计了一套独立性的农民工养老保险办法，该保险与农民工的其他保险险种没有关系，与实行的城镇养老保险政策也没有关系，规定农民工养老保险的缴费基数为上一年市职工月最低工资标准。2004 年北京市正式确立并执行《北京市外地农民工参加基本医疗保险暂行办法》，规定缴费基数为上一年市职工月平均工资的 60%；采取大病保险模式，仅对那些罹患重病或者需要住院治疗的疾病及特殊门诊实行基本的医疗保障，被称为大病统筹医疗保险。上海市于 2002 年 7 月发布了《上海市外来从业人员综合保险暂行办法》，2004 年 8 月对部分条款进行了补充和修正。上海针对农民工养老保

① 2012 年全国农民工监测调查报告. http://www.stats.gov.cn/tjsj/zxfb/201305/t20130527_12978.html[2019-01-25].

险也制定了专门的法规，上海把农民工的养老、医疗、工伤及其他的保险险种整合在一起处理，制定了综合的保险政策，降低了参保标准，按照上海市平均工资的 60%参保。2003 年成都市也建立了类似的综合保险制度。2006 年杭州市出台了《杭州市农民工基本养老保险低标准缴费低标准享受试行办法》(简称“双低办法”)，规定符合参加杭州市职工基本养老保险条件的各类企业中收入偏低的农民工可自愿申请按“双低办法”参保缴费。当然，在此期间，有部分城市对于外来流动人口的社会保险规定没有区别于当地户籍人口。深圳在 2003 年推出职工医疗保险时，对于流动人口和户籍人口医疗保险做出同样规定；不过也区分了层次，户籍人口可以在基本医疗保险基础上办理补充医疗保险。深圳在 1996 年推出职工养老保险时也将暂住人口职工纳入城镇基本养老保险。

第三阶段为融合阶段(2009～2016 年)。2010 年中央一号文件《中共中央国务院关于加大统筹城乡发展力度进一步夯实农业农村发展基础的若干意见》提出，要将与企业建立稳定劳动关系的农民工纳入城镇职工基本医疗保险。2010 年《中华人民共和国社会保险法》(简称《社会保险法》)出台，规定进城务工的农村居民依照此法规定参加社会保险；从法律上规定了外来流动人口依法享有同等的社会保障权益，为后续的各种社会保障制度融合打下了坚定的基础。各地方政府在 2011 年开始调整对于流动人口的各种社会保障政策。杭州市 2010 年出台《杭州市基本医疗保障办法》，规定市行政区域内的所有用人单位及其职工都按照规定参加基本医疗保险；2011 年出台的《关于农民工统一实行职工基本养老保险参保缴费办法有关事项的通知》规定，自 2011 年 7 月 1 日起，对主城区范围内的农民工统一实行职工基本养老保险参保缴费办法，主城区各社保经办机构不再受理农民工“双低”养老保险参保申请。北京、上海、广州、重庆等外来流动人口较多的城市都将外来人口纳入了本地的社会保障体系。目前对流动人口来说，社会保障制度不是很统一，从农村向城市流动的农民工，在农村可能参加了新型农村合作医疗保险和农村养老保险，在流入地也可以参加当地社会保险，因此急需建立完善的社会保险衔接机制。2009 年出台的《流动就业人员基本医疗保障关系转移接续暂行办法》和《城镇企业职工基本养老保险关系转移接续暂行办法》规定，在流入地有稳定就业关系的农民工可以将新型农村合作医疗保险转为当地城镇职工医疗保险；可以将农村养老保险转为当地城镇职工养老保险。对于失业保险，《社会保险法》规定流动人口应当参加失业保险，并且可以随本人跨统筹地区转移。在推进城乡一体化过程中，政府对城乡居民的社会保障制度的衔接进行不断改进。2014 年，国务院决定将新型农村社会养老保险与城镇居民社会养老保险进行整合，建立全国统一的城乡居民基本养老保险制度，更加有力地促进城乡居民养老保险制度的蓬勃发展。2016 年国务院印发《国务院关于整合城乡居民基本医疗保险制度的意见》，就整合城镇居民基本医疗保险和新型农村合作医疗两项制度，建立统一的城乡居民基本医疗保险制度提出明确要求。1998～2014 年中央和地方有关流动人口的相关政策见表 6.1。

表 6.1　1998～2014 年中央和地方有关流动人口的相关政策

年份	中央/地方	文件名称	相关内容
1999	国务院	《失业保险条例》	单位招用的农民合同制工人连续工作满 1 年，本单位并已缴纳失业保险费，劳动合同期满未续订或者提前解除劳动合同的，由社会保险经办机构根据其工作时间长短，对其支付一次性生活补助。补助的办法和标准由省、自治区、直辖市人民政府规定
2001	劳动和社会保障部	《关于完善城镇职工基本养老保险政策有关问题的通知》	参加养老保险的农民合同制职工，在与企业终止或解除劳动关系后，由社会保险经办机构保留其养老保险关系，保管其个人账户并计息，凡重新就业的，应接续或转移养老保险关系；也可按照省级政府的规定，根据农民合同制职工本人申请，将其个人账户个人缴费部分一次性支付给本人，同时终止养老保险关系，凡重新就业的，应重新参加养老保险
2003	国务院办公厅	《国务院办公厅关于做好农民进城务工就业管理和服务工作的通知》	按照公平对待、合理引导、完善管理、搞好服务的原则，规定了六方面的政策内容，包括：取消对农民进城务工就业的不合理限制；切实解决拖欠和克扣农民工工资问题；改善农民工的生产生活条件；做好农民工培训工作；多渠道安排农民工子女就学；加强对农民工的管理
2003	国务院办公厅	《国务院办公厅关于切实解决建设领域拖欠工程款问题的通知》	加强监察执法，严厉打击以各种名目拖欠、克扣农民工工资的违法违规行为，帮助农民工追讨工资
2003	教育部、中央机构编制委员会办公室、公安部、国家发展和改革委员会、财政部、劳动和社会保障部	《关于进一步做好进城务工就业农民子女义务教育工作的意见》	地方各级政府特别是教育行政部门和全日制公办中小学要建立完善保障进城务工就业农民子女接受义务教育的工作制度和机制，使进城务工就业农民子女受教育环境得到明显改善，九年义务教育普及程度达到当地水平
2004	劳动和社会保障部	《关于农民工参加工伤保险有关问题的通知》	农民工参加工伤保险、依法享受工伤保险待遇是《工伤保险条例》赋予包括农民工在内的各类用人单位职工的基本权益，各类用人单位招用的农民工均有享受工伤保险待遇的权利
2004	劳动和社会保障部办公厅	《关于推进混合所有制企业和非公有制经济组织从业人员参加医疗保险的意见》	逐步将与用人单位形成劳动关系的农村进城务工人员纳入医疗保险范围。根据农村进城务工人员的特点和医疗需求，合理确定缴费率和保障方式，解决他们在务工期间的大病医疗保障问题，用人单位要按规定为其缴纳医疗保险费。对在城镇从事个体经营等灵活就业的农村进城务工人员，可以按照灵活就业人员参保的有关规定参加医疗保险
2006	国务院	《国务院关于解决农民工问题的若干意见》	抓紧解决农民工工资偏低和拖欠问题；依法规范农民工劳动管理；搞好农民工就业服务和培训；积极稳妥地解决农民工社会保障问题；切实为农民工提供相关公共服务；健全维护农民工权益的保障机制；促进农村劳动力就地就近转移就业

续表

年份	中央/地方	文件名称	相关内容
2008		《劳动合同法》	中华人民共和国境内的企业、个体经济组织、民办非企业单位等组织与劳动者建立劳动关系，订立、履行、变更、解除或者终止劳动合同，适用本法
2009	人力资源和社会保障部、卫生部、财政部	《流动就业人员基本医疗保障关系转移接续暂行办法》	农村户籍人员在城镇单位就业并有稳定劳动关系的，由用人单位按照《社会保险登记管理暂行办法》的规定办理登记手续，参加就业地城镇职工基本医疗保险。其他流动就业的，可自愿选择参加户籍所在地新型农村合作医疗或就业地城镇基本医疗保险，并按照有关规定到户籍所在地新型农村合作医疗经办机构或就业地社会（医疗）保险经办机构办理登记手续
2009	人力资源和社会保障部、财政部	《城镇企业职工基本养老保险关系转移接续暂行办法》	农民工中断就业或返乡没有继续缴费的，由原参保地社保经办机构保留其基本养老保险关系，保存其全部参保缴费记录及个人账户，个人账户储存额继续按规定计息。农民工返回城镇就业并继续参保缴费的，无论其回到原参保地就业还是到其他城镇就业，均按前述规定累计计算其缴费年限，合并计算其个人账户储存额，符合待遇领取条件的，与城镇职工同样享受基本养老保险待遇；农民工不再返回城镇就业的，其在城镇参保缴费记录及个人账户全部有效，并根据农民工的实际情况，或在其达到规定领取条件时享受城镇职工基本养老保险待遇，或转入新型农村社会养老保险
2010	住房和城乡建设部、国家发展和改革委员会、财政部、国土资源部、中国人民银行、国家税务总局、中国银行业监督管理委员会	《关于加快发展公共租赁住房的指导意见》	有条件的地区，可以将新就业职工和有稳定职业并在城市居住一定年限的外来务工人员纳入公共租赁住房供应范围
2009	中共中央、国务院	《中共中央　国务院关于加大统筹城乡发展力度进一步夯实农业农村发展基础的若干意见》	健全农民工社会保障制度，深入开展工伤保险全覆盖行动，加强职业病防治和农民工健康服务，将与企业建立稳定劳动关系的农民工纳入城镇职工基本医疗保险，抓紧落实包括农民工在内的城镇企业职工基本养老保险关系转移接续办法
2010		《社会保险法》	进城务工的农村居民依照本法规定参加社会保险
2011	国务院	《国务院关于开展城镇居民社会养老保险试点的指导意见》	年满 16 周岁（不含在校学生）、不符合职工基本养老保险参保条件的城镇非从业居民，可以在户籍地自愿参加城镇居民养老保险
2011	国务院办公厅	《国务院办公厅关于积极稳妥推进户籍管理制度改革的通知》	要求各地区、各有关部门认真贯彻国家有关推进城镇化和户籍管理制度改革的决策部署，积极稳妥推进户籍管理制度改革，继续探索建立城乡统一的户口登记制度

续表

年份	中央/地方	文件名称	相关内容
2014	国务院	《国务院关于进一步推进户籍制度改革的意见》	到 2020 年，基本建立与全面建成小康社会相适应，有效支撑社会管理和公共服务，依法保障公民权利，以人为本、科学高效、规范有序的新型户籍制度，努力实现 1 亿左右农业转移人口和其他常住人口在城镇落户
2014	人力资源和社会保障部、财政部	《城乡养老保险制度衔接暂行办法》	参加城镇职工养老保险和城乡居民养老保险人员，达到城镇职工养老保险法定退休年龄后，城镇职工养老保险缴费年限满 15 年（含延长缴费至 15 年）的，可以申请从城乡居民养老保险转入城镇职工养老保险，按照城镇职工养老保险办法计发相应待遇
1998	深圳	《深圳经济特区企业员工社会养老保险条例》	本条例规定的基本养老保险适用于特区内的企业（包括企业化管理的事业单位、民办非企业单位）及其员工
2001	北京	《北京市农民工养老保险暂行办法》	用人单位应自招用农民工之月起，必须与其签订劳动合同，并为其办理参加养老保险手续
2002	上海	《上海市外来从业人员综合保险暂行办法》	本办法所称的外来从业人员综合保险，包括工伤（或者意外伤害）、住院医疗和老年补贴等三项保险待遇
2003	成都	《成都市非城镇户籍从业人员综合社会保险暂行办法》	本办法适用于本市行政区域内的国家机关、社会团体、城镇企业、事业单位、民办非企业单位、有雇工的城镇个体工商户和与之形成劳动关系的非城镇户籍从业人员以及无单位的非城镇户籍从业人员。非城镇户籍从业人员综合社会保险，包括工伤补偿或意外伤害补偿、住院医疗费报销和老年补贴三项待遇
2004	北京	《北京市外地农民工参加基本医疗保险暂行办法》	外地农民工参加本市基本医疗保险，由用人单位缴纳基本医疗保险费，外地农民工个人不缴费
2006	杭州	《杭州市农民工基本养老保险低标准缴费低标准享受试行办法》	符合参加杭州市职工基本养老保险条件的各类企业中收入偏低的农民工可自愿申请按“双低办法”参保缴费
2007	重庆	《重庆市农民工养老保险试行办法》	用人单位招用农民工，应当与其订立劳动合同，并从用工之月起参加农民工养老保险。农民工养老保险费由用人单位和农民工共同缴纳。用人单位应代扣代缴农民工个人应缴纳的养老保险费
2009	广州	《关于非广州市城镇户籍从业人员参加基本医疗保险有关问题的通知》	本市行政区域内的企业、个体经济组织、事业单位、国家机关、社会团体、民办非企业单位及与之建立劳动关系的非本市城镇户籍全日制从业人员应当按照本市城镇职工基本医疗保险或城镇灵活就业人员医疗保险的规定参加基本医疗保险及重大疾病医疗补助
2010	杭州	《杭州市基本医疗保障办法》	符合职工医保参保条件，且收入偏低的农民工，经本人申请也可参加“低缴费、保当期、保大病”的农民工大病住院基本医疗保险
2010	重庆	《重庆市人民政府关于统筹城乡户籍制度改革的意见》	推动有条件的农民工及新生代户籍转移。225.6 万名在主城区务工经商 5 年以上、远郊区县城 3 年以上的农民工由所在区县（自治县）负责转为城镇居民，解决其社会保障，处理好承包地、宅基地、林地权属问题

续表

年份	中央/地方	文件名称	相关内容
2010	广东	《关于开展农民工积分制入户城镇工作的指导意见》	深入贯彻科学发展观，按照转变经济发展方式、加快推进城镇化和城乡一体化的要求，通过开展农民工积分制入户城镇工作，着力完善配套体系建设，推进基本公共服务均等化，推动解决“三农”问题，使广大农民工共享改革发展成果，促进和谐社会建设。符合积分入户条件的农民工，可选择在就业地镇（街）或产权房屋所在地镇（街）申请入户，其配偶和未成年子女可以随迁
2011	上海	《上海市人民政府关于外来从业人员参加本市城镇职工基本医疗保险若干问题的通知》	与本市用人单位建立劳动关系的外来从业人员，应当参加本市城镇职工基本医疗保险
2011	杭州	《市委办公厅 市政府办公厅关于农民工统一实行职工基本养老保险参保缴费办法的通知》	自 2011 年 7 月 1 日起，对主城区范围内的农民工统一实行职工基本养老保险参保缴费方法。对不愿意按职工基本养老保险参保缴费办法补缴个人账户差额的人员，其农民工“双低”养老保险个人账户予以保留，到达法定退休年龄时按农民工“双低”养老保险缴费年限 × 0.678 的系数折算职工基本养老保险缴费年限。符合按月领取基本养老金条件的，可办理按月领取手续；不符合按月领取基本养老金条件的，其个人账户按国家和省、市有关规定处理
2012	深圳	《深圳经济特区社会养老保险条例》	职工应当参加基本养老保险，由职工和与其形成劳动关系的特区内企业、国家机关、事业单位、社会团体、民办非企业单位、个体经济组织以及其他社会组织按规定的标准共同缴纳基本养老保险费

6.1.4 流动人口劳动争议处理制度变迁

劳动争议是劳动者与用工单位就劳动过程中的权责关系发生了纠纷产生的争议。随着大量流动人口进入城市就业，流动人口的劳动争议也引起了政府的重视。在劳动争议中，一般都需要第三方的介入。这个第三方可以是地方政府、法院、仲裁机构等。我国目前对于劳动争议采用“一调一裁二审”的程序，即可以通过调解、劳动仲裁机构仲裁和法院审理来解决劳动争议。流动人口劳动争议处理制度是逐步完善的。

流动人口相对于雇佣方来说一直处于弱势地位，在农村剩余人口向城市转移的初期表现得更加明显。在 2003 年之前，即我国二元经济结构中的“刘易斯拐点”没有到来之前，农村剩余劳动力的供给趋于无限。劳资关系的天平都是向资方倾斜，流动人口权益没有受到有效保护。同时，出现劳动争议时，流动人口维护自身权益的手段极其有限。首先是正规的调解、仲裁机制没有建立，其次是大部分流动人口法律意识不够，也无法承担高额诉讼费用，导致其难以通过法律手段来维持自身权益。因此，在 2003 之前，流动人口的很多基本劳动权益没有受到有效保护，出现了很多非正常情况，如拖欠工资。杨瑞龙和卢周来（2004）认为，这是双方非正式契约无法得到正常执行，而政府作为强制第三方又没有发挥应有的作用而导致的结果。由于流动人口在劳动力市场供给过剩的情况下，个人谈判力非常弱，政府通过行政手段对类似拖欠工资事件进行干预，采取了很多行政措施来解决农民工工资拖欠问题，包括加强监管、建立理赔基金等。到目前为止，农民工工资被拖欠的情况得到基本解决。从调查数据来看，被雇主或单位拖欠工资的农民工比例逐年下降，2008 年到 2011 年分别为 4.1%、1.8%、1.4%和 0.8%，解决和遏制农民工工资拖欠的一系列政策措施取得明显成效[①]。

我国目前劳动关系中“劳弱资强”的格局没有发生根本变化，劳动者在劳资双边关系中处于弱势地位。随着流动人口规模越来越大，劳动争议呈现高发和高增长的态势。很多劳动争议都是由企业造成的，包括拖欠工资、欠薪逃匿、限制员工人身自由、缺少劳动保护、不支付法律规定的保险和福利等。为了保护流动人口合法劳动权益，仅仅依靠行政手段来解决流动人口劳动争议问题显然不够。尽管我国在 1993 年出台了《中华人民共和国企业劳动争议处理条例》(简称《企业劳动争议处理条例》),但该部法律的主要调解对象是主要劳动力市场内的员工，而流动人口很难进入主要劳动力市场，大部分在次要劳动力市场。因此，在 2008 年前流动人口通过仲裁调解解决劳动争议的案例不多。2008 年开始实施的《中华人民共和国劳动争议调解仲裁法》(简称《劳动争议调解仲裁法》) 为流动人口通过仲裁调解处理劳动争议打开了便捷之路。《劳动争议调解仲裁法》相对于《企业劳动争议处理条例》做出很多调整，主要包括：①不用缴纳仲裁费用，这对于收入较低的流动人口而言是最大的激励；②延长了仲裁有效期限，规定仲裁有效期限为 1 年；③完善了调解仲裁流程，增加了企业和基层组织调解功能，为流动人口通过调解解决劳动争议提供了更多的选择。此法的出台大大激励了流动人口通过仲裁调解处理劳动争议的积极性。从表 6.2 可以看出，劳动争议的数量在 2008 年之后呈现井喷之势。但是从现实执行情况来看，劳动争议的解决情况不是很理想：劳动争议双方选择进入调解程序的比率低；劳动争议仲裁过程中达成调解的比例较低；法院结案后执行情况不是很乐观。我国劳动争议处理制度一直在不断完善，主要体现在以下方面。

① 2011 年我国农民工调查监测报告. http://www.stats.gov.cn/ztjc/ztfx/fxbg/201204/t20120427_16154.html[2019-01-25].

表 6.2　全国劳动争议及处理情况（单位：个）

年份	劳动争议总数	集体争议	结案数	按处理方式			按处理结果		
				仲裁调解	仲裁裁决	其他	用人单位胜诉	劳动者胜诉	双方部分胜诉及其他
2000	135 206	8 247	130 688	41 877	54 142	34 669	13 699	70 544	37 247
2001	154 621	9 847	150 279	42 933	77 250	35 096	31 544	71 739	46 996
2002	184 116	11 024	178 744	50 925	77 340	50 479	27 017	84 432	67 295
2003	226 391	10 823	223 503	67 765	95 774	59 954	34 272	109 556	79 475
2004	260 471	19 241	258 678	83 400	110 708	64 550	35 679	123 268	94 041
2005	313 773	16 217	306 027	104 308	131 745	69 974	39 401	145 352	121 274
2006	317 162	13 977	310 780	104 435	141 465	64 880	39 251	146 028	125 501
2007	350 182	12 784	340 030	119 436	149 013	71 581	49 211	156 955	133 864
2008	693 465	21 880	622 719	221 284	274 543	126 892	80 462	276 793	265 464
2009	684 379	13 779	689 714	251 463	290 971	147 280	95 470	255 119	339 125
2010	600 865	9 314	634 041	250 131	266 506	117 404	85 028	229 448	319 565
2011	589 244	6 592	592 823	278 873	244 942	69 008	74 189	195 680	322 954
2012	641 202	7 252	643 292	302 552	268 530	72 210	79 187	213 453	350 652
2013	665 760	6 783	669 062	311 806	283 341	73 915	82 519	217 551	368 992
2014	715 163	8 041	711 044	321 598	313 175	76 271	82 541	250 284	378 219
2015	813 859	10 466	812 461	362 814	368 409	81 238	90 785	287 544	434 132

资料来源：《2016 年中国劳动统计年鉴》

1. 劳动争议处理制度的变迁

1987 年国务院颁布了《国营企业劳动争议处理暂行规定》，规定企业在内部设立调解委员会，初步确定了“三方代表”原则，有力地推动了劳动争议处理制度的发展。1993 年国务院颁布的《企业劳动争议处理条例》和劳动部颁布的《企业劳动争议调解委员会组织及工作规则》标志着现代意义上的劳动争议处理制度开始建立并发展。1994 年第八届全国人大通过的《劳动法》第七十七条以法律的形式，正式确定了“一调一裁两审”的劳动争议处理制度，将劳动争议的范围延伸到用人单位和劳动者之间，并扩展到事实劳动关系中发生的争议。2007 年全国人大通过的《劳动争议调解仲裁法》对劳动争议处理制度进行了具体规定，该法将劳动争议调解组织的范围扩大至三个。2008 年《劳动合同法》正式实施。《劳动合同法》和《劳动争议调解仲裁法》的实施，鼓励了劳动者通过法律程序解决劳动争议事件。2011 年人力资源和社会保障部通过《企业劳动争议协商调解规定》,对劳动争议调解制度进行了进一步的完善,该规定对企业调解委员会的设立、组成、职责、调解员担任条件及其职责、调解程序、调解协议等均做出了明确规定。2017 年人力资源和社会保障部、最高人民法院制定出台了《关于加强劳动人事争议仲裁与诉讼衔接机制建设的意见》,将仲裁的独特优势与诉讼的司法保障作用结合起来，确保合法、公正、及时地解决争议。

2. 集体劳动争议

随着流动人口维护自身权益的意识越来越强，各种集体劳动争议不断出现。对于集体劳动关系的调解,《劳动法》《劳动合同法》《劳动争议调解仲裁法》等有相关法律条款的规定。2004 年，劳动和社会保障部颁布《集体合同规定》，对集体合同签订和履行过程中的争议做出了专门规定,“劳动保障行政部门应当组织同级工会和企业组织等三方面的人员,共同协调处理集体协议”。对于履行集体协议过程中的集体权利争议，则适用个别劳动争议处理程序，由集体争议当事人推选代表与用人单位进行协商处理。2007 年公布的《劳动争议调解仲裁法》坚持了这一制度，并完善了调解仲裁的具体规定。根据《劳动法》《劳动合同法》《劳动争议调解仲裁法》的规定，我国目前实行“一调一裁二审”的劳动争议处理制度，其主要内容是：当发生劳动争议时，不愿协商或协商不成的，可以向本企业劳动争议调解委员会申请调解；调解不成的，可以提交至劳动争议仲裁委员会申请仲裁；对仲裁不服的，可以向法院提起诉讼，法院审理劳动争议案件按照《中华人民共和国民事诉讼法》的规定实行两审终审制。2017 年，人力资源和社会保障部、最高人民法院制定出台了《关于加强劳动人事争议仲裁与诉讼衔接机制建设的意见》，对相关制度进一步完善。

3. 工会组织

我国各级政府机关、事业单位和企业都设立了工会组织，工会组织的一大核心任务是维护职工的合法权益。十一届三中全会后，各级工会组织恢复正常工作。在 20 世纪 90 年代以后，农民工大量进入城市就业，各级工会组织也将农民工吸收加入工会组织。随着经济转型发展与劳动合同法律的调整，工会组织在维护职工权益方面起着更加关键的作用。中华全国总工会将工会职能定位于一个中心（以经济建设为中心）、两个维护（在维护全国人民总体利益的同时，更好地表达和维护职工群众利益）、四个职能（维护、建设、参与、教育）。1988 年中国工会第十一次全国代表大会通过的《工会改革的基本设想》明确了工会的“维护、建设、参与、教育”的基本职能，将维护职能放在首位；此后，各级工会把维护职工权益当作最重要的职能。1992 年通过的《中华人民共和国工会法》(简称《工会法》)

将维护职工权益写入法律。20 世纪 90 年代末，随着国有企业改革深入，大量国有企业职工下岗，工会会员人数呈现下降趋势；同时，大量农村剩余劳动力进入城市，工会会员结构发生重大变化，由以国有企业职工为主变为由国有企业与民营企业职工共同组成。随着《企业劳动争议处理条例》《企业最低工资规定》《企业经济性裁减人员规定》《劳动法》等多部劳动法律法规的制定，以及 2001 年《工会法》的修订，工会维护职工权益的方式发生转变，法制化、制度化维权模式逐步建立。2005 年 7 月中华全国总工会第十四届执行委员会主席团第六次全体会议通过了《关于坚持走中国特色社会主义工会发展道路的决议》，明确提出坚定不移地走中国特色社会主义工会发展道路。由此，中国工会政策的总体架构基本定型，工会维护进入法治化、制度化阶段。2008 年《劳动合同法》正式颁布，同时，各类劳动争议不断涌现，工会在劳动争议解决过程中扮演着更加重要的角色，在维护劳动者合法权益方面的方式不断创新，在集体合同签订、劳动争议协商、仲裁等方面更加积极主动。工会的另一个重要职能是工人队伍建设，各级工会通过组织培训、技能竞赛等方式引领工人队伍技能提升，通过丰富工人队伍的精神文化生活引领工人队伍在思想上进步。2017 年，中共中央、国务院印发《新时期产业工人队伍建设改革方案》，提出要把产业工人队伍建设作为实施科教兴国战略、人才强国战略、创新驱动发展战略的重要支撑和基础保障，纳入国家和地方经济社会发展规划，造就一支有理想守信念、懂技术会创新、敢担当讲奉献的宏大的产业工人队伍。

从统计数据上来看，自 2008 年《劳动合同法》颁布以后，劳动争议出现了一个井喷现象，2008 年比 2007 年增长近一倍，此后维持这个水平，2014 年后又呈现较高增长趋势。其中，通过仲裁调解和仲裁裁决的比例整体呈上升态势；通过法院裁决的比例整体呈现下降态势。从处理结果来看，2009～2015 年完全支持劳动者的比例整体呈下降态势。具体情况见表 6.2 和图 6.1。

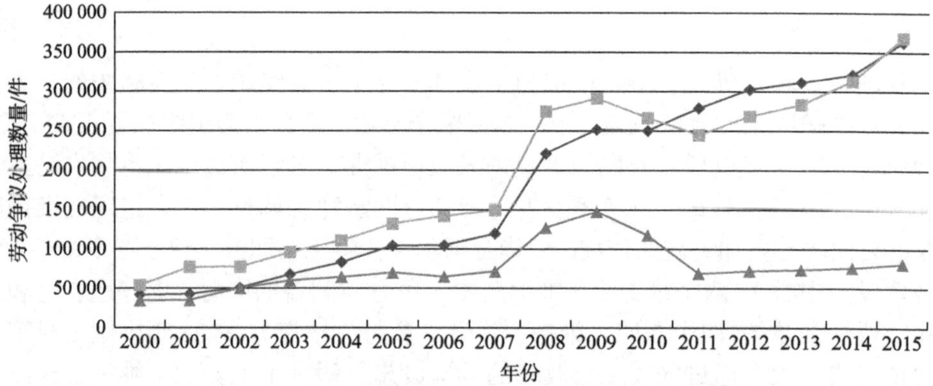

图 6.1　2000～2015 年劳动争议处理情况

6.1.5　流动人口最低工资制度

中国劳动制度改革是渐进式的，由城市就业人口向农村劳动力展开，由主要劳动力市场向次要劳动力市场展开。流动人口主要在次要劳动力市场，工资主要由市场供给状况来调节，大部分流动人口受教育水平比较低，在 2003 年前流动人口供给大于需求，工资水平很低。2004 年劳动和社会保障部组织的一项调查显示，在珠三角地区农民工月平均工资 12 年来仅仅增加了 68 元。2003 年开始的“民工荒”和“技工荒”使这种现象发生转变。由于劳动力的短缺，流动人口工资水平逐渐增加。2012 年外出农民工人均月收入（不包括包吃包住）为 2609 元，比上年增加 319 元，增长 13.9%[①]。可见流动人口工资主要取决于市场供求关系。为了维护正常劳动关系，保护流动人口劳动收益权，2004 年劳动和社会保障部实施了《最低工资规定》，最低工资保障制度开始在全国范围内正式实施，各地区根据实际情况进行多次调整。2015 年各地区最低工资标准见表 6.3。

表 6.3　2015 年各地区最低工资标准（单位：元）

地区	月最低标准工资	小时最低工资	地区	月最低标准工资	小时最低工资
上海	2020	18	湖北	1550	16
深圳	2030	18.5	辽宁	1300	13
广东	1895	18.3	宁夏	1300	14
天津	1850	18.5	山西	1620	17.7
浙江	1860	17	陕西	1480	14.8
北京	1720	18.7	吉林	1480	13.5
新疆	1670	16.7	青海	1270	12.5
山东	1600	16	湖南	1390	13.5
江苏	1480	14.6	安徽	1520	16
云南	1570	14	重庆	1500	15
四川	1500	15.7	贵州	1600	17
江西	1530	15.3	河南	1600	15
甘肃	1470	15.5	广西	1400	13.5
内蒙古	1640	13.3	西藏	1400	13
福建	1500	16	黑龙江	1480	14.2
河北	1320	13	海南	1270	11.2

注：数据截至 2015 年 12 月；均为第一档标准

① 2013 年全国农民工监测调查报告. http://www.stats.gov.cn/tjsj/zxfb/201405/t20140512_551585.html[2019-01-25].

6.1.6　流动人口专用性人力资本投资的财政补贴制度

按照 Schultz 人力资本投资理论，人力资本的积累可以通过教育、培训、“干中学”、劳动力迁移和健康投资等几个方面进行。我国已经建立了完整的各层次教育培训体系，包括大学教育、职业教育、初等教育及技工培训机构等。随着我国经济迅速发展，对各类人才的需求大幅增加。企业中所需的各类职业技能人才主要来源于以下机构：职业技术学校（学院）、在大型企业中的附属培训机构和民办的培训机构。也有部分劳动者通过自学或者实践训练并参加职业资格考试的途径来进行人力资本投资。根据 Becker 关于通用性人力资本投资和专用性人力资本投资的划分标准，此类人力资本投资应该属于通用性人力资本投资，也可以认为是行业性专用人力资本投资。

从统计数据（表 6.4）来看，在 2002 年前，中等职业技术教育规模出现过短暂萎缩，2002 年招生人数和毕业生人数与 1995 年相比呈下降态势。这与职业技能人才就业环境密切相关。在 2002 年前，职业技能人才工作待遇不高，工作环境不好，社会地位较低，导致初中（高中）毕业生参与中等职业培训的积极性下降。2003～2008 年，中等职业技术学校的招生数量和在校生数量都逐年增加，2009～2013 年招生数量和在校生数量都维持在较高水平，可见民众对于职业技术层次的人力资本投资在逐步增加。这与职业技能人才待遇提高有关，2003 年开始的“技工荒”导致了职业技能人才工资待遇水平逐步提高，当然也与我国 2003～2012 年出台的职业技能培训补贴政策有关。

表 6.4　我国中等技术学校发展情况

年份	学校数量/个	招生人数/万人	在校生人数/万人	毕业生人数/万人
1990	4184	50.6	133.2	24.3
1995	4521	74.6	189.0	68.5
2000	3792	50.4	140.1	64.6
2001	3470	55.1	134.7	47.7
2002	3075	73.3	153.0	45.4
2003	2970	91.6	193.1	45.3
2004	2884	109.7	234.4	53.5
2005	2855	118.4	275.3	69.0
2006	2880	134.8	320.8	86.4
2007	2995	158.5	367.1	99.7
2008	3075	161.4	397.5	109

续表

年份	学校数量/个	招生人数/万人	在校生人数/万人	毕业生人数/万人
2009	3064	156.4	414.3	115.2
2010	2998	158.6	421.0	121.3
2011	2914	163.5	429.4	118.9
2012	2892	156.8	422.8	120.2
2013	2882	133.5	386.6	116.9

资料来源：《2014 年中国劳动统计年鉴》

我国从 2003 年开始实施农民工培训计划，对农民工参与职业技能教育与培训提供财政补贴，这种补贴也在持续升级。在《2003—2010 年全国农民工培训规划》中提出了要培训 5000 万农民工，使其能胜任从事非农产业岗位。从 2010 年开始，我国开始进行新一轮的农民工培训计划，全国每年培训农民工要达到 600 万人以上，培训补贴人均 800 元左右。2014 年国家启动实施农民工职业技能提升计划，面向农村转移就业劳动者开展就业技能培训、岗位技能培训、高技能人才培训和创业培训。同时，国家开始大力对职业技能教育进行财政补贴。2009 年发布的《关于中等职业学校农村家庭经济困难学生和涉农专业学生免学费工作的意见》规定，从 2009 年秋季学期起，对中等职业学校农村家庭经济困难学生和涉农专业学生免学费。在 2012 年这种补贴面进一步扩大。2012 年发布的《关于扩大中等职业教育免学费政策范围 进一步完善国家助学金制度的意见》规定，从 2012 年秋季学期起，对公办中等职业学校全日制正式学籍一、二、三年级在校生中所有农村（含县镇）学生、城市涉农专业学生和家庭经济困难学生免除学费（艺术类相关表演专业学生除外）；通过调整助学金和免学费政策扩大学生受益面。国家大力补贴职业技能教育也促进了流动人口人力资本投资的积极性，外出农民工接受过职业技能培训的比例上升较为明显，2011 年为 26.2%，2013 年则为 32.7%。从表 6.5 和表 6.6 中可以看出，在政策激励下，各类培训机构培训人数大幅度增加。

表 6.5　全国就业训练中心培训情况

年份	就业训练中心个数/个	培训人数/人					获得资格证书人数/人				就业人数/人
		劳动预备制学员	下岗失业人员	农村劳动者	在职职工	其他	初级	中级	高级	技师	
2002	3 460	483 221	2 910 698			1 640 771	1 346 628	479 751	41 624		3 181 555
2003	3 307	521 829	3 440 073			1 834 701	1 902 106	498 137	65 908		3 768 636
2004	3 323	710 436	3 508 740			2 936 479	2 152 290	634 457	89 891		4 662 924
2005	3 289	727 538	3 409 330	2 626 633		1 208 142	2 332 045	642 737	85 716	21 746	5 577 680

续表

年份	就业训练中心个数/个	培训人数/人					获得资格证书人数/人				就业人数/人
		劳动预备制学员	下岗失业人员	农村劳动者	在职职工	其他	初级	中级	高级	技师	
2006	3 212	689 496	3 434 235	3 760 311		1 012 536	2 802 771	650 445	86 207	15 659	6 488 160
2007	3 173	728 873	3 032 841	4 308 813		395 631	3 373 956	774 366	86 505	33 051	7 166 297
2008	3 019	652 107	3 164 755	4 306 801		592 125	3 474 437	706 344	75 508	31 409	7 044 980
2009	3 332	1 192 002	2 926 939	3 645 721		898 847	3 515 425	1 325 377	98 757	21 979	6 607 821
2010	3 192	514 968	2 532 846	3 351 752	1 028 749	624 911	2 909 613	623 180	90 681	49 515	5 995 558
2011	4 083	501 947	2 405 454	3 216 972	1 242 473	801 610	3 125 299	952 021	186 920	58 176	5 942 559
2012	3 913	407 221	2 868 924	2 894 812	1 109 981	995 059	4 065 073	654 463	166 519	60 148	6 925 624
2013	3 001	269 369	1 773 395	2 586 998	948 779	738 804	2 822 723	502 937	156 287	21 396	4 534 446

资料来源：《2014 年中国劳动统计年鉴》

表 6.6　全国民营培训机构培训情况

年份	民营培训机构数量/个	培训人数/人					获得资格证书人数/人				就业人数/人
		劳动预备制学员	下岗失业人员	农村劳动者	在职职工	其他	初级	中级	高级	技师	
2002	17 350	496 088	1 530 743			2 844 538	1 037 869	836 992	216 371		2 727 111
2003	19 139	603 183	1 549 767			3 082 745	1 219 120	8 748 866	169 878		3 314 249
2004	21 425	988 437	1 590 819			4 237 688	1 440 788	1 293 945	210 017		4 311 309
2005	3 289	727 538	3 409 330			1 208 142	2 332 045	642 737	85 716	21 746	5 577 680
2006	21 462	850 955	1 604 299	3 723 628		2 752 802	2 220 472	1 471 404	245 764	58 278	7 464 084
2007	21 811	1 588 486	841 118	4 136 569		1 758 133	2 732 273	1 746 196	298 687	54 512	7 184 380
2008	20 988	740 677	1 562 666	4 519 187		1 650 972	2 901 500	1 639 857	335 077	56 385	7 510 151
2009	20 854	759 061	1 444 038	4 767 814		1 568 377	2 936 770	1 673 714	300 735	59 304	7 820 818
2010	20 144	641 062	1 577 428	4 709 193	2 565 979	1 810 069	3 188 090	1 666 215	407 793	84 213	7 291 335
2011	19 287	633 727	1 486 570	4 667 553	3 434 215	2 057 453	3 328 063	1 791 042	490 772	66 539	10 523 200
2012	18 897	572 700	1 422 911	4 636 587	4 301 481	2 356 337	3 524 812	1 561 322	446 274	84 722	8 861 012
2013	19 008	523 390	1 331 893	4 227 064	3 876 920	2 276 447	3 534 258	1 488 949	507 394	88 746	7 763 259

资料来源：《2014 年中国劳动统计年鉴》

很多流动人口也通过职业资格鉴定等途径积累行业专用性人力资本。2013 年末全国共有职业技能鉴定机构 9865 个，职业技能鉴定考评人员 25.27 万人。全年共有 1838.57 万人参加了职业技能鉴定，比上年增长 0.44%；1536.67 万人取得不同等级职业资格证书。其中取得技师、高级技师职业资格的有 49.98 万人①。当然，这也与我国各地制定的职业资格补贴政策有关，目前我国大部分地区都实施了职业资格鉴定财政补贴政策。2013 年东莞市出台了《东莞市异地务工人员职业培训和鉴定补贴办法》，对在莞务工的外地人才职业资格鉴定进行补贴。这些政策大大激发了流动人口进行职业资格鉴定的积极性。

6.1.7　基本总结

改革开放后，我国经济高速发展，对劳动力的需求迅速增加，大量流动人口进入城市就业，成为城市劳动力市场的主力部分。从我国流动人口劳动制度环境变迁情况来看，流动人口的劳动制度环境不断改善，对流动人口劳动权益的保护程度逐渐增强。这些制度的完善对劳动力结构优化、经济增长有着促进作用。

首先，劳动制度变迁尽管具有强制性制度变迁性质，但是也具有一定的内在动因。制度是内在博弈方在考虑自身利益的条件下的均衡状态，当存在外部冲击时，这个内在的均衡会被动打破。在 20 世纪末期，我国坚持对外开放政策，大量外资进入中国，对劳动力的需求大量增加，严格的户籍政策及附属居住证政策会加大流动成本，增加交易成本，不利于经济发展，因此经济体内部有改变这类政策的内在动力；政府出台的相关政策都是为了减少对流动人口的约束，降低劳动力流动成本及劳动力市场的交易成本。而“用工荒”“技工荒”等现象的出现也倒逼了对于流动人口工资待遇、社会保险等制度的完善，这些制度的出台对于改善用工环境、提高工资福利水平有一定的促进作用。

其次，我国流动人口劳动制度变迁仍然是在政府主导下完成的。尽管政府部门对于主动改变现有政策的激励不大，但是劳动力市场的变化能够直接或间接地传递到政府部门，政府部门会针对劳动力市场变化采取一定措施，包括政策（制度）上的改变。政府部门在考虑整体经济的基础上通过政策变化来对用人单位和劳动者之间进行利益协调，来适应整体经济发展变化。

最后，目前中国经济进入转型升级阶段，在新农村建设和城市房价高企的背景下，流动人口流出城市意愿非常高，也给企业用工带来了困难。以《劳动合同法》为代表的劳动关系调解机制刚性较强，缺乏一定的柔性。因此，政府在调解劳动关系时可以增加一定柔性。

---

① 2013 年度人力资源和社会保障事业发展统计公报. http://www.mohrss.gov.cn/SYrlzyhshbzb/zwgk/szrs/tjgb/201405/t20140529_131147.html[2019-01-25].

6.2　制度环境对流动人口就业水平及就业质量影响机制分析

劳动制度环境是影响劳动力市场的重要因素，能够直接影响劳动力市场供求情况，同时间接影响劳动力流动、人力资本投资及劳动生产率。首先，劳动制度环境是一种制度安排，主要是由政府规定相关政策，企业执行相关政策。如果政府对劳动者的保护更加重视，例如，增加劳动者福利、增加解雇成本都将提升企业用工成本，减少企业劳动力需求；增强对劳动者权益的保护，将提高劳动者的收益，刺激劳动供给；从流动人口角度来说，劳动制度对劳动者权益保护得越好，则向城市转移的农村剩余劳动力越多。从供给需求角度来看，劳动力的实际工资水平将上升，劳动力使用量将下降。考虑到名义工资刚性，在通货膨胀的情况下，企业将维持名义工资不变或轻微上涨，以适应政府政策，同时满足自己的用工需求。在企业这种用工策略情况下，企业将优先雇佣那些保留工资较低的低技能人才，而保留工资较高的中、高技能人才将在一定程度上被挤出劳动力市场。在沿海地区，部分服务行业中出现了高龄服务员，这是上述现象的一种体现。从长期来看，还需要考虑技术进步。假设技术进步是外生因素，在存在技术进步的情况下，而且是劳动节约型的技术进步，则对低技能劳动者的需求将减少，对中、高技能劳动者的需求会增加。随着政府对于劳动力市场的规制增强，用工成本增加，劳动节约型的技术进步更容易被市场采纳。在我国制造业中，智能化设备及机器人的使用正是这个现象的一种体现。这也会导致对中、高技能人才的需求增加，对低技能人才的需求降低。

我国劳动力资源丰富，农村剩余劳动力一直不断向城市转移，也就是城镇化过程一直在持续。我国在劳动力市场上的管制将对劳动力供给产生一定影响。推拉理论认为，农村地区与城市地区的收入差距是农业人口向城市流动的重要影响因素。劳动制度环境能够直接影响流动人口的直接收益和间接收益，对其就业稳定性产生一定影响。本节运用生灭过程来分析劳动制度环境对流动人口宏观就业稳定性的影响。流动人口在城市中就业，会不断进入和退出劳动力市场，这与生灭过程的基本假设接近。假设一个城市或地区在任意时刻流动人口就业总人数 $Y(t)$ 为一随机过程 $\{Y(t), t\in[0,\infty)\}$，该过程刻画流动人口总数随时间动态变化的过程。同时，流动人口进入或退出劳动力市场具有一定随机性。可以假设流动人口进入流入地劳动力市场的过程类似于顾客进入一个服务系统的过程，具有独立增量性；在任意一个小的时间间隔内，进入劳动力市场的流动人口的概率与时间间隔成正比；充分小的时间间隔内有两个或超过两个流动人口进入劳动力市场的概率为 0。该过程具有马尔可夫性质，其演化规律可以通过流动人口就业总人数的状态转移概率函数来刻画。根据上述分析，可以假设流动人口进入劳动力市场的速度服从指数分布，并依此建立流动人口总就业人数的状态转移概率函数。假设流动人口进入劳动力市场的速度服从以 λ^t 为参数的指数分布；同时，流动人口退出劳动力市场的速率为 μ^t 。流动人口总就业人数的状态转移概率函数为

$$P_{nn-1}(t)=\mu^t t+o(t)\quad (n\geqslant 1,\mu^t>0) \tag{6.1}$$

$$P_{nn+1}(t)=\lambda^t t+o(t)\quad (\lambda^t>0) \tag{6.2}$$

$$P_{nn}(t)=1-\mu^t t-\lambda^t t+o(t)\quad (n>0) \tag{6.3}$$

$$P_{nk}=o(t)\quad (|n-k|\geqslant 2) \tag{6.4}$$

该状态转移函数描述了流动人口在劳动力市场中总就业人数的瞬间变化规律。忽略 t 的高阶无穷小 $o(t)$ ，由式（6.1）～式（6.4）可以看出，流动人口就业总人数在一个极短的时间区间内的状态变化只有三种可能：增加一人、减少一人或不增不减。结合式（6.1）～式（6.4)，将推导出流动人口就业总人数的长期均衡。

假设流动人口在时刻 t 的总体大小为 $Y(t)$ ，假设初始时刻 $Y(0)=k$（即初始时刻劳动力市场中流动人口的总人数为 k)，同时令 $M(t)=E\left[Y(t)\right]$ ，对 $M(t)$ 取条件期望可得在任意小时刻 h 流动人口总量的期望值：

$$M(t+h)=E\left[Y(t+h)\right]=E\left[E(Y(t+h)\middle|Y(t)\right] \tag{6.5}$$

结合式（6.1）～式（6.4)，可得

$$Y(t+h)=\begin{cases}Y(t)+1 & 以概率 Y(t)\lambda^t h+o(h)\\ Y(t)-1 & 以概率 Y(t)\mu^t h+o(h)\\ Y(t) & 以概率 1-Y(t)\mu^t h-Y(t)\lambda^t h+o(h)\end{cases}$$

略去概率为 $o(h)$ 的事件，可得

$$\begin{aligned}E\left[Y(t+h)\middle|Y(t)\right]&=(Y(t)+1)\times Y(t)\lambda^t h+(Y(t)-1)\times Y(t)\mu^t h\\&\quad +Y(t)\times(1-Y(t)\lambda^t h-Y(t)\mu^t h)+o(h)\end{aligned} \tag{6.6}$$

整理得

$$E(Y(t+h)|Y(t))=Y(t)+Y(t)\lambda^t-Y(t)\mu^t h+o(h)$$

由式（6.5）和式（6.6）可得

$$M(t+h)=M(t)+M(t)\lambda^t h-M(t)\mu^t h+o(h) \tag{6.7}$$

由式（6.7）可导出

$$\frac{M(t+h)-M(t)}{h}=M(t)\lambda^t-M(t)\mu^t+\frac{o(h)}{h}$$

令 $h\to 0$ ，可得 $M'(t)=(\lambda^t-\mu^t)M(t)$ ，这是一个简单的微分方程，对其求解可得

$$M(t) = K\mathrm{e}^{(\lambda^t - \mu^t)t} \tag{6.8}$$

结合 $Y(0)=k$，从而 $M(0)=k$，可以求出常数 $K=k$，式（6.8）变为 $M(t)=k\mathrm{e}^{(\lambda^t-\mu^t)t}$。可以看出，流动人口就业总人数在一定时刻的期望值与进入率成正比，与退出率成反比。可以认为在不同的劳动制度环境下，流动人口的进入率和退出率存在一定差异。考虑劳动市场中存在两种流动人口：劳动制度环境较好的流动人口和劳动制度环境较差的流动人口。假设在 t 时刻，劳动制度环境较好的流动人口进入劳动力市场的速度服从以 λ^{rt} 为参数的指数分布，劳动制度环境较差的流动人口进入劳动力市场的速度服从以 λ^{it} 为参数的指数分布。同时，劳动制度环境较好的流动人口和劳动制度环境较差的流动人口退出市场的速率分别为指数速度 μ^{rt} 和 μ^{it}。流动人口进入和退出劳动力市场的影响因素很多，包括宏观经济波动、迁徙方式和距离等，但劳动制度环境是影响进入率和退出率的重要因素。根据推拉定理，流动人口能否在城市稳定就业取决于城市就业与农村就业的收入差距。如果流动人口能在城市就业中获得较好的劳动制度环境，其在城市就业总体收益增加，则其退出率将大大降低；反之，则退出率将提高。也就是说，当 λ^{rt} 与 λ^{it} 基本一致的情况下，如果 μ^{rt} 低于 μ^{it}，在经过一定时期后，劳动制度环境较好的流动人口期望总就业人数为 $M_r(t)=K\mathrm{e}^{(\lambda^{rt}-\mu^{rt})t}$，大于劳动制度环境较差的流动人口期望总就业人数 $M_i(t)=K\mathrm{e}^{(\lambda^{it}-\mu^{it})t}$。从上述分析可以看出，劳动制度环境好与差对流动人口宏观就业稳定性有一定影响。下面将根据全国流动人口动态监测调查数据进行实证分析。

综上所述，流动人口主要是农村剩余劳动力向城市转移，由于户籍制度限制等流动人口就业具有内在不稳定性，即在农村与城市摇摆就业。政府能够通过规范劳动力制度对劳动力市场产生影响。从就业水平来看，制度保护越严格，对于低技能人才就业水平越不利，对于中、高技能人才就业水平越有利。从就业稳定性来看，制度保护越严格，就业稳定性越强。当然，就业稳定性强对就业质量有促进作用，能提升劳动者的人力资本投资，能提高工资水平。

6.3 制度环境与流动人口就业稳定性的实证分析

在很多研究中，对于政策研究的实证分析方法一般采取处理效应方法，如倾向匹配得分（propensity score match，PSM）方法，能够较好地纠正内生性问题，避免样本选择偏差。劳动制度环境是流动人口劳动政策的综合体现，对其他变量的影响是一种处理效应。本节使用 PSM 方法来估计制度环境对流动人口就业稳定性的影响。根据制度环境情况，可将流动人口分为制度环境好和制度环境差两组，并分别定义为处理组和控制组。

PSM 方法的基本思路在于将处理组和控制组的可观测特征相同或相似的样本进行配对，以观察实验（政策实施）产生的效应。在对某一项实验或某一种处理的效果进行评估时，寻找与处理组样本特征相同或尽可能相似的控制组样本，降低评估过程由自选择导致的内生性。PSM 方法通过一定的技术手段和方法将多元变量浓缩成一个指标，即为倾向得分（propensity score，PS）值，然后根据该值依给定的标准将处理组和控制组进行不同类型的配对，在有效剔除自选择及其他内生性偏误的条件下得到更加可信的处理效应。

（1）倾向得分。倾向得分就是在给定特征 X 的条件下，个体处于处理组的概率，即 $P(X)=\Pr(D=1|X)$。在实际分析中，本节采用 logit 模型估算获得较好的劳动制度环境的流动人口的 PSM：

$$P(X_i)=\Pr(D_i=1|X_i)=\exp(\beta X_i)/\left[1+\exp(\beta X_i)\right]$$

其中，X_i 表示一系列可能影响流动人口劳动制度环境的特征变量。获得上式估计值后，可以计算出每个样本的概率值，即其倾向得分。

（2）匹配方法和参与者平均处理效应（average treatment effect on the treated，ATT）。通过上述步骤获得的 PS 值是连续变量，很难获得得分相同的两个样本，需要选择一种匹配标准来解决这个问题。匹配方法主要包括最近邻匹配（nearest neighbor matching）法、半径匹配（radius matching）法及核匹配（kernel matching）法。最近邻匹配法的基本原理是寻找与处理组样本 PS 值的差值最小的控制组的 N 个样本，并与其完成匹配，$C(i)=\min\limits_j\|p_i-p_j\|$。半径匹配法的基本原理是寻找与处理组样本 PS 值差值小于常数 r 的控制组的 N 个样本，并与其完成匹配，$C(i)=\left\{p_j \| p_i-p_j\| \leqslant r\right\}$。在使用以上两种方法对样本进行匹配之后，需要计算平均处理效应，$\text{ATT}=\frac{1}{N^T}\sum_{i\in T}Y_i^T-\frac{1}{N^T}\sum_{j\in C}w_jY_j^C$。其中，ATT 表示参与者平均处理效应；$T$ 表示处理组样本个数。对于第 i 个处理组的流动人口来说，假设与其匹配的有 N 个对象，则每个匹配对象的权重为 $w=1/N$。

核匹配法的基本原理是在控制组样本中抽取与处理组样本中相同或相近的一个或几个特征，生成一个虚拟样本，并与该处理组样本匹配。核匹配法需要选择核函数和窗宽。使用核匹配时的 ATT 估计式为

$$\text{ATT}=\frac{1}{N^T}\sum_{i\in T}\left\{Y_i^T-\frac{\sum_{j\in C}Y_j^C G\left(\frac{p_j-p_i}{h_n}\right)}{\sum_{k\in C}G\left(\frac{p_k-p_i}{h_n}\right)}\right\}$$

（3）平衡性检验和共同支持条件检验。使用 PSM 方法需要满足平衡性和共同支持两个条件，目的在于检验样本匹配的效果是否符合评估的要求。如果这两个条件满足，那么倾向匹配得分方法就可以消除内生性偏误。

6.3.1 数据描述

（1）数据来源。本节采用了 2015 年全国流动人口动态监测调查数据（珠三角地区）。该数据按照随机原则在全国流动人口较为集中的流入地抽取样本点，开展抽样调查，使调查结果具有较强代表性。调查对象为在流入地居住一个月以上，非本区（县、市）户口的 15 周岁及以上的流入人口。调查采用个人问卷和村（居）民委员会问卷进行。个人问卷主要包括四部分内容：一是家庭成员与收支情况；二是就业情况；三是基本公共卫生和计划生育服务；四是老年人医疗卫生服务。此次调查涵盖广东省 21 个地级市，总共收集问卷 15 000 份；其中，佛山收集问卷数量最多，为 2400 份，深圳、广州、东莞、中山各 2000 份，惠州 1120 份，江门 920 份，珠海 680 份，其他城市问卷数量在 40～320 份。在流动人口中，省内流动人口最多，有 4305 人，跨省流动最多的 5 个省（自治区）分别为广西、湖南、四川、湖北、江西，人数分别为 2361 人、2205 人、1379 人、909 人和 798 人。

（2）流动人口就业稳定性评价指标。就业稳定性可以从宏观和微观两个角度定义。宏观就业稳定性是从劳动力市场中劳动力就业整体供给及流动性情况等方面来度量。本节考察区域宏观就业稳定性，在本次问卷中设置了一个问题“您是否打算在本地长期居住（5 年以上）”，选项分别是“1. 打算；2. 不打算；3. 没想好”。考虑到本次调查对象都是就业人口，如果被调查者选择“1”，表示其区域就业稳定性较高，如果选择“2”或“3”，则表示区域就业稳定性较弱。本次实证分析中设置了虚拟变量 $D13$，$D13=1$ 表示愿意在本地 5 年以上，$D13=0$ 表示不愿意或没想好。

（3）描述性统计。本节选取了如下可能会影响到就业稳定性的控制变量：①制度环境指标（$D12$），流动人口面临的制度环境很难完全定量分析，本节运用医疗保险参与情况作为流动人口劳动制度环境的一个特征指标来替代。在本次调研过程中，分别对流动人口参加新型农村合作医疗保险、城乡居民合作医疗保险、城镇居民医疗保险、城镇职工医疗保险、公费医疗进行了调查，并且分别设置了两个问题：“是否参加该保险”及“在何处参保”；其中，“在何处参保”设置了两个答案，分别是当地和户籍地。如果流动人口在当地购买了这些保险，认为其劳动制度环境较好；反之，则劳动制度环境较差。$D12=1$ 表示在本地购买医疗保险，$D12=0$ 表示没有在本地购买医疗保险。考虑的控制变量主要是流动人口的个体特征和就业属性等。②年龄（$D1$），本节定义在 1980 年之后出生的流动人口为新生代流动人口，新生代流动人口与传统流动人口之间存在明显差异，这在很多文献中都有相关说明。③受教育水平（*D*2、*D*3、*D*4），调查问卷中设置了关于个人受教育水平的问题，其中“1”代表未上过学，“2”代表小学，“3”代表初中，“4”代表高中/中专，“5”代表大专/高职，“6”代表大学本科，“7”代表研究生。④流动规模（*D*6），流动人口有可能是一个人在流入地，也可能是有亲属也在流入地，如果举家迁徙，则流动人口在流入地的就业稳定性会增加。因此设立虚拟变量 *D*6，其中，*D*6=1 表示集体流动（子女在本地），*D*6=0 表示单独流动（子女不在本地）。⑤职位属性（*D*10），问卷中设置了“您当前的主要职业是什么”的问题，其中答案包括“国家机关、党群组织、企事业单位负责人”“公务员、办事人员和有关人员”，其他选项包括“技术人员”“商贩”“保安”等。一般认为，在国有企事业单位中就业的人员具有更强的稳定性，这里选取了虚拟变量 *D*10，*D*10=1 表示公务员、企业管理人员、技术人员，*D*10=0 表示其他。⑥就业单位属性（*D*8、*D*9）。问卷中设置了“您现在就业的单位性质属于哪一类”的问题，其中选项中包括“机关、事业单位”和“国有及国有控股企业”，以及其他选项，这里设置虚拟变量 *D*8 和 *D*9，表示就业单位属性，*D*8=1 表示行政事业单位及国有企业，*D*8=0 表示其他；*D*9=1 表示外资企业、港澳台企业，*D*9=0 表示其他。⑦月工资收入（wage），流动人口的工资收入对流动人口的就业稳定性有一定影响。⑧流动频率（*D*5），*D*5=1 表示二次及以上流动，*D*5=0 表示初次流动。⑨流动距离（*D*7），如果省内流动（广东省）取 *D*7=1，跨省流动取 *D*7=0。具体情况见表 6.7。

表 6.7　变量描述性统计

变量属性	变量设置		均值	方差
个体属性	年龄（*D*1）	*D*1=1 表示“80 后”	0.4156	0.4928
		*D*1=0 表示“80 前”		
	受教育水平（*D*2）	*D*2=1 表示本科及以上学历	0.0294	0.1688
		*D*2=0 表示其他		
	受教育水平（*D*3）	*D*3=1 表示专科	0.0738	0.2615
		*D*3=0 表示其他		
	受教育水平（*D*4）	*D*4=1 表示高中/中专	0.2642	0.4409
		*D*4=0 表示其他		
流动属性	流动频率（*D*5）	*D*5=1 表示二次及以上流动	0.6890	0.4629
		*D*5=0 表示初次流动		
	流动规模（*D*6）	*D*6=1 表示集体流动（子女在本地）	0.3589	0.4797
		*D*6=0 表示单独流动（子女不在本地）		

续表

变量属性	变量设置		均值	方差
流动属性	流动距离（*D*7）	*D*7=1 表示省内流动 *D*7=0 表示跨省流动	0.2764	0.4472
就业属性	就业单位属性（*D*8）	*D*8=1 表示行政事业单位及国有企业 *D*8=0 表示其他	0.0382	0.1918
	就业单位属性（*D*9）	*D*9=1 表示外资企业、港澳台企业 *D*9=0 表示其他	0.1771	0.3818
	职位属性（*D*10）	*D*10=1 表示公务员、企业管理人员、技术人员 *D*10=0 表示其他	0.1058	0.1058
工资收入	月工资收入（wage）		3814.09	2132.21
制度环境	当地购买医保（*D*12）	*D*12=1 表示在本地购买医疗保险 *D*12=0 表示没有在本地购买医疗保险	0.4155	0.4928
就业稳定性	是否愿意在本地稳定就业（*D*13）	*D*13=1 表示愿意在本地 5 年以上 *D*13=0 表示不愿意或没想好	0.4518	0.4977

6.3.2　实证分析

1. 在当地购买医疗保险的 PS 值

PSM 分析首先要估计 PS 值。PS 值将流动人口的多元特征归纳成单一的指标，使多元匹配成为可能。本节使用 logit 模型估计 PS 值，使得一个制度环境好的流动人口尽可能与相似的制度环境较差的流动人口匹配。logit 模型包括表 6.7 列出的个体属性、流动属性、就业属性及工资收入变量。

结果显示流动人口获得较好的制度环境与就业属性、受教育水平显著正相关，与流动属性和工资收入呈显著的负相关关系，而与年龄并无显著关系。logit 回归结果见表 6.8。

表 6.8　logit 回归结果

变量	模型一		模型二		模型三	
	系数	*P* 值	系数	*P* 值	系数	*P* 值
*D*1	0.1738	0.000	−0.0824	0.042	0.0490	0.270
*D*2	2.0755	0.000	1.7148	0.000	1.7346	0.000
*D*3	1.7476	0.000	1.5315	0.000	1.5828	0.000

续表

变量	模型一		模型二		模型三	
	系数	P 值	系数	P 值	系数	P 值
$D4$	0.8266	0.000	0.7264	0.000	0.7619	0.000
$D5$	0.0254	0.540	0.0689	0.099	0.0560	0.213
$D6$	−0.1228	0.003	−0.0792	0.051	0.0227	0.616
$D7$	−0.1366	0.002	0.0272	0.523	−0.0039	0.933
$D8$			1.6105	0.000	1.4822	0.000
$D9$			2.2069	0.000	2.0584	0.000
$D10$			1.1144	0.000	0.9673	0.000
wage					0.00002	0.052
截距项	−0.7674	0.000	−1.3792	0.000	−1.3735	0.000
伪 R^2	0.0644		0.1728		0.1720	
AUC	0.6590		0.7546		0.7607	
卡方值	1083.50	0.0000	3418.85	0.0000	2893.44	0.0000

注：AUC（area under curve）为接受者操作特征曲线（receiver operating characteristic curve，ROC 曲线）下的面积

在计算 PS 值之后，要对模型整体匹配情况进行比较判断。本节使用 AUC 方法对 logit 的有效性做出判断。Hosmer 和 Lemeshow（2000）认为，logit 模型中的因变量是一个离散变量，而 PS 值是一个连续的变量。因此，不能用传统的统计方法来分析它们的相关性，应该使用 AUC 值。实际的取值范围为 0.5～1，一般认为（赵耐清，2005），对于一个诊断试验，ROC 曲线下面积在 0.5～0.7 时诊断价值较低，在 0.7～0.9 时诊断价值中等，在 0.9 以上时诊断价值较高。本节下面的分析采用模型三为基础，此模型的 AUC 值大于 0.7，而且在三个模型中最高。

2. 样本匹配效果

PSM 方法在匹配之后要进行平衡性检验和共同支持检验。经过 PSM 估计，对变量的平衡性检验后（表 6.9），可以发现相关变量的差异极大缩小了，匹配后所有变量的偏离值都在 10% 以内。从差异性 t 检验来看，大多数 t 检验的结果不拒绝实验组与控制组无系统差异（在 p=0.05 显著性水平下，$D4$ 的结果除外）；这表明经过匹配后，实验组和控制组之间已没有统计差别。图 6.2 和图 6.3 呈现了实验组和控制组的 PS 值在匹配前后的核密度函数。可以看出，在匹配

前二者 PS 值的概率分布存在明显差异，控制组的核密度函数明显左偏；在完成匹配后，两组样本 PS 值的概率分布已经非常接近；经共同支持检验之后可见实验组和控制组之间存在重叠，表明二者的各方面特征已非常接近，匹配效果较好。

表 6.9　相关变量平衡性检验

变量	分类	均值		偏离值	差异性 t 检验	
		制度环境好	制度环境差		t 值	P 值
*D*1	匹配前	0.4654	0.3802	17.3%	9.51	0.000
	匹配后	0.4654	0.4632	0.4%	0.22	0.828
*D*2	匹配前	0.0557	0.0106	25.4%	14.78	0.000
	匹配后	0.0557	0.0481	4.3%	1.73	0.083
*D*3	匹配前	0.1293	0.0343	35.2%	20.24	0.000
	匹配后	0.1293	0.1206	3.2%	1.34	0.180
*D*4	匹配前	0.3304	0.2171	25.6%	14.21	0.000
	匹配后	0.3304	0.3502	−4.5%	−2.12	0.034
*D*5	匹配前	0.6859	0.6913	−1.2%	−0.64	0.522
	匹配后	0.6859	0.6892	2.6%	1.29	0.198
*D*6	匹配前	0.3370	0.3744	−7.8%	−4.28	0.000
	匹配后	0.3370	0.3349	2.6%	1.32	0.187
*D*7	匹配前	0.2779	0.2752	0.6%	0.33	0.741
	匹配后	0.2779	0.2674	2.3%	1.19	0.232
*D*8	匹配前	0.0693	0.0161	26.5%	15.35	0.000
	匹配后	0.0693	0.0664	1.5%	0.59	0.557
*D*9	匹配前	0.3306	0.0679	69.6%	40.11	0.000
	匹配后	0.3306	0.3356	−1.3%	−0.54	0.587
*D*10	匹配前	0.1839	0.0502	42.5%	24.40	0.000
	匹配后	0.1839	0.1893	−1.7%	−0.71	0.479
wage	匹配前	3953.9	3714.7	11.2%	6.16	0.000
	匹配后	3953.9	4023.0	−3.2%	−1.53	0.127

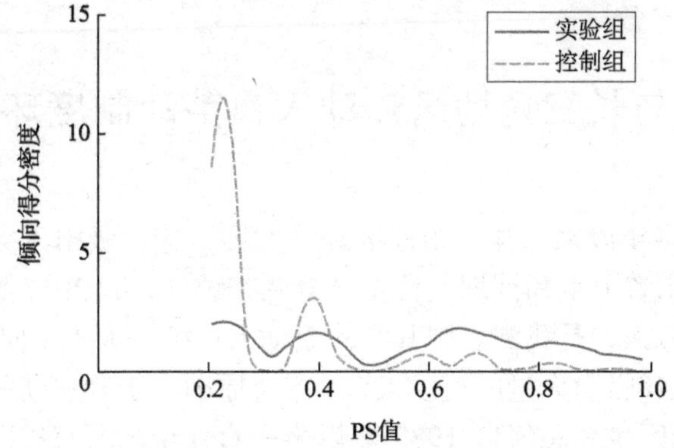

图 6.2　匹配前核密度函数

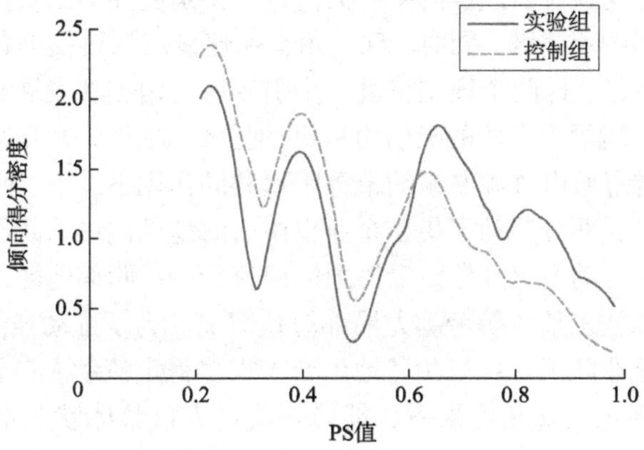

图 6.3　匹配后核密度函数

3. 平均处理效应分析

本节使用最近邻匹配、半径匹配和核匹配三种方法计算 ATT，结果呈现在表 6.10 中。接下来我们以最近邻匹配法为例详细描述检验结果。从 PSM 的估计结果（表 6.10）来看，制度环境好的流动人口就业稳定性明显高于制度环境差的流动人口。由此看出，制度环境好对于流动人口在某一地区稳定就业有明显的促进作用。

表 6.10　ATT 对比（最近邻匹配法）

变量	样本	制度环境好	制度环境差	ATT	标准误差	t 值
$D13$（整体）	匹配前	0.4728	0.4368	0.0359	0.0090	3.96
	匹配后	0.4728	0.4088	0.0639	0.0226	2.82

6.4 珠三角与长三角地区流动人口劳动制度环境比较分析

改革开放40多年以来，珠三角地区经济发展迅速，吸引了大量的流动人口就业。据2017年广东省卫生和计划生育委员会调查统计，到2017年5月底，广东省流动人口达4094万人，是我国名副其实的流动人口第一大省（何雪华，2017）。珠三角地区之所以能够吸引大量的流动人口，主要原因在于其强劲的经济发展动力及发展潜力。广东地区生产总值自1989年以来一直在全国所有省区市中名列第一，在吸引外资、对外贸易方面一直都保持较大的优势。目前，粤港澳大湾区正在如火如荼地建设中，是我国目前建设的第一大湾区，将是世界第三大湾区，也将建设成为我国高质量发展的示范区。同时，珠三角也在建设广深科技创新走廊和珠江西岸先进装备制造产业带，这两个规划将进一步引领珠三角创新发展和高质量发展。未来珠三角地区对于高素质人才的吸引力将更加强大。在西部大开发战略和中部地区崛起战略，以及沿海城市资源要素约束等因素共同作用下，中、西部地区经济发展速度快于东部地区，部分劳动密集型企业也由沿海地区向中、西部地区转移，伴随着产业梯度转移，劳动力也开始由沿海地区回流到中、西部地区，在沿海地区出现了“民工荒”和“技工荒”等劳动力局部短缺情况。为了推动经济转型升级发展，稳定高技能人才就业队伍，珠三角各地出台了很多稳定流动人口就业的措施。

从流动人口稳定就业角度来看，能影响流动人口整体就业水平和质量的主要因素可以包括三个方面：一是和谐劳动关系，二是公共服务均等化水平，三是落户指数。和谐劳动关系影响流动人口在企业的微观稳定性，而公共服务均等化水平和落户指数则影响宏观就业稳定性水平。

（1）和谐劳动关系角度。姚先国和郭东杰（2004）采用抽样调查法对浙江省10家国有改制企业进行了调研，通过所获数据分析了工资、工人对管理层和工会等的满意度、持股比例、对改制方案的满意度、福利水平等因素对企业劳动关系的影响，研究了评价指标与企业劳动关系满意度的相关关系。常凯（2009）通过对全国各地50多个不同类型的企业和4000多个不同职位的员工进行访谈和调查，利用多指标综合评价方法，提出了一套企业劳动关系评价指标体系的设计方案。这套劳动关系评价指标体系包括2个一级指标、13个二级指标和40个三级指标。一级指标分别为劳动关系的运行和协调、劳动关系的表现和产出。其中，劳动关系的运行和协调又分解为7个二级指标，即劳动合同、集体协商和集体合同、工会组织、劳动规章制度、员工民主参与、劳动争议处理及劳动管理；劳动关系的表现与产出则分解为6个二级指标，即工资工时、社会保障、职业安全与卫生、就业培训、员工发展及企业绩效。珠三角有大量的流动人口，当地的劳动关系历来受到政府关注。但是，从劳动权益的各项指标（工资水平、劳动合同签订率、工作时间、社会保险购买率、工作环境等）来看，长三角要好于珠三角。在一系列劳动争议事件后，珠三角地区推出了一系列劳动关系处理机制与措施，在一定程度上遏制了劳动争议快速爆发的趋势。本节将从工资水平、工会建设及劳动争议处理方面，考察珠三角地区和谐劳动关系变换及同长三角地区进行比较分析。

从统计数据（表 6.11 和图 6.4）来看，广东地区总体工资水平不低于江苏和浙江，但是劳动争议数量高居不下，从 2016 年的情况来看，约为江苏的 1.67 倍，浙江的 2.13 倍。从工会会员数量来看，2016 年广东工会会员数是江苏的 1.26 倍，浙江的 1.44 倍，对于每万人中发生劳动争议的频率，广东也超过江苏和浙江。从这个角度来看，珠三角的和谐劳动关系逊色于长三角地区。就 2016 年劳动争议情况具体分析，广东劳动报酬、社会保险（工伤保险）、解除（终止）劳动合同方面的劳动争议数量所占比例分别为 40.9%、19.2%和 39.9%，而江苏为 36.8%、37.5%和 25.7%，浙江为 38.6%、43.3%和 18.1%。说明在劳动争议中，珠三角地区劳动者更加注重劳动报酬，而长三角地区劳动者对社会保险更加注重。从劳动争议处理结果来看，2016 年广东地区劳动者胜诉的比例为 21.7%，低于全国平均水平 34.5%；而劳动者和用人单位部分胜诉及其他的比例高达 67.7%；江苏和浙江劳动争议中劳动者胜诉的比例分别为 36.1% 和 35.1%，均高于全国平均水平；可见，珠三角地区劳动者维护自身权益的意愿相对比长三角地区要强烈。

表 6.11　广东、江苏和浙江劳动关系统计指标情况

年份	工资水平/元			工会覆盖情况/人			劳动争议情况/件		
	广东	江苏	浙江	广东	江苏	浙江	广东	江苏	浙江
2007	26 801	23 955	23 859	16 347 957	12 833 860	10 785 956	55 473	49 651	22 705
2008	30 109	27 249	26 966	17 999 576	13 584 627	11 900 356	150 023	94 397	39 954
2009	32 888	29 883	29 391	19 175 249	14 733 699	13 073 200	118 155	74 637	40 560
2010	36 779	34 273	33 476	20 650 560	15 751 146	14 690 866	93 307	56 677	36 080
2011	41 651	40 126	38 504	22 619 326	17 431 540	16 687 727	93 817	54 009	37 579
2012	46 814	44 978	43 891	26 563 799	18 874 026	19 257 470	100 329	56 062	44 632
2013	51 553	54 691	50 390	26 895 004	20 123 163	20 103 362	91 965	62 577	50 374
2014	57 777	58 364	55 124	27 562 323	21 226 792	20 551 546	94 866	63 252	47 421
2015	63 664	63 189	58 989	29 027 527	22 653 249	20 278 293	108 503	64 583	50 665
2016	69 522	67 418	64 078	29 704 978	23 536 009	20 565 112	107 217	64 016	50 385

资料来源：《2017 年中国统计年鉴》

注：劳动争议情况为当年案件受理数；工会覆盖情况为工会会员总数；工资水平为其他单位就业人员平均工资

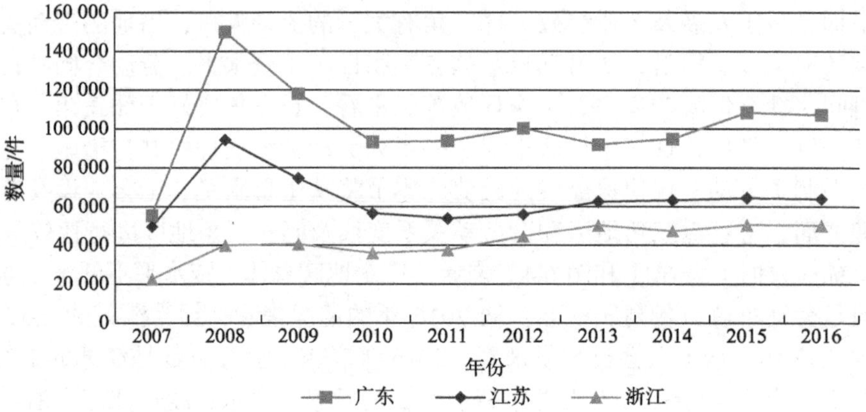

图 6.4 广东、江苏和浙江劳动争议情况（2007～2016 年）

（2）公共服务均等化水平角度。我国一直实施比较严格的户籍制度，形成了城乡二元经济结构的经济模式，同时流动人口在就业过程中受户籍制度的约束。鉴于户籍制度约束对宏观人力资源配置的负面约束作用，我国逐渐取消了户籍制度的限制。2014 年国务院出台了《国务院关于进一步推进户籍制度改革的意见》，相应地，很多地方政府出台了放开户籍登记的政策措施。但是，由于农村土地收益及传统文化的影响，很多农村户籍流动人口不愿意在城市落户，户籍制度也从硬性制度约束变成了一种流动人口的理性选择问题。为了弥合户籍人口与在本地就业的流动人口在社会福利上的差异，很多地方政府出台了公共服务均等化的措施，主要包括社会保障、子女教育、卫计服务和政治参与等。本节将比较珠三角地区和长三角地区公共服务均等化水平差异。

由于没有流动人口购买社会保险方面的直接统计数据，本节利用《中国劳动统计年鉴》中各地区社会保险参保人数进行比较分析。由表 6.12 可知，广东城镇居民养老保险从 2010 年开始持续增加，2014 年后参保人数高于江苏和浙江；并且江苏和浙江从 2013 年开始有下降趋势。从城镇居民医疗保险参保情况来看，2009 年后广东省的参保人数远高于江苏和浙江，可以间接推算广东的流动人口购买医疗保险比例较高。从失业保险和生育保险参保情况来看，2013 年以后广东参保人数是江苏的 2 倍左右，是浙江 2.3 倍左右；可见广东流动人口参保水平不低。这些统计数据可以从侧面反映出广东省流动人口购买社会保险的比例不低于江苏和浙江。特别是在 2008 年《劳动合同法》颁布后，劳动监察部门加大了劳动监察力度，同时新生代农民工维护自身权益的意识增强，导致流动人口购买社会保险比例上升。

表 6.12　广东、江苏和浙江三省社会保险购买情况（单位：万人）

社会保险	省份	2007 年	2008 年	2009 年	2010 年	2011 年	2012 年	2013 年	2014 年	2015 年	2016 年
城镇居民养老保险	广东				157.6	807.4	2255.2	2346.8	2407.7	2499.7	2543.2
	江苏				333.5	2060.6	2347.2	2384.0	2347.9	2339.0	2335.3
	浙江				290.8	813.1	1332.3	1355.8	1342.1	1285.9	1233.1
城镇居民医疗保险	广东	259.4	1181.8	2012.1	2043.2	3532.8	5048.4	5706.8	6157.1	6424.2	6336.1
	江苏	700.8	1233.3	1329.9	1401.2	1488.1	1453.5	1152.9	1435.7	1585.3	1493.9
	浙江	91.2	268.7	610.7	619.4	729.7	1135.8	2330.0	2947.5	2971.4	2975.8
工伤保险	广东	2113.9	2302.3	2435.5	2657.8	2487.8	2962.8	3057.3	3092.6	3122.7	3246.2
	江苏	921.0	1056.6	1118.1	1205.5	1327.0	1420.7	1487.3	1540.1	1594.1	1633.9
	浙江	1002.9	1261.8	1331.1	1475.1	1610.8	1731.7	1826.1	1899.4	1930.1	1880.7
失业保险	广东	1295.5	1471.9	1470.7	1627.3	1875.4	2008.7	2702.2	2840.2	2930.1	3020.1
	江苏	968.5	1052.2	1079.1	1153.8	1238.2	1332.2	1389.3	1442.7	1490.9	1538.1
	浙江	584.7	731.1	784.5	875.0	980.6	1065.6	1144.3	1210.3	1260.2	1317.0
生育保险	广东	659.1	1011.2	1586.3	2038.5	2339.7	2484.9	2711.6	2801.3	3081.8	3161.9
	江苏	794.1	907.2	962.5	1086.4	1199.2	1276.2	1355.6	1374.6	1471.7	1510.3
	浙江	505.0	690.0	750.7	863.7	979.8	1084.8	1173.2	1248.9	1285.2	1294.4

资料来源：《2017 年中国劳动统计年鉴》

对于流动人口随迁子女义务教育问题，广东省在 2011 年出台《广东省人民政府办公厅关于做好进城务工人员随迁子女义务教育工作的意见》，各地市政府根据文件精神制定了相应的实施细则，较好地解决了流动人口随迁子女就近入学问题。2010 年广东省流动人口随迁子女入读公办学校 122.15 万人，占随迁子女总数的 50.3%，增长 17%。2010 年以来，广东省流动人口随迁子女义务教育状况进一步改善；2017 年在佛山市一次政府部门座谈中，据佛山市流动人口服务管理工作领导小组办公室工作人员介绍，流动人口随迁子女入读公办学校的比例在 90%左右。当然，长三角地区在这项工作上的表现也很突出，苏州市高新区流动人口随迁子女公办学校入学率已超过 93%，在促进教育均衡发展上不断满足高标准教育需求。

（3）落户角度。珠三角地区率先在 2010 年开始实施外来务工人员积分入户政策。以广州为例，广州从 2010 年开始实施积分入户政策，并且逐年增加入户指标，从最初的 2000 个指标增加到 2017 年的 6000 个指标，加上随迁入户的家属，2017 年实际落户广州的外来人口超过 13 000 人。从广州市积分入户政策来看，主要吸引广州市经济社会发展急需的高学历、高技能人才，低学历、低技能人才还是比较难以落户广州。珠三角地区的其他城市，如深圳、佛山、东莞和中山等地都制定了相应的外来人口积分入户政策，其中深圳落户要求比较高，佛山等地落户要求较低。长三角地区在 2011 年后也陆续出台了积分落户政策，其政策导向与珠三角地区比较接近，吸引优秀的劳动力落户本地，以保持经济发展活力。长三角地区落户难度不低于珠三角地区，以宁波和佛山相对比，2016 年宁波积分落户需要 80 分，其中本科学历才 50 分；而佛山积分落户的门槛已经降低到 60 分，其中本科学历积分为 80 分，可见宁波落户难度高于佛山。具体情况见表 6.13。

表 6.13　广州、佛山、杭州、宁波等地流动人口落户政策比较（2016 年）

统计指标	广州	佛山	杭州	宁波
常住人口/万人	1 404.35	746.27	918.8	787.5
流动人口/万人	533.86	363.17	182	196.5
积分入户指标/个	6 000	不限	11 129（2018 年）	
最低门槛分数	60	60	80	80
本学学历分值	60	80	50	50
初级技工分值	20	20	25	25

从上述比较分析可以看出，我国整体上重视流动人口权益保护工作，长三角和珠三角地区流动人口劳动制度环境都得到改善。同时，在劳动监察部门执法监督和各种社会监督作用下，珠三角地区流动人口劳动制度环境得到改善，整体上不低于长三角地区，这也是珠三角地区仍然是我国流动人口重要集聚地的原因之一。

第 7 章　提升流动人口就业稳定性的对策建议

7.1　制度环境、就业稳定性与人力资本投资的内在影响机制

通过理论分析和实证分析，主要可以得到以下结论。

第一，健全流动人口劳动制度保护能提升其就业稳定性和专用性人力资本投资。

制度是一种规则或秩序，人们在行为中潜移默化地选择遵循某种规则或秩序。制度分为正式制度和非正式制度，正式制度包括政治制度、法律制度及各种明确的规则；而非正式制度则是一种在小范围内存在的心理契约。正式制度运用范围非常广泛，如中国法律适合于中国境内的所有人和事；非正式制度运用范围窄，如我国各地风俗习惯不同。诺斯将制度变迁分为强制性制度变迁和诱致性制度变迁。我国很多制度变迁都是强制性制度变迁，诱致性制度变迁较少见。强制性制度变迁可以理解为对于某些行为的管制与放松。我国在改革开放初期实行家庭联产承包责任制对于农民是一种强大的制度激励。对于农民的制度激励还包括解除对农民自主流动就业的限制，即农民可以在户籍地与城市之间自由流动。在农业收益远低于工业收益的时代，出于自身利益最大化考虑的农民从农村进入城市，为城市经济和社会发展带来巨大动力。作为制度的供给者和契约的第三方，政府在流动人口劳动力产权保护中，在调整企业和个人的劳动关系中扮演着重要角色。劳动契约是不完全契约，个人和企业很难在劳动契约中规定就业中所有可能的情况。在劳动契约执行过程中，如果双方不能就某些争议达成一致，只能按照政府制定的法律法规进行再谈判。随着农村剩余劳动力进入城市就业，与其相关的各种就业制度逐步完善，包括劳动合同制度、社会保险制度及劳动争议处理制度等。同时，流动人口社会管理制度方面也逐步完善。我国出台了很多保护流动人口劳动权益的法律，主要包括《劳动合同法》《劳动争议调解仲裁法》等。这些法律法规在保护流动人口正常劳动权益方面起了非常积极的作用。在这些法律法规没有

规范之前，流动人口与企业之间的劳动争议也存在第三方调解，但是这种调解建立在非正式制度之上。我国非正式制度大部分情况下依赖社会资本，而流动人口在就业地的社会资本很少，所以导致很多劳动争议得不到合理解决，很多流动人口的劳动权益受到侵害。因此，这些正规的劳动法律法规制度的出台有利于保护流动人口的合法劳动权益。

流动人口从个体收益最大化角度出发，理性思考在城市收益和农村收益的差别，通过自身不断积累人力资本和社会资本，实现收益最大化。流动人口个体不能影响政策的变迁，仅仅能够通过自身人力资本的积累改变自身现状，当然在某个时刻也会“用脚投票”来显示其偏好。流动人口是否在城市就业取决于在城市就业收益和在农村就业收益的比较，如果城市收益高于农村收益，则选择在城市就业；如果农村收益高，则选择在农村就业。对劳动力流动限制的放开使整个社会获得了巨大的人口红利，也使劳动者个体获得较高的劳动收益。但流动人口与户籍人口存在很多制度上的不平等，流动人口与户籍人口劳动和社会福利差距巨大，这种差距也可以看作制度性收益。如果对流动人口的制度保护能够提升制度性收益，就能对其就业稳定产生重要促进作用。从地区层面来看，一个地区劳动力的人力资本水平提升对于该地区经济转型升级会带来很大的促进作用。

第二，流动人口提升其就业稳定性，将增加其专用性人力资本投资，提高其收入水平。

由于不能掌握决策的完全信息，也不具有强大的计算分析能力，流动人口很难做到完全理性，只能具备有限理性。有限理性可以从人们心智成本角度来考虑，心智成本是人们决策时思考过程的内在成本，是一种稀缺资源。人们在决策时也会考虑降低其成本。当外在约束既定时，经济主体倾向于脑力的节约，在复杂环境下，依赖直觉、习惯、情感、组织和秩序等信息简化机制来降低心智成本。流动人口进入城市后，由于受到各种外部因素的制约，往往仅通过有限的社会资本和一些习惯来进行思考，进而做出一些非理性决策。在广东地区有很多外来流动人口没有与企业（雇主）签订劳动合同，在存在劳动争议时往往不能得到合理的补偿。在农民工心中始终认为在外就业是“打工”，这种劳动关系可以理解为最原始的劳动契约形式，即简单的雇佣劳动，劳动者付出劳动获得一定的劳动收益，除了少量的劳动补偿外，没有其他任何的福利安排，更不能包括对企业利润的分享。这是一种有限理性思考的结果，在复杂情况下，流动人口选择遵循传统习惯来降低心智成本。

就业过程是人力资本和物质资本合作的过程，这个合作过程的收益与合作长度密切相关。如果合作双方能具备较高的理性水平，在互惠的基础上长期合作，则双方能够获得比较好的合作收益；反之，如果双方（或一方）处于完全自利的角度而采用机会主义行为，则双方不能实现长期合作，合作收益则大打折扣。流动人口在就业过程中若能够克服有限理性，将对其人力资本水平的提升和收入水平的提高都有巨大的帮助。流动人口理性程度的提升除了与自身素质提高有关以外，还与外部氛围有巨大关系。加强对流动人口的制度保护，减少对于流动人口的制度歧视能够提升其理性水平，从而提升其就业稳定性水平。流动人口就业稳定性越高，在企业就业时间越长，越利于其提高专用性人力资本投资；员工人力资本水平提高也将会提高劳动生产率，增强企业营利能力。

第三，企业提高流动人口的工资福利水平能提高流动人口就业稳定性。

流动人口缺乏人力资本，也缺乏社会资本，很多流动人口是企业基层员工，其就业环境比较差，工作时间长，缺乏应有的劳动保障措施，这对于流动人口的就业稳定性有负面影响。特别是新一代农民工的就业观念与老一代农民工存在巨大差异，对工作环境和工作福利待遇比较敏感。企业应该积极改善流动人口的就业环境和福利待遇，提升其就业稳定性。可以采取的措施主要包括：①改善流动人口的福利待遇水平，完善工资福利制度，提供一定的住宿及膳食补贴。②提供完整的职业技能培训方案，提升流动人口专用性人力资本水平。③提供较为完整的职业发展规划，稳定流动人口的就业预期。

第四，现代产业中流动人口就业稳定性与专用性人力资本水平都有所提高。

中国正处于产业转型时期，由劳动力和资源相对密集的传统产业向资本密集型、技术密集型的现代产业转变。这种转型以技术进步和管理模式创新为驱动力，以高素质人才队伍为保障，目标在于占领产业价值链的上游。在这种产业升级背景下，需要提升流动人口的人力资本投资水平，同时，流动人口能够享受较好的劳动力产权收益和相关福利待遇水平也对其就业稳定性有很大帮助。通过上文的理论和实证分析，可以发现在东莞企业中，现代企业中流动人口就业稳定性明显高于传统产业。

第五，劳动制度环境改善对流动人口劳动力市场产生积极影响。

劳动制度环境对流动人口劳动力市场的影响主要体现在：良好的劳动制度环境将刺激企业采用劳动节约型的技术进步，减少雇佣低技能劳动者，相对增加对高技能劳动者的需求；能提升流动人口就业稳定性、就业质量和工资水平；将刺激流动人口进行专用性人力资本投资。珠三角地区流动人口劳动制度环境逐步改善。在中央各种法律法规和政策的指导下，广东各级政府部门加强了对流动人口劳动权益的监管，增加了对流动人口社会福利的供给；近几年，珠三角地区流动人口劳动制度环境获得较大改善；相对于国内其他地区而言，珠三角地区劳动制度环境水平不低。珠三角地区流动人口规模仍然维持在一个较高的水平，这也说明珠三角地区的经济社会发展仍然吸引大量的流动人口。

7.2 政府要进一步强化流动人口劳动权益保护

我国经济仍然具有高速发展的内在动力，这个动力就是技术进步与城镇化进程，这都与我国规模庞大的流动人口有关。首先，我国城镇化的进程就是流动人口逐步融入城市的进程；其次，技术进步推动产业升级需要高素质的技能人才队伍为支撑，而流动人口是技能人才队伍的重要组成部分。流动人口融入城市的必备条件是具备较高的人力资本水平及稳定的就业预期。我国沿海地区人均国民生产总值已经突破一万美元，进入中等收入阶段。为了缩小收入差距，规避中等收入陷阱，各级政府部门应该为流动人口就业和发展提供良好的政策制度环境，以便提升其专用性人力资本投资水平和就业稳定性。根据上文的理论和实证分析，借鉴国外的经验，本节提供以下对策建议。

第一，对流动人口进行专用性人力资本投资提供财政补贴和税收优惠政策。

我国目前对于通用性人力资本投资有进行财政补贴，主要包括在中等（高等）职业教育或培训学校和机构实行学费补贴或减免。而对于专用性人力资本投资，特别是对企业内部培训的财政补贴和税收优惠政策非常少。在东莞调研期间，很多企业都提出希望政府能够对企业内部培训提供财政补贴或者税收减免政策。本节建议地方政府为企业内部培训提供一定补贴或者税收减免措施，以促进企业对流动人口的专用性人力资本投资。发达国家职业培训体系中都有企业与培训机构的良好合作机制，我国应该适度推广这种脱产（或半脱产）培训方式。我国应该建立完善的公共劳动技能培训体系，同时对流动人口脱产（或半脱产）培训提供一定补贴。通过合理安排培训课程和形式，使流动人口既可以参加脱产培训，也可以参加在职培训，提升其劳动技能，稳定未来发展预期。

第二，健全流动人口劳动权益保护的法制环境。

劳动者权益保护是劳资关系中最重要的环节，发达国家非常注重劳动者权益保护，不仅在立法层面做了大量工作，并且在实际行动中保护了劳动者权益。在发达国家，劳动者有工会组织，雇佣方有行业协会，双方的利益诉求可以通过组织层面进行沟通协调，避免了劳资力量对比悬殊给劳动关系带来的不利影响。而政府的劳动保障监察部门与工会组织、行业协会在协商与合作的基础上对劳资双方的矛盾进行化解。劳动者在权益受到侵害时会想到依靠第三方进行协调，政府（或其代表者）由于具备法律赋予的权威自然地成了劳动关系中的第三方协调者。我国已经成立了劳动保障监察机构和劳动仲裁机构，在化解流动人口就业矛盾中起了一定作用。但我国劳动保障监测体制还不完善，对于劳动关系问题的应对非常被动，不能主动化解劳资关系中潜在的矛盾。

我国在劳动立法方面已经做了大量的工作，确立了劳动关系中的基本规范，并且正在将流动人口纳入劳动关系调整范围。但是我国法制环境还没有完全建立起来，主要表现在：侵犯法律的成本低，雇佣方侵犯流动人口的权益时得不到应有的惩罚；流动人口法律意识不足，受传统观念影响，在权益受到侵害时不能及时运用法律来维护自身权益。要改善流动人口就业的法制环境，应该做到：①提升流动人口的法律意识，通过各种渠道向流动人口介绍我国劳动法律法规制度，特别是与自身劳动权益相关的各种制度；介绍维护自身劳动权益的方法与途径；建立流动人口就业的法律援助制度，让他们感受到法律的力量。建议地方政府在流动人口较多的企业设立公益性的法律联系员制度，定期在企业开展劳动法律法规的普法工作，同时开展必要的法律援助工作。②完善员工与企业的沟通渠道。在明显“劳弱资强”的格局下，让单个员工与企业沟通效果显然不好。应该完善工会制度或集体协商制度，在这种对话中，流动人口的权益才能得到有效保护。在我国目前经济发展阶段，政府部门在坚持依法行政的基础上坚决维护流动人口利益。③提升政府的劳动监督执法效率。劳动契约是不完全契约，也是关系型契约。大部分情况下劳动关系调整都应该是在双方协商下完成；政府作为第三方仅是在法律框架下提供公平的协商环境，避免双方非理性行为造成协商的失败。在发生劳动争议，特别是群体性劳动争议时，政府应该以劳动的相关法律法规为准绳，不偏袒任何当事人，为双方达成可接受的协商结果创造良好的氛围。政府为流动人口与雇佣方创造沟通的环境与渠道，充分掌握劳动关系变化趋势，预先化解可能出现的劳动冲突与矛盾。

第三，推进有利于流动人口稳定就业的户籍制度及社会福利制度改革。

2014 年 7 月，国务院发布《国务院关于进一步推进户籍制度改革的意见》，提出“建立城乡统一的户口登记制度。取消农业户口与非农业户口性质区分和由此衍生的蓝印户口等户口类型，统一登记为居民户口，体现户籍制度的人口登记管理功能”。这标志着我国开始新一轮的户籍制度改革。户籍制度的关键在于与户籍相联系的各种社会福利及隐性收益。城市户籍的收益主要体现在子女教育、社会保障及保障性住房等福利收益；而农村户籍的收益主要体现在农村土地的隐性价值。地方政府为了吸引流动人口稳定就业，应该在打破户籍制度障碍的同时实现公共服务均等化。主要包括：①在贯彻落实中央户籍制度改革的同时，制定详细的流动人口落户细则；推广农民工积分入户政策，同时，有条件的地区可以扩大积分入户的规模，尽可能吸引更多优秀的流动人口并使其能够在流入地稳定地就业和生活。②地方政府应该尽力解决流动人口子女入学难问题。子女无法在城市接受教育也是影响流动人口就业稳定性的重要因素，地方政府应该挖掘各种教育资源，最大限度地帮助流动人口解决子女教育问题。③完善流动人口的社会保障制度。在一些城市，有正式职业的流动人口被纳入当地的社会保障体系中，但保障水平与户籍人口相比较低。为吸引流动人口稳定就业，地方政府应逐步将流动人口纳入地方社会保障体系，并做到与户籍人口同样的保障水平。④为流动人口提供完善的就业服务，包括失业登记与救济、公共职业技能培训、职业资格鉴定等。

第四，继续完善流动人口城市就业相关制度。在调研中发现，流动人口对于医疗保险的意见比较多，对于我国目前的医疗保障体制要进行一定的改革。改革的目标是使流动人口办理的各类医疗保险能够实现顺利衔接，包括农村医保与城镇医保的衔接，以及各省区市医保之间的衔接。同时在养老保险方面也要做好衔接，包括统筹账户的接续问题。广东省为大量流动人口购买了养老保险、医疗保险等社会保险，这些保险中包括个人账户和统筹账户。由于社会保险跨地区转移衔接不畅通，广东省有大量的社会保险统筹账户结余，这对跨地区转移就业的流动人口来说是一种损失。2009 年国务院颁布了《城镇企业职工基本养老保险关系转移接续暂行办法》，2010 年人力资源和社会保障部发布了《关于印发城镇企业职工基本养老保险关系转移接续若干具体问题意见的通知》，2016 年人力资源和社会保障部又颁发了《人力资源社会保障部关于城镇企业职工基本养老保险关系转移接续若干问题的通知》。要在流动人口中落实这些政策规定，则需要继续深化改革，包括对户籍制度的进一步放开，提高全国统筹层次和水平，建立健全的社会保障均等化服务转移支付政策体系，实现全国统一的社会保障信息化管理。

第五，加强对流动人口劳动权益保护的监管。对于流动人口劳动权益保护从签订劳动合同开始，到劳动保护、社会保险购买，再到解约保护，最后到离职保护，都需要政府有关部门积极介入。近年来，我国不断地建立和完善流动人口养老、失业、工伤、住房、医疗及农民工子女随迁入学等方面的保障制度和法律法规，提升流动人口在城市就业和生活的融合度。虽然一些经济发达地区已经颁布了相关的规章制度，但由于财力约束等原因，制度的落实程度仍相对较低，不能有效体现其约束力。因此，政府有关部门要增强保护流动人口合法劳动权益的意识，加大对侵犯流动人口合法权益行为的惩罚力度。一些用人单位利用自身的经济优势和社会资源优势，有时会对流动人口的合法权益造成侵害，劳动监管部门应当加大对重点行业和企业的监管力度，密切关注流动人口的雇佣行为，针对部分单位存在的侵犯农民工合法权益行为，及时予以严厉查处，维护和谐劳动关系。此外，有关部门要加强对劳动者的劳动环境、劳动安全培训等方面的监督，切实为农民工提供一个公正、和谐的就业环境。

第六，进一步完善流动人口权益保护机制。发挥各级工会在维护产业工人合法权益方面的引领作用，在法律政策宣传、劳动争议调解、集体合同签订等工作方面形成完善的工作机制；各级工会应该通过企业内部调解、劳动仲裁及法律援助等措施维护劳动者权益，以维护职工合法权益为核心，构建和谐稳定的劳动关系；完善工资平等协商机制、正常增长机制、支付保障机制，完善有关工资集体协商的法律法规，明确规定除少数垄断行业和企业外，企业有关工资福利等涉及职工切身利益的问题，都应通过工资集体协商决定，对拒不开展工资集体协商或违约的行为要制定具体的处罚规则；依法监督企业落实产业工人的各种劳动福利，狠抓集体合同、工资专项集体合同的履行和落实，真正发挥协商制度的功效，促进广大职工工资的正常增长

第七，进一步提升流动人口社会福利均等化水平。在调研中发现，尽管政府放开了户籍制度限制，比如，佛山市积分入户的门槛很低，具备初中以上文化学历或一定的技能水平就可以落户，但是，流动人口落户意愿还是非常低。究其原因，关键在于流动人口不愿意放弃农村户籍所附带的土地权益和收益。流动人口不愿意放弃户籍而在城市就业，迁入地政府要积极提高流动人口公共服务均等化水平。流动人口的公共服务需求主要体现在医疗服务、公共住房居住服务、子女教育服务及公共交通服务。政府要建立完善的流动人口信息库，积极收集流动人口公共服务需求信息，协调安排财政资金并调动社会资金的积极性，落实中央有关精神，解决流动人口各种困难，解决流动人口就业的后顾之忧，提升其就业稳定性。

第8章　专题研究——东莞流动人口用工情况分析

东莞是世界制造业基地，也是我国流动人口比重大的典型城市。2008年以来，在各种因素的作用下，东莞在企业用工方面出了一些问题，如“民工荒”“技工荒”等。为了促进产业转型升级，解决企业在用工方面出现的问题，2010～2011年东莞市人力资源局和华南师范大学人力资源管理研究所共同组织实施了东莞职业培训现状与发展趋势调研。本章是此次调研的基本情况介绍及对东莞流动人口职业技能培训的一些思考。

本章研究主要采取实地调查、问卷调查、访谈与座谈法、理论模型构建与实证分析、政策分析、相关分析等方法。调研阶段分为三个部分，分别是实地调研、重点个案调研和政府部门访谈与重点企业座谈。实地调研采用分层抽样调查方式，从东莞各个镇区选择具有代表性的企业进行实地调研，从其中的支柱产业、特色产业和战略新兴产业中分别抽取调查样本企业。由华南师范大学人力资源管理研究所的研究人员负责问卷设计并实地主持完成问卷的调研工作。重点个案调研将深入企业和培训机构，对企业技能人才、企业培训和社会培训状况及其影响因素等进行深入沟通和研讨。政府部门访谈与重点企业座谈则通过同有关政府机构、大专院校、培训机构等进行深入访谈和讨论交流，从政策层面讨论职业培训的发展趋势。在实地调研中采用了分层抽样方法。分层抽样是在抽样之前先将总体的单位划分为若干层（类），然后从各个层中抽取一定数量的单位组成一个样本。分层抽样是一种常用的抽样方式，它具有以下优点：第一，分层抽样可以按自然区域或行政区域进行分层，使抽样的组织和实施比较方便；第二，分层抽样可以提高估计的精度。本次调研采用分层抽样方法，在东莞33个镇区选择有代表性的企业，在企业内部随机抽取一定数量的员工进行调研。

此次调研的主要目的在于：①了解东莞职业技能人才现状，以及职业技能人才与东莞产业结构的匹配程度。高素质的技能人才队伍是发展现代产业的重要支撑。东莞面临产业转型和升级的战略任务，迫切需要大量的技能人才，希望通过调研了解东莞的技能人才总量、质量、结构和产业分布，企业对技能人才的未来需求情况，技能人才是否同产业发展相匹配。②了解东莞职业技能人才的培训及其技能人才培训市场的情况。职业技能人才的培训是职业技能人才开发的重要环节，重点调研的主要培训形式有学校培训、社会培训和企业内部培训。东莞培训市场现状及东莞各种职业技能培训能否满足企业对技能人才的需求？培训能否满足员工对提升技能的需要？能否满足产业升级对技能人才数量、质量和结构的需要？东莞在技能人才培训方面存在哪些不足，如何改进？这些也是此次调研需要了解的。③了解职业技能人才、职业技能人才培训和产业结构升级的动态关系。

该课题设计了三份问卷，包括个人问卷、企业问卷和培训机构问卷，以及一份针对政府部门的访谈提纲。个人问卷部分主要调查员工的个人情况，包括家庭情况、受教育情况、工作稳定性和工作质量、获得职业资格证书和参加培训情况、个人对政府提供公共服务的建议。企业问卷主要调查企业的基本经营信息、企业技能人才管理和培训情况、企业对政府部门工作的建议。培训机构问卷主要调查培训项目基本情况，包括培训的人员情况、培训的师资情况、培训的内容情况及培训机构对政府工作的建议。政府部门访谈提纲主要想了解不同部门对东莞技能人才及培训工作的看法和公共政策建议。

本次调研共走访了东莞市万江、莞城等 4 个城区，松山湖、虎门、石龙等 29 个镇，深入 94 家企业、143 家培训机构，通过发放问卷和访谈等形式，对东莞技能人才现状与发展趋势进行了调查。共收回个人问卷 2949 份，企业问卷 94 份，培训机构问卷 143 份。个人问卷有效率为 94.24%，企业问卷有效率为 95%，培训机构问卷有效率为 100%。调查员深入每家企业发放问卷并辅导员工填写，故问卷质量较高，统计结果能较好地反映东莞技能人才的现状。

8.1　东莞流动人口规模、就业结构及社会保障

东莞是一个典型的改革开放后发展起来的外向型经济城市，由改革开放前的农业县转变成为改革开放后的世界制造加工业基地。1978 年，改革开放政策开始实施，东莞利用地缘优势，率先引进外资，成立中外合资企业，从事来料加工业务。随后，大量外资进入东莞，促进了东莞经济的迅速起飞。经济发展的同时带来了就业规模的扩大，实现了城镇化和工业化。东莞已经成为全球电子信息产业的重要生产基地，全国重要的外向型经济城市。1978 年东莞生产总值

仅有 6.11 亿元，20 世纪 80 年代，其经济首次出现明显增长，至 1990 年其生产总值达到 80.44 亿元。随后东莞经济步入一个新的持续高速增长时期，2004 年东莞生产总值首次突破千亿元大关，2014 年生产总值更是达到 5888.18 亿元。从三次产业增加值的比重的变化来看，第一产业、第二产业、第三产业增加值占生产总值的比重由 1978 年的 44.57%、43.83%、11.60%转变为 2009 年的 0.40%、47.10%、52.50%。第二产业尤其是工业成为拉动东莞经济快速发展的引擎。第二产业增加值在 1979～2008 年一直处于领先地位。同时，第一产业增加值在三次产业中的比重以较快的速度大幅下降，到 2000 年时第一产业增加值比重下降到 3.16%，此后第一产业增加值比重一直在低位运行，2009 年时该比重变为 0.40%。第三产业增加值比重从 1978 年的 11.60%上升为 2008 年的 46.90%，并在 2009 年首次超越第二产业，比重上升为 52.50%，成为三次产业的领先产业，具体见图 8.1。东莞在短短 32 年的时间里实现了产业结构从“一二三”“二三一”到“三二一”的历史跨越，是东莞朝着产业现代化迈出坚实一步的积极信号。

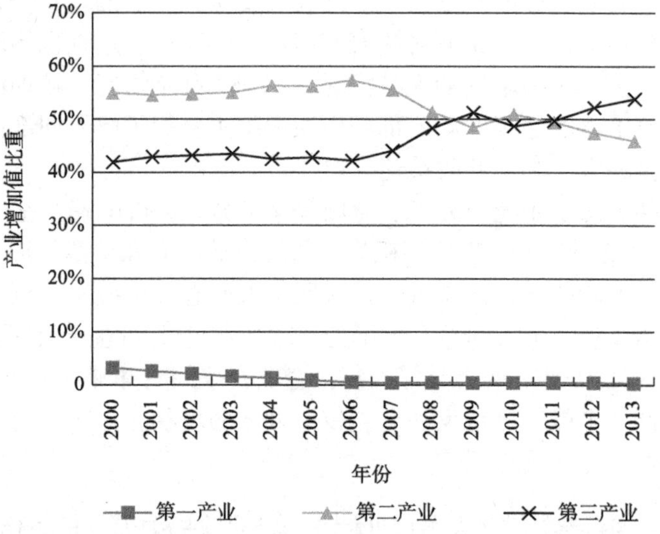

图 8.1　东莞三次产业结构图

8.1.1　东莞流动人员基本情况

此次调研发放个人问卷约 3000 份，具有较好的代表性，通过对问卷进行统计分析可以发现东莞流动人口的以下基本特征属性。①流动人口性别属性。此题有效问卷①仅有 2723 份，其中，男性技能人才 1622 人，占总人才数量的 59.6%；女性技能人才 1101 人，占总人才数量的 40.4%，男女性别比约为 3∶2，男性占比比女性高出 19.2 个百分点。②流动人口婚育状况。此题有效问卷为 2771 份，在 2771 个有效数据样本中，东莞就业的技能人才中已婚者居多，超过一半以上的技能人才已婚，占总人才数量的 58%，比未婚就业的技能人才占比多出 16 个百分点。③流动人口年龄结构。此题有效问卷数为 2763 份，东莞技能人才大部分是 20～29 岁及 30～39 岁的青壮年，约占总技能人才比例的 55.5%和 28.4%，50 岁及以上的技能人才 29 人，占比仅 1.0%，20 岁以下的技能人才 228 人，占比 8.3%。④流动人口家庭人口及务工人口状况。在此题 2761 份有效问卷中，66%的东莞技能人才家庭人口都大于 3 人，但其中大部分（约 51%）的技能人才家庭人口在 5 人之内。统计数据显示，东莞技能人才平均家庭人口数为 4 人，而平均每个家庭就有 2 人在东莞务工，平均务工人口约占家庭总人口数的 45%，说明东莞技能人才的家庭人口数较多，且几乎一半的劳动力选择在东莞工作。⑤流动人口中技能人才的户籍分布。从技能人才的户籍分布来看，东莞技能人才来自 28 个省区市，以省外人员居多，占技能人才总数的 75%。但具体到各省区市技能人才的占比，广东省人才占比最高，约为 25%，其中东莞本地人才就占广东省人才的 43%；其次是湖南和湖北，分别占东莞技能人才总数的 16%和 12%，河南、四川、江西、广西的技能人才数量占比也相对较多，分别占 7%～8%。当然也不乏其他一些省区市的技能人才流入广东省，但占比均未超过 3%。

8.1.2　东莞流动人口就业规模及就业结构

东莞是改革开放后兴起的工业化城市，也是全国乃至全世界重要的制造基地。东莞吸引了大量流动人口来东莞就业，成为全国城市中流动人口占人口总数比例最高的城市。因此，以东莞为例研究流动人口就业问题具有很强的代表性。改革开放以来，珠三角地区作为我国改革开放的前沿阵地，是全国经济发达的地区之一，特别是 20 世纪 90 年代以来，其快速的经济增长成为吸引外来人口的主要原因。在以外向型经济为典型特征的东莞，大量劳动密集型产业迅速成长，为外来人口创造了大量的就业机会，聚集了大量的外来人口。2013 年东莞的流动人口数量为 642.73 万人，较 1990 年的 43.77 万人增长了近 13.7 倍。具体情况见表 8.1。

---

① 此题有效问卷是指在总有效调查问卷中针对此题进行有效答题的问卷数量。下同。

表 8.1　1990～2013 年东莞流动人口数量（单位：万人）

年份	人数	年份	人数
1990	43.77	2002	498.65
1991	66.36	2003	496.29
1992	91.72	2004	493.69
1993	120.50	2005	490.42
1994	154.03	2006	506.57
1995	192.80	2007	523.46
1996	237.92	2008	520.11
1997	289.26	2009	456.27
1998	348.20	2010	640.71
1999	415.16	2011	640.71
2000	492.23	2012	642.21
2001	500.54	2013	642.73

资料来源：《2014 年东莞统计年鉴》

我国劳动力的流动方向总体上呈现中、西部地区向东部沿海地区流动的趋势。1994～2000 年，东莞省外外来人口占外来人口的比重都是在 70%以上，2000～2013 年更是维持在 80% 左右，即每年都有约八成的省外人口成为东莞就业市场上的主力军，其中湖南、四川、广西、湖北、江西等五省（自治区）人口最多，占据省外外来人口的六成以上。具体情况见表 8.2。

表 8.2　主要年份东莞外来劳动力统计

年份	外来人口/万人	省内/万人	省外/万人	省外外来人口占外来人口的比重	五省（自治区）[1)]人口占省外外来人口的比重
1994	139.09	38.08	98.62	70.90%	76.16%
2000	254.72	48.59	204.20	80.17%	63.24%
2001	457.82	73.19	382.68	83.59%	63.71%
2002	433.65	72.29	359.30	82.85%	64.54%
2003	440.45	66.55	372.04	84.47%	66.40%
2004	486.95	74.78	409.66	84.13%	63.71%
2005	584.98	103.64	474.77	81.16%	62.18%
2006	586.76	101.26	480.71	81.93%	61.36%
2007	557.80	98.61	455.15	81.60%	60.32%

续表

年份	外来人口/万人	省内/万人	省外/万人	省外外来人口占外来人口的比重	五省（自治区）[1]人口占省外外来人口的比重
2008	552.50	101.23	446.85	80.88%	60.91%
2009	429.96	88.92	336.76	78.32%	62.47%
2010	411.47	79.17	327.58	79.61%	61.35%
2011	413.62	90.06	319.49	77.24%	60.88%
2012	416.74	94.10	318.35	76.39%	61.65%
2013	434.68	94.94	335.67	77.22%	62.42%

资料来源：《2014 年东莞统计年鉴》

1）五省（自治区）是指湖南、四川、广西、湖北、江西

东莞外来劳动力就业以工业部门为主，1994 年以后在工业部门就业的外来人口数占外来劳动力的比重居高不下，2005～2013 年平均占比为 83.78%；其次是商业和服务业，占比分别为 12.90%和 3.29%。具体情况见图 8.2。大量流动人口的涌入满足了东莞当地劳动密集型企业对人员的需求，促进了当地经济的繁荣。

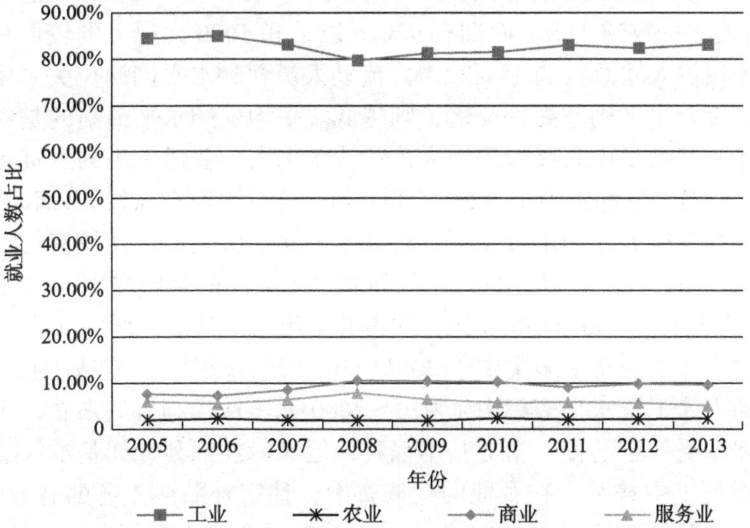

图 8.2　东莞流动人口就业结构

8.1.3　东莞流动人口学历及职业技能情况

东莞流动人口受教育程度不高，大部分没有受过高等教育。其中高中、中专或中技毕业人才居多，占人才总数的 43%，其次是初中及以下毕业的技能人才，

占 24%。还有 19% 的技能人才拥有大专或高职院校学历，拥有本科及研究生学历的技能人才仅占 14%。从流动人口技能层次分布来看，东莞流动人口拥有职业资格证书的比例较低，仅占总有效问卷数的 26.8%。东莞技能人才以初、中级技工为主，拥有初级职业资格证书的为 276 人，拥有中级职业资格证书的为 303 人，分别占技能人才总数的37%和41%。其次是高级技工和技师，占比约为10%和9%。高级技师更少，仅 22 人，约占技能人才总量的 3%。从流动人口技能人才的岗位分布来看，东莞技能人才以普通员工和技术工人居多，此题 2320 个有效调查数据中，有 918 人为普通员工（含文员）岗，有 716 人为技术工人岗，分别占技能人才总数的 40% 和 31%，而任职中高级管理岗位和中高级专业技术岗位的人员则较少。

8.1.4　东莞技能人才成长发展环境

流动人口薪酬福利水平。东莞技能人才月平均工资在 2500 元左右，大部分技能人才工资水平在 920～3000 元。在 2541 份有效问卷中，有 1066 人的工资水平在 920～2000 元，占人才总数的 42%；工资水平在 2001～3000 元的技能人才有 791 人，占人才总数的 31%。而拥有 920 元以下和 5000 元以上的较低和较高工资水平的人才仅占人才总数的 1%和 5%。流动人员薪酬水平同岗位关系密切。岗位等级越高，工资水平则越高；反之，则越低。平均薪酬水平最高的是中高级专业技术岗人才，其次是中高级管理岗人才和技术工人，普通员工的工资水平最低，68%的普通员工工资都集中于 920～2000 元。这说明拥有高级管理和技术水平可以进一步提高技能人才的工资水平。薪酬水平同学历关系也比较密切。学历水平越高，薪酬越高；反之，则越低。平均薪酬水平最高的是研究生，45 个研究生中有 19 人工资水平在 3001～4000 元，约占此学历总人数的 42%；本科生、大专或高职院校的人才工资水平多集中于 2001～3000 元；高中、中专或中技，以及初中以下学历的人才工资水平多集中于 920～2000 元。从福利待遇来看，大部分企业的技能人才享受一定的食、宿等基本福利，但保障性福利，如基本保险，却并未完全在企业员工中普及。在企业问卷调查中，住宿补贴调查题的有效问卷共 93 份，膳食补贴题的有效问卷共 83 份，其中 88%的企业为全部员工提供住宿补贴，83%的企业为全部员工提供膳食补贴，显示出大部分企业能保障技能人才的饮食和住宿问题。在 2519 份有效人才问卷中，有 1269 名技能人才（约占总调查人数的一半）已在企业办理过保险，比例不高。从技能人才对保险的需求类别来看，排名第一的是养老保险（1121 人），后面依次是医疗保险（989 人），意外伤害险（668 人），失业保险（623 人），工伤保险和生育保险要求办理的人数最少。

流动人口基本劳动权益保障。《劳动法》第三十六条规定，“国家实行劳动者每日工作不超过八小时、平均每周工作时间不超过四十四小时的工时制度”。当然，《劳动法》第四十一条也规定，“用人单位由于生产经营需要，经与工会和劳动者协商后可以延长工作时间，一般每日不得超过一小时；因特殊原因需要延长工作时间的，在保障劳动者身体健康的条件下延长工作时间每日不得超过三小时，但是每月不得超过三十六小时”。由于企业生产任务较重，员工为赶工期加班现象较多。调查数据显示，有 6% 的技能人才每周工作时数小于 40 小时，采取轮岗、轮班、非全日制或不定时工作制；有 29% 的技能人才每周工作时数等于 40 小时，平均每日工作 8 小时，每周工作 5 天；每周工作时数大于 40 小时的技能人才数量居多，占到人才总数的 65%。中高级管理岗位人员加班比例为 62%，中高级专业技术岗位为 64%，技术工人岗位为 72%，普通员工岗位为 62%。从劳动合同的签订上看，技能人才的基本就业权利保障状况良好。此题有效问卷 2771 份，其中 97% 的员工已和企业签订了劳动合同，其中还有 18% 和 10% 的员工和企业签订的是 3 年以上和无固定期限劳动合同；但也仍有 3%的员工并未与企业签订劳动合同。

流动人口企业培训与发展机会。从各个岗位的技能人才的培训机会来看（岗位和培训机会作答均有效的问卷数为 2749 份），接受过企业培训的人才数量普遍较多，而接受过劳动部门或行业培训的技能人才数量普遍较少；中高层管理人员在企业内部、外部均能得到相对较多的培训机会，而普通工人获得培训机会的概率则较少。64%的技能人才接受过企业的培训。虽然大部分员工接受过企业内部培训，但时间不长，大多数在一周以内；并且没有接受过劳动部门和行业协会组织的培训，74%的员工未接受过劳动部门和行业的培训。从发展升职机会来看（此题有效问卷为 2733 份），大部分技能人才认为有发展机会。68%的技能人才普遍认为在企业是有发展机会的，其中 30%的技能人才认为机会很多，38%的技能人才认为有一定机会，仅有 32%的技能人才持悲观态度，认为可能性很小。大多数中高级管理人员、专业技术人员及技术工人认为机会一般，分别各占岗位总人数的 44%、49%和 39%，说明东莞企业给员工的发展机会对于各个岗位的员工都难以形成较强的吸引力。在高学历技能人才中认为发展机会多的比例不高，本科及本科以下学历的技能人才中，有 30%左右的员工认为发展机会很多；研究生学历的技能人才中仅有 15%的人认为发展机会很多；大部分研究生和本科学历的技能人才认为发展机会一般，研究生学历的技能人才中，认为发展机会一般的比例高达 61%；而认为发展可能性很小的主要集中于低学历人才，有 37%的初中以下学历和 36%的高中、中专或中技学历的技能人才认为发展可能性很小。这说明大部分高素质技能人才认为在东莞发展机会一般，可见东莞技能人才的发展机会难以吸引和留住高端人才，而普通技能人才也难以享受企业给予的发展机会。

8.1.5 流动人口就业稳定性情况

东莞技能人才大部分为外来人才，本地人才仅占人才总数的11%，并且流动人口就业稳定性不高，工作转换频率较快，平均在企业工作持续时间为3年左右。从跨地域流动性来看，东莞本地人才的流动性最低，87%的东莞本地人才参加工作以来一直在东莞就业；而外地人才在东莞工作的稳定性均低于50%。从跨行业流动性来看，流动性最低的是现代服务业和先进制造业的人才，均约有49%的此行业人才一直从事该行业而并未换过行业；其次是高新技术产业，45%的此行业人才也未换过行业；流动性最高的是地区基础性产业，从事该行业的人才量较少，流动性也较高。调查样本中，通过比较该行业人才的总工作年限和在此行业工作的年限之差发现，几乎所有的地区基础性产业人才都换过行业，流动性高达100%。从企业类型来看，流动性最高的为港澳台企业，平均65%的港澳台企业人才曾经换过工作；流动性最低的是国有企业，仅约39%的国有企业人才曾经换过工作。

流动人口来东莞就业的动机。外地技能人才流入东莞工作的原因有多种，在此次调研的个人问卷中设置了问题：您离开老家外出工作的主要原因是什么？从对此选项结果的统计分析情况来看，选择“挣钱养家”的人数最多，有1316人选择了此选项作为离开老家外出工作的主要原因；选择“积累本钱做生意”和“学技术”的人数也不少，分别为740人和633人；277人的选择是“为了见世面”，仅有48人选择“为了来此地照顾家人”，说明外地技能人才流入东莞工作的主要原因是提高个人收入及获得发展机会。从外地技能人才选择东莞而不是其他地方工作的原因来看，最主要的是有亲戚和老乡在此地，有1055人选择了此选项；有690人是因为其他原因选择在东莞就业，如从本地毕业、对东莞比较熟悉等；553人的选择是因为找工作相对容易；324人的选择是因为离家近；选择金钱因素的有184人，选择政府或用人单位组织因素的有140人，说明外地技能人才选择东莞工作的原因中，情感、找工作的难易、地缘等因素占了绝大部分，而并非东莞的就业回报高，有政府或用人单位偏好。

流动人口离岗原因。从离开原来工作岗位的原因来看，东莞技能人才选择跳槽的绝大部分原因是对工资福利待遇不满意或职业发展可能性小，分别为902人和792人；其次，有394人是其他原因，如企业倒闭离开；仅有不到80人是因为自身学历或自身工作失误而被迫离开原来的工作岗位的。这说明东莞部分企业中技能人才的成长发展环境不佳是造成人才流失的重要原因。

8.2　东莞企业用工及流动人口专用性人力资本投资情况

企业培训是专用性人力资本投资的重要组成部分，本节将对企业内部培训情况进行分析，以反映流动人口专用性人力资本投资情况。本次企业问卷调查共涉及东莞 33 个镇（街）的 101 家企业，回收有效问卷数 94 份，问卷的发放对象主要为东莞各镇（街）传统产业及现代产业企业。本次调研企业以具备总资产超过 3000 万元或员工总数在 1000 人以上的企业为主。从企业类型的角度来看，所调研的企业中外商投资企业和港澳台投资企业分别为 24 家和 28 家，共占本次调研企业总数的 55%，是本次调研企业类型中比例较大的，这也与东莞目前企业类型分布的实际情况基本符合。从企业的行业分布角度分析，传统优势产业企业为 48 家，占到有效企业数目的 50%以上；其次是高新技术产业企业和现代服务业企业，分别是 24 家和 12 家，共占比例接近 40%，这一行业分布的比例基本符合东莞产业发展趋势的总要求：优化升级传统优势产业，重点发展高新技术产业和现代服务业。

8.2.1　企业技能人才用工情况

在受访的 94 家企业中（有效问卷为 72 份），技能人才总数共计 18 575 人，其中高级技能人才 3588 人，包含高级技师 486 人，技师 1075 人，高级技工 2027 人，中级技工和初级技工分别为 5405 人和 9582 人。高级技能人才的比例较低，中级技工和初级技工占技能人才总数的 80.68%，而高级技能人才占技能人才总数的比例仅为 19.32%，占员工总数的比例不到 3%。

不同行业中，技能人才占企业员工总数的比例不同（有效问卷 56 份）。调查数据显示，在传统产业中，技能人才占员工总数的比重平均为 24%；在高新技术产业中，技能人才占员工总数的比重平均为 32%；在先进制造业中，技能人才占员工总数的比重平均为 61%。可见现代产业中对技能人才的需求量更大。

在对“企业急需技能人才”的问卷调查中（有效问卷 59 份），调查数据显示，59 个企业共急需各类技能人才 3533 名，占 59 家现有技能人才总数（14 640 名）的 24.13%，各类技能人才缺工率中，高级技师人才缺工率最大，达到 31.33%，后面依次是技师的 28.61%、高级技工的 26.98%和初级技工的 26.68%，最后是中级技工的 17.38%。东莞企业技能人才无论从绝对数量还是相对比例来说，高级技能人才都相对较少，并且技能人才缺工率较高，其中，高级技师的缺工率最高。

在对“人才引进的主要渠道”的问卷调查中，企业除了通过网络和现场招聘及从本地人才市场招聘外，还可以通过企业内部调动、员工引荐等途径引进高级技能人才，其中，从职业院校招聘的机会很少，具体情况见表 8.3。这说明了东莞企业技能人才缺乏，企业在内部用人时总是捉襟见肘。

表 8.3　样本企业高技能人才的引进途径（单位：人）

人才引进渠道	高级技师	技师	高级技工
企业内部调动	27	35	36
员工引荐	18	26	36
从同行处挖人	24	15	17
本地职业院校招聘	7	11	17
本地人才市场招聘	36	47	51
本省外市职业院校招聘	6	12	9
省外招聘	5	8	10
网络和现场招聘	37	44	39
人才外包	0	1	1

8.2.2　企业员工培训情况

在对企业培训费用的调查问卷中（有效问卷 55 份），在传统优势产业中，平均每个企业年度培训经费为 15.36 万元；而在现代服务业中，平均每个企业年度培训经费为 18.64 万元；在高新技术产业中，平均每个企业年度培训经费为 81.74 万元。相比之下，传统优势产业在技能人员培训中投资力度不够。在东莞，相当一部分企业比较重视职业培训。从企业所属的行业类别来看，高新技术产业类型的企业，如电子信息、新材料、环保等，对员工的职业技能培训的重视程度高于传统优势产业，如家电、家具、纺织服装等；国有企业、外商投资企业对员工的职业技能培训的重视程度高于民营企业。

1. 东莞企业培训项目

企业培训项目中常规性培训较为普遍，专业性技能培训较少，职业技能培训还需加强。通过统计分析企业问卷可以了解到，在样本企业中（94 份有效问卷），有 80 家企业提供职业技能培训，所占比例为 85.11%；有 87 家企业会提供常规性培训，如企业规章制度、劳动安全教育培训，占到全部企业的 92.55%；只有 68 家企业只是简单地配合相关部门的工作要求，对员工进行基本的劳动法律法规等其他培训。提供职业技能培训的企业不多，但投入规模不大，与员工期望水平有较大差距。在 2785 名受访员工中，其中 2082 名员工希望企业能够提供职业技能培训，占员工总数的 74.76%；709 名员工则希望企业提供劳动法律与法规培训，621 名员工安全生产意识较高，希望接受生产安全、劳动保护相关培训，两者分别占比 25.46% 和 22.30%。东莞企业培训渠道以内部培训为主，其他渠道为辅。企业问卷调查数据显示，东莞的企业员工参加职业技能培训的渠道主要有四种：企业内部培训、行业组织的培训、社会机构培训及政府部门组织的培训。通过企业内部培训对员工进行培训的企业有 87 家，占全部调研企业的 92.55%，其中，有 82 家在考虑培训渠道时总是优先考虑企业内部培训；通过行业组织的培训对员工进行培训的企业有 56 家，占全部调研企业的 59.57%，其中仅有 3 家企业会优先考虑这一渠道进行员工培训；通过社会机构培训对员工进行培训的企业有 57 家，占全部调研企业的 60.64%；通过政府部门组织的培训对员工进行培训的企业有 57 家，占全部调研企业的 60.64%。

2. 企业培训形式

东莞企业培训以在职培训为主，其他形式为辅。员工参加职业技能培训的形式主要包括企业内部培训、行业组织的培训、社会机构培训及政府部门组织的培训。在样本企业中，大多数企业会选择为员工提供企业内部培训，在 94 份有效企业问卷中有 87 家企业向员工提供企业内部培训，所占比例为 92.55%；有一半企业参加过行业组织的培训，有六成的企业参加过社会机构培训或政府部门组织的培训。员工参加企业外部在职培训和脱产培训的机会很少。有效个人问卷（2785 份）数据显示，有 2194 名员工参加过企业内部培训，占样本员工总数的 78.78%，而参加过企业外部在职培训和脱产培训的比例分别只有 14.36%和 5.46%。可以看出，企业内部培训是企业最愿意采取的一种培训方式。

3. 培训经费来源

企业内部培训费用负担。职业技能培训费用的来源一般由企业、员工和政府三个部分构成。调查数据表明，大部分企业的员工职业技能培训费用由企业单独全部承担，数目达到 73 家，占全部企业的 77.66%，有 8 家企业职业技能培训费用由企业和员工个人共同分担，仅有 1 家企业的培训费用完全由员工个人承担。除此之外，有 5 家企业的培训费用的分担取决于培训项目，若是培训技能项目符合企业实际需求，则由企业一方承担；若是培训项目属于员工个人行为，则一般由企业和个人共同分担。从个人问卷来看，企业的补助水平低，大部分流动人口参加职业技能培训没有获得企业或政府提供的财政补助。具体情况见表 8.4。

表 8.4 流动人口参加培训获得补助情况（单位：人）

费用分摊情况	高级技师	技师	高级技工	中级技工	技工	其他
政府、企业全部负担	5	15	16	47	84	155
政府企业负担一部分	4	11	6	37	27	59
自己负担	9	18	52	135	99	231

从培训对象来看，企业中高级管理人员、中高级专业技术人员获得培训机会较多，普通员工获得培训机会较少，一般流动人口较难获得政府提供的培训。其中40%的中高级管理人员参加企业培训时间在15天以上；35%的中高级专业技术人员参加企业培训时间在15天以上；仅有16%的普通员工参加企业培训时间在15天以上。具体情况见表8.5。

表 8.5 不同类型员工接受企业和政府组织培训情况（单位：人）

培训时间	中高级管理岗位		中高级专业技术岗位		技术工人岗位		普通员工岗位	
	企业培训	政府培训	企业培训	政府培训	企业培训	政府培训	企业培训	政府培训
0天	57	193	54	275	170	522	255	657
一周以内	112	95	138	49	306	103	396	115
8～15天	58	26	60	11	118	29	130	34
16～30天	38	11	40	8	53	19	54	16
一个月以上	114	27	98	9	99	17	95	20

8.2.3 东莞流动人口专用性人力资本投资存在的问题

本次调研的企业主要是东莞各区镇有代表性的企业。从调研情况来看，东莞企业对于员工特别是流动人口的专用性人力资本投资不足。专用性人力资本投入低对于企业长期发展，乃至该地区产业转型升级都非常不利。东莞的企业已经意识到职业技能培训对企业自身生产和发展的重要性。大部分企业都开展了常规性培训工作，然而对提高员工生产效率、促进企业长期发展、推动东莞产业转型升级起核心作用的职业技能培训却存在培训经费投入少的情况。

1. 企业培训经费投入不足

根据国务院公布的《职业技能培训和鉴定条例（征求意见稿）》，"用人单位应当按照职工工资总额的1.5%—2.5%提取职工教育培训经费，列入成本费用，依法在税前扣除。用人单位用于一线职工教育培训的经费不得低于本单位职工教育培训经费总额的 70%”。调研企业中，有 57 个企业完整填写了 2006～2009 年的企业经营中的人工成本、净利润及培训费用，占调研企业总数的 60% 以上。在有效问卷中，仅有 19% 的企业的培训经费投入占总人工成本的 1.5% 以上。另外，政府部门对于企业进行职业培训的补贴非常有限，在调研中，有 60% 的企业希望政府能够提供一定的资助或补贴。

首先，如上所述，在有效问卷中，仅有 19%的企业的培训经费投入占总人工成本的 1.5%以上。同时，企业开展的职业技能培训获得的政府资助较少，政府对企业培训的资助包括经费资助和培训设备资助。在调查问卷中，当企业被问及“你认为政府部门或行业组织提供的职业技能培训在哪些方面需改善”时，46%以上的企业认为应该降低培训费用，或者提供经费补助。

其次，对企业经营状况的调查显示，80% 以上的企业在 2006～2009 年人工成本是递增的，然而，在这些企业中，有 85% 以上的企业的培训经费的投入比例是变动、不稳定的。职业技能培训工作是一项长期的任务，需要企业在资金、人力、物力等各方面给予持续不断的支持。培训经费投入的不稳定，必然会影响企业培训课程的安排和设置的连续性，难以确保培训师资质量，影响培训效果和职业技能的提升。

最后，个人问卷的数据反映出，企业为中高级管理人员、中高级专业技术人员提供的培训机会较多，也就是说，企业的大部分培训费用投入到针对中高级管理人员、中高级专业技术人员的培训项目中，培训经费投入到普通员工职业技能培训的份额很少，普通员工很难获得培训的机会。

2. 培训效果有待提高

从本次调研情况来看，不管是企业内部培训还是行业组织的培训，培训效果都不是非常理想。本次调研采用“企业组织的技能培训对员工的工作是否产生作用”作为分析企业培训效果的衡量指标，影响程度介于“非常有用”和“完全没用”之间。问卷结果显示，没参加企业培训的人数为 533 人，数据缺失 463 份，剩余有效问卷 1789 份，仅占全部问卷数（2785 份）的 64.24%。从培训效果评价来看，认为企业内部培训非常有用的约占 22.14%；认为比较有用和一般有用的所占比重分别为 43.60% 和 24.20%；认为培训不太有用和完全没用的分别占培训人数的 4.82% 和 5.24%。这说明，企业培训内容对员工实际工作的帮助没有显著的影响，普遍存在培训内容指向性不强，专业性、技能性还不够突出等问题。

相对企业组织的职业技能培训而言，仅有较少一部分人参加过行业组织和人力资源部门组织的职业技能培训，人数仅为 538 人，占有效问卷人数的 24.22%（564 份问卷属于数据缺失），即每 4 位企业员工中，只有 1 位参加过培训；而高达 1683 人没有参加过类似培训。就培训效果而言，认为比较有用及以上程度的员工占到

59.67%，感到一般的占到31.97%，而认为不太有用或完全没用的占8.36%。可见，尽管大多数员工对政府部门或行业组织的培训效果表示满意，但是仍有接近40%（包括一般及以下程度）的员工对培训效果认可度不高。员工参加政府部门或行业组织的培训较少，也可从侧面反映出政府部门或行业组织的培训在培训项目或培训内容上不够丰富，而且培训力度也不够大。

3. 培训内容与产业转型升级所需技能不匹配，培训时间安排不恰当

通过调研发现，东莞企业组织的职业培训主要是常规性的内容，即对新入职员工进行企业文化、规章制度等培训；对老员工开展劳动安全教育、劳动法规等通用性的、普遍性的培训。在回收的94份企业问卷中，除去缺失数据2份，在有效的92份问卷中，有27家企业认为政府部门或行业组织职业技能培训时，应更新培训内容及教材，占样本企业的29%，具体见表8.6。

表8.6　政府部门或行业组织培训需改善因素（排名）

项目	选择企业数/个	占总样本的比例	排名
掌握企业和人才培训需求	76	83%	1
培训形式多样化	55	60%	2
更新培训内容及教材	27	29%	7
加强师资建设	27	29%	8
加强与企业及其他培训机构合作	48	52%	3
政策及信息发布	38	41%	5
降低培训费用	43	47%	4
灵活安排培训时间	33	36%	6
其他	7	8%	9

通过分析表8.6还可以得出，培训时间的安排不恰当是职业技能培训工作中另一个较为突出的问题。参加职业技能培训的员工大多数为企业技术岗位的操作人员，员工参加培训必然将占用员工的工作时间。企业、政府部门和行业组织的职业技能培训在时间安排上通常会影响到企业的日常生产，进而阻碍了职业技能培训的开展。

8.2.4　流动人口专用性人力资本投资不足对产业升级的影响

从上述分析来看，东莞企业对于流动人口专用性人力资本投资不足，这对东

莞产业转型升级造成了一定障碍，主要表现在以下方面。

1. 企业缺工情况普遍

从调研情况来看，东莞企业中技能人才不足，并且技能人才缺工情况普遍。东莞企业高级技能人才无论从绝对数量还是相对比例来说都是相对较低的，并且技能人才缺口数目较多，其中高级技能人才的缺口比重最大。在对“人才引进的主要渠道”的问卷调查中，企业除了通过网络和现场招聘及本地人才市场招聘外，还可以通过企业内部调动、员工引荐等途径引进高级技能人才，其中，从职业院校招聘的机会很少。

2. 技能人才不能满足未来经济发展需求

改革开放以来，东莞抓住了历史机遇，充分利用政策、区位和人文等优势，有效承接了香港、台湾地区和其他发达国家的产业转移，大力发展外源型经济，形成了较为完善的产业体系。东莞将进一步调整产业结构，打造以现代服务业和高新技术产业为先导、以先进制造业和传统优势产业为支撑、以现代农业为重要补充的现代产业体系。现代产业的建立需要人力资源的支撑，需要更多技能人才，特别是高级技能人才。从本次调研情况来看，东莞的技能人才总量存在着明显的供不应求。其中，高级技能人才，特别是高级技师供不应求的现象最为严重，高级技工、技师及高级技师的求人倍率分别为 1.16、1.18 和 1.3。从东莞人才结构来看，东莞技能人才存量结构存在低学历、低技能等特征，还有待优化。东莞外来人才占人才总量的 85%以上，其中，大专以下学历人才占外来人才总数的 67%，初、中级技工占外来人才总数的 78%，普通工人和技术工人占外来人才总数的 71%。东莞技能人才的素质不是很高，缺乏培训和晋升渠道，难以进入高端技能人才行列，不能有效满足东莞经济转型升级的需要。在本次调研中发现东莞目前技能人才总量不足，在传统优势产业、现代服务业、高新技术产业、先进制造业中均存在着技能人才供给不足的现象。

8.3　东莞流动人口发展存在的主要问题及原因分析

东莞的许多企业已经意识到员工职业技能培训的重要性，开始逐步加大职业培训的投入，有计划地开展员工的培训工作，取得了一定的效果，但仍然不能满足企业对职业技能人才的需求。同时，劳动者个人对职业技能培训有较强的需求，希望通过职业技能培训提高自身技能水平，从而寻求更稳定、收入更高的工作机会。在东莞实施产业升级和转型的重要背景下，企业职业技能培训仍然存在众多问题，不能为产业升级转型提供有效的人力资源支撑。造成上述问题的主要原因可以归结为历史根源、企业因素、个人因素及制度因素。

8.3.1 东莞流动人口发展存在的主要问题

东莞经过改革开放 40 多年以来的发展，已经成为珠三角经济重镇、世界制造业集散地，也是我国流动人口比重较高的城市，流动人口在东莞就业人员中的比重超过 70%。

1. 技能人才的存量结构与经济发展阶段不相适应

在 2010～2020 年规划中，东莞的人才集聚将步入数量扩张与质量提升并重的新阶段，高层次人才将呈现加速集聚态势，人才总量继续增加，人才结构与经济结构基本适应，人才效能不断提升。从本次调查数据来看，东莞的技能人才总量存在着明显的供不应求。95 家企业技能人才总需求为 66 559 人，总供给为 58 867 人，求人倍率为 1.13。其中又尤以高级技能人才，特别是高级技师的供不应求最为严重。高级技工、技师及高级技师的求人倍率分别为 1.16、1.18 和 1.3。

从存量现状的结构分析数据来看，供给的技能人才存量结构还存在着比较严重的低学历、低技能的结构特征。调研情况显示，东莞外来人才占人才总量的 85% 以上，其中农村人口就占外来人才总量的 71%，大专以下学历人才占外来人才总数的 67%，初、中级技工占外来人才总数的 78%，普通工人和技术工人占外来人才总数的 71%。这些数据说明，东莞技能人才的技能水平普遍较低，并且技能人才由于缺乏培训和晋升渠道，也难以进入高端技能人才行列。东莞经济要转型升级需要更多高级技能人才，东莞现有技能人才的存量结构已明显无法适应东莞未来经济发展对人才的要求。

2. 技能人才的发展环境与人才全面建设的要求不相契合

东莞部分企业技能人才发展环境不佳，主要体现在薪酬水平偏低，用工氛围较差。以薪资报酬水平为例，根据《2010 年中国统计年鉴》对 2009 年职工平均工资的调查数据，广东省城镇单位就业人员年平均工资水平为 36 469 元，在十个发达省市中只处于中等水平，且远低于北京的 57 779 元，上海的 58 339 元，天津的 43 937 元。从此次调查的东莞技能人才的月工资水平来看，42% 的技能人才月工资水平仅在 920～2000 元，31%的集中于 2001～3000 元，即 73%的技能人才工资水平低于广东省的平均工资，可见东莞技能人才薪酬水平较低，难以形成较为有效的人才聚集吸引力，难以契合广东人才发展规划的要求。具体情况如

图 8.3 所示。

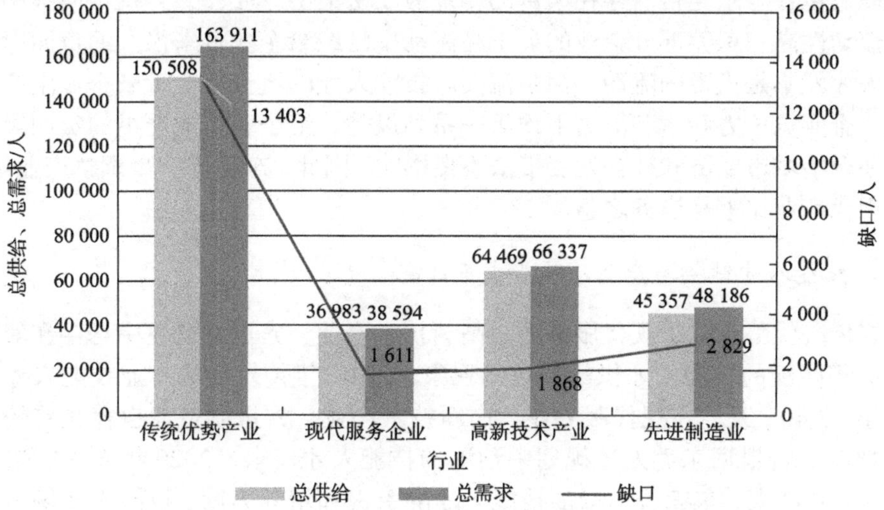

图 8.3　东莞部分产业 2010 年技能人才总供给、总需求及缺口

3. 技能人才流动与合理且理想的流动水平存在差距

由于此次调查企业主要集中于制造业，也包括部分服务业，根据人员流动率公式（许小东和李经兰，2006）即人员流动率=（流出人数+流入人数）/（某段时间期初人数+期末人数）÷2，计算出东莞各行业 2010 年技能人才平均流动率，并参照行业流动率合理水平和理想水平（胡洁，2007）可得，东莞技能人才的行业平均流动率普遍偏高，达不到理想流动率水平的要求。仅运输业在合理水平之内，平均流动率为 7%，教育服务业、制造业、商业服务业的平均流动率均高于合理水平，特别是东莞的重要经济组成部分——制造业的流动率最高，这也给东莞产业结构转型释放了强烈信号。具体情况如表 8.7 所示。

表 8.7　东莞部分行业流动率情况

行业	2010 年行业平均流动率	流动率合理水平	流动率理想水平
教育服务业	10%	5.90%	4.50%
运输业	7%	8.57%	4.50%
制造业	18%	7.47%	3.50%
商业服务业	16%	12.82%	4.50%

根据职业搜寻理论，劳动力通过劳动力市场不断地更换工作的目的是使劳动力自身与岗位更加匹配，优化人力资本的配置，提高生产效率，同时提高劳动者

收入。劳动力流动的一般规律是从传统产业向现代产业转移，从低收入职位向高收入职位转移。东莞目前存在大量的传统劳动密集型产业，人力资本回报率低，员工流动性高。东莞部分企业的员工高流动率已经给企业带来很大的负面影响，这时人才就不是正常的流动，而是流失。技能人才的流失将会带来企业生产管理混乱、企业竞争力和营利能力下跌等一系列风险，给企业造成严重的负面影响，甚至还会给城市经济和社会发展带来不良影响，因此，东莞进一步调整产业结构，提高现代产业比重是当务之急。

4. 技能人才结构与产业结构要求不匹配

在传统优势产业、现代服务业、高新技术产业、先进制造业中均存在着与产业升级相匹配的技能人才供给不足的现象。2010 年传统优势产业技能人才缺口达到了 13 403 人，在现代服务业、高新技术产业、先进制造业也存在着较大的人才缺口。若根据东莞人才规划中预测的技能人才需求，2020 年先进制造业将需要 107 002 人，东莞若不增加技能人才的引进和培养力度，技能人才供需矛盾将更加突出。

8.3.2 员工流动性高，企业不愿承担培训风险

由于企业管理意识不到位，担心员工在接受培训后要求加工资或者跳槽，对企业经营造成很大影响，企业在开展培训时有所顾虑。东莞企业中大多数技能人才来自外地，员工频繁更换工作，流动性很高。2008 年出台的《劳动合同法》更全面地保护了劳动者的利益，员工可以在企业间自由流动，企业对员工的束缚力越来越小。个人问卷统计显示，东莞技能人才在企业持续工作时间平均不超过 3 年。员工如果在接受培训后跳槽，企业培训的机会成本增加，这使企业的经营管理者在组织开展职业技能培训时顾虑重重。企业员工是职业技能培训的直接受益者，员工通过参加培训提升自身素质和技能水平，在同行业劳动者中占有优势；或者掌握了企业的重要生产技术，从而提高了自己在企业内部的地位。参加职业技能培训后，员工的谈判能力增强，对薪资福利、工作环境及发展机会等会有更高的要求，进而增加企业管理成本、人工成本。另外，如果培训后员工的要求没有得到企业的正面回应，员工就有可能跳槽。员工参加技能培训后，自身技能水平和人力资本都得到提升，竞争力增强，就业市场也就更广，对企业和工作岗位也就有更多的选择。一旦员工流失，企业的培训成本将彻底成为沉没成本，无法收回。大部分企业对员工技能培训浅尝辄止，只对员工进行岗前培训，满足企业的基本用工需求。在企业发展过程中，企业这种“短视”行为会导致技能人才的

缺乏，员工的技能水平更加满足不了产业转型升级的需要。

8.3.3　流动人口受自身条件约束参与培训意愿低

东莞流动人口受教育水平低，收入水平不高，支付能力较弱，导致了员工参与培训的意愿低，对参与技能培训的积极性不高。

在 2010 年对东莞流动人口的调研中发现，东莞技能人才的知识、技能和能力等基本素质都有待提高，大部分企业员工没有受过高等教育，只是高中、中专或中技毕业，或者是初中及以下毕业。其中高中、中专或中技毕业人才居多，占 43%，其次是初中及以下毕业的技能人才，占 24%，还有 19%的技能人才拥有大专或高职院校学历，拥有本科及研究生学历的技能人才仅占 14%。从员工的来源结构看，东莞受教育水平较低的企业员工主要是外来的农村人口，88%拥有初中以下学历的企业员工为外来农民工，72%的高中、中专或中技学历员工来自外地农村。东莞大部分员工受教育程度不高，由于理论基础薄弱，理解水平低，对职业技能培训的理论知识难以理解，很难从体系上把握培训内容，学习意愿比较低。另外，部分员工有学习意愿，由于学习能力差，即使积极配合参加技能培训，也会因为文化程偏低、综合素质不高不能有效地吸收培训内容，达不到企业组织技能培训的预期效果。

同时，在 2010 年的调研中还发现，东莞流动人口收入有限，支付能力低，培训积极性不高。东莞企业员工的整体工资水平不高，普遍集中在 920～3000 元，大部分外地员工没有其他的收入来源。工资水平直接决定了员工的收入水平，而收入水平决定了员工的支付能力。马斯洛需求层次理论指出，人的需求主要分为生理需求、安全需求、社交需求、尊重需求和自我实现的需求五大类，并且依次由低到高排列，只有当低层次需求得到满足时，才会产生高一层次的需求。流动人口不愿意参加职业培训有两方面原因。一方面，企业员工大多来自经济不发达地区的农村，收入水平低，每月的工资仅够支付日常开支。即使有少数的结余，还要用于供养小孩、赡养父母等，经济负担重。他们不愿意将微薄的储蓄收入用于更高层次的人力资本投资——职业技能培训中。特别是当企业组织的技能培训需要员工承担全部培训费用时，绝大部分员工表示不愿意支付培训费用，并认为技能培训的费用应该由企业或者政府来买单。另一方面，东莞很多企业是劳动密集型企业，多以计时、计件制度作为员工的工资结算方式。参加培训会占用员工的工作时间，耗费员工的精力，这也给员工带来机会成本。受传统小农意识的束缚，很多员工对技能培训认识不够，没有评估培训带来的长远收益。占用工作时间参加企业组织的技能培训，对他们而言意味着收入减少，严重影响培训的积极性，若是培训费用还需要员工承担，那么培训的积极性会更低。

8.3.4 职业资格认证制度不完善

职业资格认证制度是以职业资格为核心，围绕职业资格考核、鉴定、证书颁发建立起来的一系列规章制度和组织机构及其运作内容的统称。职业资格认证制度是按照国家制定的职业技能标准或任职资格条件，通过政府认定的考核鉴定机构，对劳动者技能水平或职业资格进行客观公正、科学规范的评价与鉴定。部分职业资格认证标准与技能培训需求不一致。部分职业资格认证制度的认证标准偏离企业和员工的实际需要，导致职业资格证书得不到社会各界的全面认可。目前，东莞企业对职业资证书的认可程度普遍偏低，企业对职业资格认证制度的推行和支持力度很小。特别是在民营企业中，没有职业资格证书的员工大量存在。然而，职业资格认证制度作为一种就业准入制度，本应该是企业的选人、用人的标准，却没有起到应有的作用，最根本的原因就在于没有以企业和员工需要为导向制定职业资格认证标准。职业资格认证标准与技能培训需求的不一致，不仅降低了政府部门、行业组织的培训效用，也大大降低了企业和员工参加职业技能培训的积极性。在分析企业对政府的诉求时，当企业负责人被问到“您认为政府部门或行业组织提供的职业技能培训在哪些方面需改善”时，排在首位的选项是“掌握企业和人才的鉴定需求”，可见，企业非常希望能将企业培训同技能鉴定工作结合起来。

8.3.5 东莞流动人口用工氛围有待改善

东莞作为广东经济发展的排头兵，在改革开放初期，在“劳弱资强”的条件下，企业有更多的用工选择，可以充分发挥其用工自主权。在劳动密集型和外向型企业生产条件下，企业雇佣劳动者的数量受制于国外市场变化而显得不稳定。企业员工流动性大，必然不利于企业人力资本投资和技术积累，反过来使企业向技术密集型生产转变受限制。员工没有稳定的就业预期，企业也就没有转型升级的人才基础和动力，只能依靠榨取微薄的利润生存。

从企业问卷分析来看，企业出现“技工荒”的主要原因在于市场上技能人才严重缺乏，部分原因在于东莞流动人口用工氛围方面较差，不能吸引更多的技能人才来东莞就业。从个人问卷分析来看，员工的就业质量不高，就业满意度低，主要表现在：①职业发展机会少，员工感到迷茫。通过对员工发展机会的调研可知，80%左右的技能人才觉得自己的发展机会很少或不多，并且技能人才层次越高，认为发展机会越少。这也体现了东莞产业层次低，对高级技能人才的吸引力非常弱。②工资水平低，通过比较发现，东莞技能人才的工资水平同长三角地区有一定差距，员工希望通过跳槽来获得更好的工作机会或更高的收入。但事与愿违，员工的频繁跳槽没有给员工带来更高的收益。③员工对东莞的归属感不强，对政府有很多期望。在“最希望东莞政府提供怎样的帮助”的调查中，大部分技能人才选择了“解决东莞城镇户口、子女在公立学校读书难问题”和“医疗保障，提供廉租房”。可见外地户籍的技能人才各种社会保障制度欠缺，对东莞始终缺乏归属感。

8.3.6　东莞技能人才培训市场不成熟

东莞技能人才培训市场发展不够规范，政府管理不到位。东莞培训行业发展还不成熟，培训市场在运行过程中存在着不少问题，亟待进一步发展完善。东莞技能人才培训市场存在的问题之一是技能人才培训市场秩序混乱、竞争不规范等。主要原因在于：第一，我国尚未出台全国性的培训机构管理条例，对培训机构提供的具体培训项目的标准、市场收费标准及培训质量都缺乏统一的规定。第二，东莞还未形成一个引导和管理技能培训机构的行业组织协会。第三，培训机构的监管难度大。技能人才培训市场需求大，准入门槛低，吸引了大量的技能培训机构，但技能培训机构的培训项目标准不统一，提供的培训教材、课程设置、学习周期存在差异；技能人才培训市场中还存在少数非法培训机构，这些客观的因素加大了政府有关部门对培训机构的监管难度。第四，管理部门在部分方面对培训机构管理过严。要放宽对培训机构培训项目的限制，并允许成立协会组织，允许培训机构连锁经营。部分培训机构反映在申请培训项目上遇到一些困难，有些市场急需的培训项目无法展开。同时，企业开展连锁经营时也遇到了行政审批方面的阻力。有些培训机构建议成立行业培训协会，以建立统一的培训标准。第五，技能培训机构与企业合作不够紧密，导致技能培训不能有效转化为就业。结构性供需失衡是技能劳动力市场存在的一个问题。一方面，部分企业招聘不到所需的技能人才，感觉技能人才缺乏；另一方面，部分技能人才培训后应聘不到工作岗位。造成这一矛盾的主要原因在于技能培训机构与企业合作不紧密，导致其提供的技能培训没有与企业的岗位空缺和用人需求联系起来。企业的用人需求是技能培训的出发点和落脚点，技能培训机构的技能培训必须具有针对性。

第9章　专题研究——佛山流动人口就业管理的实践

9.1　佛山产业工人调研情况

佛山位于珠三角腹地，是珠三角地区的重要城市，也是我国重要制造业基地城市，民营经济发达，流动人口较多。2017年，课题组成员对佛山企业进行了一次调研，总计走访企业39家，收回个人问卷1400余份，对这些调研问卷进行统计分析可以发现制度环境对流动人口劳动力市场的影响。

1）佛山劳动力市场基本情况

佛山自从改革开放以来，经济得到快速发展，地区生产总值由1980年的16.77亿元增长到2016年的8630亿元，在全国主要城市中的排名也由第33位上升到第15位。2016年美的集团股份有限公司、碧桂园控股有限公司入选世界500强，这说明佛山民营经济发展迅速，在市场经济中迅速壮大。在经济规模壮大的同时，佛山产业工人队伍也在不断壮大。1985年佛山职工总数为53.37万人，2015年佛山社会从业人员为438.41万人，增长了7.21倍。佛山产业工人队伍中，分布结构也发生了重要的变化：私营经济和个体经济从业人员的比重不断提升，由2006年的48%上升到2015年的54%；国有单位及集体单位从业人员的比重由2006年的18.7%下降到2015年的10%。可见，民营经济的发展促进了佛山产业工人队伍的壮大。从三次产业比重来看，第二产业中的制造业从业人员数量较多，从2007年的197.60万人上升到2015年的236.80万人。具体情况见表9.1。

表9.1　佛山产业工人队伍发展情况

年份	地区生产总值/万元	在岗职工人数/万人	社会从业人员人数/万人	制造业从业人员人数/万人
2007	36 601 821	53.58	386.29	197.60
2008	43 782 968	54.22	397.80	194.85
2009	48 083 133	54.36	424.38	206.73

续表

年份	地区生产总值/万元	在岗职工人数/万人	社会从业人员人数/万人	制造业从业人员人数/万人
2010	56 226 319	54.71	443.46	245.43
2011	61 796 814	58.17	445.13	247.22
2012	65 791 838	60.74	437.25	240.42
2013	70 106 822	171.52	437.29	239.49
2014	74 415 994	171.36	438.09	240.25
2015	80 039 186	167.39	438.41	236.80

2015 年佛山就业人口为 438.41 万人，其中绝大部分在第二产业、第三产业就业。2015 年佛山常住人口约为 743.06 万人，其中户籍人口 388.97 万人，非户籍人口 354.09 万人。根据此数据估算，佛山产业工人中非户籍人口（流动人口）占常住人口的比例约为 48%。

从表 9.2 可以看出，2010～2015 年佛山产业工人在民营企业[①]、外商投资单位、港澳台投资单位中的比重接近 90%，2015 年，国有单位及集体单位占比为 10.1%；外商投资单位、港澳台投资单位占比为 14.3%；民营企业占比为 75.6%。这说明佛山民营经济发达，吸收就业能力强，产业工人大部分在民营经济组织中就业。

表 9.2 按登记注册类型分组就业情况（单位：万人）

类型	2006 年	2007 年	2008 年	2009 年	2010 年	2011 年	2012 年	2013 年	2014 年	2015 年
国有单位	19.36	19.29	18.90	19.38	21.56	22.70	22.55	20.85	19.80	19.87
集体单位	49.45	40.95	38.79	38.17	37.08	33.49	30.92	26.84	25.35	24.51
股份合作单位	4.80	5.03	5.23	5.54	5.83	7.71	8.41	8.33	5.29	5.32
联营单位	0.71	0.86	0.88	0.70	0.67	0.60	0.54	0.51	0.31	0.32
有限责任公司	44.13	48.09	50.09	49.09	49.12	49.06	50.09	56.01	59.01	60.96
股份有限公司	11.05	10.69	10.62	10.00	11.33	12.94	13.59	17.26	22.56	21.88
外商投资单位	13.49	16.68	16.68	16.59	17.13	20.99	21.60	22.24	22.39	23.49
港澳台投资单位	42.43	47.28	46.16	45.40	45.46	46.82	45.44	43.08	39.88	39.27
私营企业	83.41	91.29	99.61	101.55	114.88	122.31	113.44	113.34	122.17	124.22
个体经济	92.62	101.25	105.67	132.50	134.97	123.69	122.91	120.82	114.26	111.79
其他经济	5.42	4.88	5.17	5.47	5.43	4.82	7.77	8.02	7.08	6.78
合计	366.87	386.29	397.80	424.38	443.46	445.13	437.25	437.29	438.09	438.41

资料来源：《2016 年佛山统计年鉴》

① 包括股份合作单位、联营单位、有限责任公司、股份有限公司、私营企业、个体经济、其他经济。

2）佛山劳动制度环境基本情况

2017 年佛山市总工会同广东外语外贸大学经济贸易学院对佛山产业工人发展进行了调研，发放了个人问卷和企业问卷，收回个人问卷 840 份，企业问卷 39 份。通过对个人问卷分析、实地调研和政府部门座谈，课题组对佛山产业工人现状加以分析，在立足国家制造业创新中心的基础上，对提升佛山现代产业工人队伍建设水平提出了建议。个人问卷主要调查个人基本情况、社会保障、劳动关系及对政府的政策建议。对个人问卷进行分析总结，得到了佛山产业工人（大部分是流动人口）用工情况，具体如下。

社会保险品种主要包括养老保险、医疗保险、工伤保险、生育保险和失业保险五大类。在“购买的社会保险品种”问题上，有效回答人数为 817 人，其中购买了养老保险的有 770 人，约占 94.2%；购买了工伤保险的有 732 人，约占 89.6%；购买了医疗保险的人数相对较多，有 784 人，约占 96.0%；而对比之下，购买了生育保险和失业保险的人数相对较少，分别为 679 人和 673 人，约占 83.1%和 82.4%。而在“企业购买的社会保险”问题调查中，有效回答人数为 808 人，其中企业为员工购买了医疗保险的人数仍是相对最多的，有 777 人，约占 96.2%，而企业为员工购买生育保险和失业保险的人数相对其他三种保险仍是较少的，分别为 708 人和 709 人，约占 87.6%和 87.7%。综上，各保险购买仍存在不均衡状况，购买失业保险的比重相对其他保险而言较低，“五险”中法定企业缴纳的工伤保险和生育保险的落实度仍需进一步提高。

集体合同签订情况。在“签订集体合同覆盖率”的调查中，共有 31 个企业参与了调查，只有 9 个企业的集体合同覆盖率达到 100%，约占受调查企业的 29%；而有 19 个企业未签订集体合同，约占受调查企业的 61%。这说明当前集体合同制度还不成熟，并未在企业中得到充分的推广，集体合同签订率普遍较低。在“公司签订劳动合同的主要方式”问题上，共有 32 家企业参与了调查。其中，表示企业与劳动者协商签订的有 27 家，约占 84.4%；工会指导劳动者签订劳动合同的企业有 1 家；而企业单方拟定后与劳动者签订劳动合同的有 4 家，约占 12.5%，这说明仍存在少数企业在签订劳动合同时并未充分考虑双方利益，而是单方面拟定合同，劳动者缺乏一定的谈判权。

劳动争议及处理情况。有效调查企业为 38 个，其中，38 个企业在 2014～2015 年发生劳动争议总次数从 35 起上升到 41 起，劳动争议次数有逐年增加的趋势；而 2014 年、2015 年调解成功的次数却是 33 起和 40 起，都低于发生争议的次数，这说明劳动争议调解渠道不够完善，导致不能解决所有的劳动纠纷，与此同时，也说明企业缺乏一定的劳动关系预警机制。

3）佛山劳动力市场结构情况

佛山流动人口就业稳定性情况。问卷中设置了在企业工作年限，分别为“A.

半年以下；B. 半年及以上，一年以内；C. 1（含）～3 年；D. 3（含）～10 年；E. 10 年及以上”，其中选择 A、B、C、D、E 的人数分别为 66 人、90 人、226 人、281 人和 167 人，比例分别为 7.9%、10.8%、27.2%、33.9%、20.1%。同时设置了问题：“现签订劳动合同期限？A. 一年以内；B. 1（含）～3 年；C. 3（含）～5 年；D. 5（含）～10 年；E. 无固定期限合同”。其中选择 A、B、C、D、E 的人数分别为 232 人、253 人、134 人、33 人和 174 人，比例分别为 28.1%、30.6%、16.2%、4.0%、21.1%。从统计结果来看，超过半数的劳动者在企业工作时间在 5 年以上，这远高于全国平均水平；从签订合同情况来看，主要是以中、短期合同为主，但无固定期限合同比例较高，也高于全国平均水平。

佛山制造业中也存在一定缺工现象。本次调查问卷中，在“企业技能人才缺工情况”问题上，有效回答企业为 22 个。其中，2013 年高级技师短缺占 8%，技师短缺占 5%，高级技工短缺占 15%，中级技工和初级技工短缺各占 38%和 34%。2014 年高级技师短缺占 8%，技师短缺占 7%，高级技工短缺占 16%，中级技工和初级技工短缺各占 36%和 33%。2015 年高级技师短缺占 8%，技师短缺占 9%，高级技工短缺占 16%，中级技工和初级技工短缺各占 34%和 33%。2016 年高级技师短缺占 8%，技师短缺占 9%，高级技工短缺占 14%，中级技工和初级技工短缺各占 36%和 33%。具体情况见图 9.1。

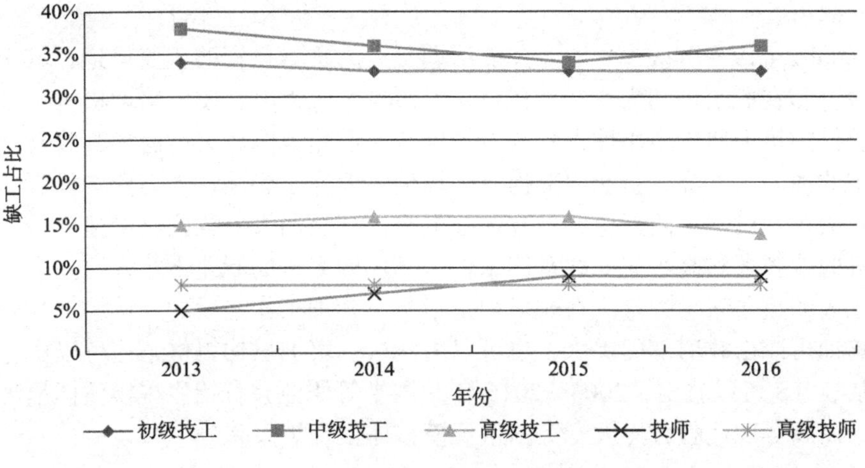

图 9.1　2013～2016 年佛山缺工情况

以上数据表明产业工人技能水平满足不了产业升级需要。横向比较来看，佛山企业主要缺乏中级技工和初级技工，高级技师、技师和高级技工占比较少，说明佛山产业工人不仅在高水平工人上短缺，基础技工短缺也较严重，自低级到高级的工人短缺导致整体技能水平较低，无法满足产业升级需要。纵向比较来看，技师的短缺略微增加，初级、中级和高级技工的短缺略微减少，说明 2013～2016

年低技能水平工人有所补充，高技能水平工人短缺日趋严重，产业的发展迫切需要高技能水平工人，而佛山高技能水平工人的短缺将延缓佛山产业升级的步伐。在调研中还发现，流动人口除了对劳动权益的诉求之外，对于社会公共福利还有一定的诉求，主要体现在子女教育和医疗保障方面，因为部分流动人口将小孩带在身边。佛山根据中央有关精神，投入较多财力资源，解决流动人口随迁子女就近入学问题，这也对流动人口在佛山稳定就业产生促进作用。

通过对比 2017 年佛山调研情况与 2010 年东莞调研情况可以发现，珠三角地区流动人口就业环境发生了很大变化，流动人口就业质量有明显提升，主要体现在：①就业稳定性增强。佛山流动人口签订合同情况明显好于东莞，这也说明流动人口就业稳定性得到提高。②流动人口参加社会保险比例明显提高。地方政府加大了对流动人口劳动权益保护的监管，流动人口参保比例明显提升，其劳动权益得到较好维护。③高技能人才用工短缺情况有所缓解。在东莞调研中，企业主要缺乏高技能人才；在佛山调研中，企业主要缺乏中低技能人才。珠三角企业用工发生的显著变化与地方政府积极的流动人口管理政策分不开。

9.2 佛山产业工人职业技能培训机制

Schultz（1959）认为，职业技能培训是人力资本投资的重要渠道，其中包括学校教育和在职培训两大途径。Becker（1962）认为由学校（培训机构）或政府部门提供的培训属于通用性人力资本投资，它适用范围较为广泛，其收益不会随着员工的离职而下降；企业内部提供的培训一般属于专用性人力资本投资，它具有较强的企业属性，离开企业后收益会下降，甚至消失。我国已经建立较为完善的中等职业教育和高等职业教育体系，每年培养大量的职业人才，这些人才成为产业工人的重要新生力量。在职培训是指员工参加工作之后的后续培训与教育，这种培训可以由政府部门提供，也可以由学校、培训机构提供，还可以由企业提供。从表 9.3 可以看出，2006～2015 年我国中等职业教育招生规模整体呈现缩小趋势，而高等职业教育（大专）招生规模整体呈现扩大趋势。

表 9.3 中等职业教育和高等职业教育培养规模（单位：万人）

年份	全国中等职业教育		全国高等职业教育		广东中等职业教育		广东高等职业教育	
	招生人数	毕业人数	招生人数	毕业人数	招生人数	毕业人数	招生人数	毕业人数
2006	747.8	479.1	293.0	204.8	32.68	19.83	33.93	19.60
2007	810.0	530.9	283.8	248.2	36.57	22.15	35.18	23.31

续表

年份	全国中等职业教育		全国高等职业教育		广东中等职业教育		广东高等职业教育	
	招生人数	毕业人数	招生人数	毕业人数	招生人数	毕业人数	招生人数	毕业人数
2008	812.1	580.7	310.6	286.3	39.81	24.53	38.45	28.25
2009	868.5	625.2	313.4	285.6	52.99	27.77	43.59	30.92
2010	870.4	665.3	310.5	316.4	74.13	33.17	43.73	33.42
2011	813.9	660.3	324.9	328.5	55.03	36.65	46.87	35.75
2012	754.1	674.9	314.8	320.9	49.58	41.92	50.19	40.40
2013	674.8	764.4	318.4	318.7	47.49	48.83	51.69	41.23
2014	619.8	622.9	338.0	318.0	41.70	45.70	53.54	44.10
2015	601.2	567.9	348.4	322.3	39.54	41.73	55.06	47.69

资料来源：根据《中国统计年鉴》和《广东统计年鉴》数据整理

佛山是我国知名的制造业大市，为了满足大量高素质技能人才的需求，佛山建立了较为完善的技能人才培养机制。一是加大投入，建立了相对完善的职业教育体系；二是注重企业内部培训，加大在职教育力度。

（1）职业院校培训体系。2015 年佛山有高等职业学院 1 所，技工学校 12 所；中等职业学校 38 所，每年招生人数约 3 万人，在校生规模约 9 万人。主要招生专业包括计算机运用、模具制造技术、数控技术应用、电子商务、物流运用及管理、会计等。具体情况见表 9.4。

表 9.4　佛山中等职业、高等职业学校人才培养规模

年份	技工学校数量/所	技工学校在校生人数/人	中等职业学校数量/所	中等职业学校在校生人数/人
2006	8	16 388		
2007	10	18 232		
2008	12	15 498		
2009	12	21 285		
2010	12	23 784	50	102 216
2011	14	26 617	52	106 401
2012	13	28 522	51	108 349
2013	12	19 225	48	96 722
2014	12	18 249	38	94 571
2015	12	16 951	38	90 742

资料来源：《广东统计年鉴》（2007～2016 年）

佛山非常注重职业技能人才的培养，因地制宜，创新职业技能人才培养模式，取得了较好的成效，成为广东省首批创建现代职业教育综合改革示范市和全国首批现代学徒制试点单位；现代职业教育体系建设改革试点项目获联合国“2015 中国可持续发展城市范例奖”。主要经验包括以下几点。

一是构建并完善从中职、高职、应用本科到专业学位研究生的人才培养体系。设立中高职贯通、专插本、高职院校与本科院校相互衔接的应用型人才培养试点，打通中职到高职、高职到普通本科院校的升学通道；加大中、高职衔接人才培养力度，整合市内外中、高职院校资源，推进区域中、高职一体化，扩大中、高职对口衔接专业和规模，鼓励中职学校多形式参与高职教育，多样化发展高职和应用技术型本科教育。与省内外应用型大学合作，探索中职、本科衔接的人才培养模式。实施“普职融通”，普通高中学生和中职学校学生可申请在普通高中和中职学校之间转学。

二是强化教产融合。大力推进面向实体企业、民营企业、本土企业的“双元育人、工学结合”的现代学徒制人才培养模式改革，打造“学校基本素质培养+公共实训中心（教学平台）岗位能力培养+企业顶岗实训”的现代学徒制佛山模式，根据专业特点建设基于现代学徒制的教产融合公共实训中心和教学平台，构建岗位项目模块课程体系和基于人才等级标准的第三方评价体系。打造佛山职业教育创新创业教育联盟，加强创新创业教育。促进职业院校教育教学改革，弘扬和培育精益求精的工匠精神，提高人才培养质量。

（2）佛山产业工人企业内部培训情况。佛山企业逐步建立职业培训体系，企业内部培训的形式主要包括岗前培训、职业技能培训、管理技能培训。岗前培训主要是员工适应企业文化、熟悉企业规章制度的培训，一般在员工入职的一周至一个月之内完成。职业技能培训是企业进行的专用性人力资本投资，目的是提升员工的职业技能水平，提升岗位的胜任力，提升企业生产效率，具体培训形式可以包括脱产集中培训及“师带徒”等。管理技能培训是对管理型员工提升管理水平、提高企业行政效率、提升管理人员沟通效率进行的培训，具体形式可以采取集中培训、脱产培训及讲座等。佛山企业内部培训投入主要包括：①对职业技能人才实施素质提升工程。对企业内部培训进行补贴，补贴金额逐年增加，每年受益员工约 20 万人。②政府有关部门积极督促企业按规定足额提取职工教育经费，大力引导职工有针对性地参加培训。同时对就业困难群众开展技能培训，帮助其获得职业资格证书，帮助其实现再就业。③大力弘扬工匠精神。2016 年开始在全市范围开展“大城工匠”评选，大力宣传其先进事迹，给予一定奖励，引导形成良好的尊重技能人才的社会风气。加大“劳动模范创新室”创建力度，鼓励技能人才开展技术革新，提升产业质量和品质。

9.3　佛山产业工人权益保护机制

我国对于劳动相关的立法逐步加强，主要包括 2008 年《劳动合同法》及 2010 年《劳动法》的修订，以及国务院和各地方政府出台的各类有关劳动权益保护的政策措施。这些法律和政策措施的出台对劳动权益保护起到了极大的促进作用，但是也带来了劳动争议数量的急剧增加。佛山建立了相对完善的产业工人权益保护机制，有效地化解了各类劳动争议和纠纷，维护了企业与员工的和谐劳动关系。在维护产业工人合法权益方面，工会组织能起到关键作用。佛山各级工会在法律政策宣传、劳动争议调解、集体合同签订等工作方面形成了较完善的工作机制；通过企业内部调解、劳动仲裁及法律援助等措施来切实维护劳动者权益，打造和谐劳动关系。

一是工会法律服务社会化蓬勃开展。佛山市总工会特别注重法律服务社会化工作，在广东省率先建立工会特约律师库，形成覆盖全市的工会法律援助服务网络，建立并完善市、区、镇（街）、园区四级外来员工维权服务中心，选聘法律专业的工会工作者充实到各级总工会和工业园区，基层工会法律服务能力明显增强。2011 年共聘请工会特约律师 228 名，受理承办法律服务个案 671 宗，累计办理法律服务案件 2822 宗，涉案标的近 1.45 亿元。2012 年佛山市总工会获评首批“全国工会职工法律援助维权服务示范单位”。通过人大议案、政协提案、劳动关系三方协调机制等，佛山市总工会在规范劳务派遣用工、完善社会保障、加强女职工权益保护等方面积极建言献策。

二是工资集体协商工作深入开展。工资集体协商是维护职工权益的重要措施之一。由于个别劳动者谈判能力不强，流动人口劳动权益不能得到有效维护，以各级工会组织牵头的工资集体协商能够较好地维护职工劳动权益。佛山市总工会非常重视工资集体协商工作。2011 年全市单签及区域性、行业性集体合同 4400 多份，共覆盖企业 1.68 万家，覆盖近 75 万名职工，已签集体合同和工资集体协商企业数达到已建会企业数的 60%以上。其中 34 家世界 500 强企业开展了工资集体协商工作，占 82.9%。市、区总工会均建立工资集体协商指导员队伍，工资集体协商指导员达 423 人。2013 年底全市共签订工资集体合同 3000 多份，覆盖企业近 2 万家，覆盖职工 93 万人。其中区域性、行业工资集体合同近 700 份，覆盖企业 1.8 万家，覆盖职工 65.5 万人；企业单独签订工资集体合同近 2200 家，覆盖职工近 30 万人，企业职工工资逐年稳步增长。

9.4　佛山产业工人和谐劳动关系构建

近年来，受整体经济环境影响，劳动关系领域出现了一些新变化，劳动关系的不稳定性增加，劳动争议和举报投诉案件数量有所上升，其中劳动仲裁集体案件数量呈较大上升趋势。佛山已经建立包括企业、政府部门和司法部门在内的相对完善的劳动关系协商调解体系，该体系涵盖了劳动关系的各个领域，包括集体合同、最低工资、劳资纠纷等。在各级政府部门、企业和司法机构的通力合作下，佛山近年来劳动争议数量尽管不断增加，但都能够得到相对妥善的解决，基本上让员工和企业都满意。佛山顺德区作为和谐劳动关系综合试验区，其和谐劳动关系构建机制得到人力资源和社会保障部的肯定。佛山构建和谐劳动关系的主要经验可以归纳为以下几个方面。

一是企业建立了劳动协调员机制。各种劳动争议都是在企业中发生的，如果能够及时在企业中进行协调，将具有非常明显的优势，主要体现在：①对于劳动争议的背景和焦点问题了解更加深入；②没有进入仲裁司法程序，调解成本较低。佛山建立了劳动协调员制度，并在企业中广泛推广。同时对劳动调解员进行培训，使劳动调解员既懂得劳动法律知识，又掌握劳动调解技巧，在开展劳动调解过程中能够容易被员工和企业接受。截至 2014 年，全市已建劳动争议调解委员会的企业有 1.74 万家，共有劳动争议调解员 2.7 万名，帮助涉案职工挽回经济损失 1200 多万元[①]。

二是成立“市–区–镇”维权中心。佛山建立了“市–区–镇”三级外来工维权中心。佛山是制造业大市，有大量的工业园区，集聚了大量的产业工人。将维权中心设立在基层，能够将劳动关系服务直接送到产业工人面前，大大方便了产业工人进行维权活动，也有利于快速地解决劳动纠纷，切实维护职工合法权益，进一步完善工会参与社会管理服务格局。2011 年创建“市–区–镇”三级外来工维权服务中心 45 家，切实维护外来员工合法权益。同时给每一个维权中心至少配备 1 名维权服务专员，2017 年 4 月佛山市总工会通过公开招聘，从 400 多名报名者中择优招收了 44 名维权服务专员。维权服务专员多是法律专业的大学应届毕业生，也有从事多年法律事务工作的职员。经过佛山市总工会培训后，维权服务专员全部被分配到各区及下属各镇街、工业园区。很多企业员工在遇到就业相关问题后，会到服务中心进行咨询。在维权服务专员的帮助下，一批与外来工利益息息相关

① 佛山市总工会要求把解决劳资纠纷纳入法治化轨道. http://acftu.workercn.cn/34/201409/01/140901082116354.shtml[2019-06-01].

的问题得到解决。

三是推进企业民主管理。大力推动落实以职工代表大会（简称职代会）为基本形式的企业民主管理制度，建立健全厂务公开、职工董事监事和区域性行业性职代会制度，切实维护好职工的民主政治权利。厂务公开民主管理工作深入开展，非公有制企业职代会建制率和企业民主管理水平不断提高，截至 2015 年底，全市已建工会的非公有制企业有 30 675 家（含覆盖），已推行厂务公开民主管理的企业有 25 953 家，公开率达 84.6%（林征，2016）。

四是建立劳动争议仲裁台账制度。仲裁庭建立健全劳动人事争议调解和仲裁台账制度，对办理的调解仲裁案件进行日常录入、定期统计，加强对劳动关系形势的分析研判，掌握各类案件的受理、结案情况及办理进度，及时发现和积极解决劳动关系领域的苗头性、倾向性问题，对劳动关系群体性纠纷进行经常性排查和建立动态监测预警制度，有效防范群体性事件的发生。当发生重大集体争议案件时，及时处置劳资纠纷，引导当事人选择最合适的渠道解决纠纷，做到有效预防和化解劳动关系矛盾，构建规范有序、公正合理、互利共赢、和谐稳定的劳动关系。

9.5　佛山产业工人社会公共服务保障机制

公共服务均等化是指政府提供基本的公共产品和公共服务，使地区间、城乡之间、不同群体之间在基础教育、公共医疗、社会保障等基本公共服务方面的差距缩小，实现城乡均衡协调发展。佛山一直积极推进公共服务均等化工作，不断健全基本公共服务制度，加大基本公共服务投入，完善基本公共服务体系，推动实现基本公共服务均等化和社会保障城乡一体化。流动人口是佛山产业工人主要组成部分。为了提升流动人口宏观就业稳定性，保持地区经济发展，佛山不断提升流动人口的公共服务水平，有效稳定地区就业水平，提升流动人口的就业质量。

佛山在公共服务均等化方面一直走在广东省前列，这与政府高度重视是分不开的。2011 年佛山在全省率先发布《佛山市基本公共服务均等化发展规划》，确立了 2011～2020 年分步推进公共服务均等化的行动纲领。2014 年佛山市政府制订了《佛山市建设人民满意政府行动方案（2014—2020 年）》，将基本公共服务均等化作为人民满意政府行动方案中的首个行动计划。2015 年初，佛山印发了 2015 年的“1 号文件”——《关于进一步推进基层基本公共服务均等化的实施方案》，进一步聚焦基层基本公共服务均等化。佛山不断加大财力投入，基本公共服务投入稳步增长。“十二五”期间，佛山基本公共服务财政投入累计达到 829.29 亿元，平均每年以 31% 的比率增长。稳步实现基本公共服务由户籍人口向常住人口覆盖，使流动人口能够及时享受各种社会福利。佛山通过扩大基本公共服务覆盖面，逐步将异地务工人员纳入与户籍人口同等的公共服务均等化工作范围之中，实现异地务工人员就业有扶持、技能有培训、劳动有保障、社保有纳入、居所有改善、子女有教育、管理有参与、维权有渠道、入户有机会、幸福有共享的“十有共享”目标①。

① 佛山基本公共服务均等化显成效 均等化考评保持全省第一. http://czt.gd.gov.cn/fwjdh/content/post_179219.html[2019-07-15].

参考文献

白南生，李靖. 2008. 农民工就业流动性研究[J]. 管理世界，（7）：70-76.

蔡安辉. 2011. 实际控制人类型、市场化程度与民营企业金字塔结构的经济后果[J]. 管理评论，23（8）：9-20.

蔡昉. 2011. 中国的人口红利还能持续多久[J]. 经济学动态，（6）：3-7.

蔡娟. 2013. 中小型高新技术企业员工培训问题研究——以重庆市北部新区为调查案例[D]. 重庆：西南大学.

常凯. 2009. 中国劳动关系报告——当代中国劳动关系的特点和趋向[M]. 北京：中国劳动社会保障出版社：51-52.

程仲鸣，夏新平，余明桂. 2008. 政府干预、金字塔结构与地方国有上市公司投资[J]. 管理世界，（9）：37-47.

陈璐，王金旭，范红丽. 2018. 医疗保险与流动人口社会融入：来自商业保险的证据[J]. 保险研究，（2）：42-52.

陈明星，郭莎莎，陆大道. 2018. 新型城镇化背景下京津冀城市群流动人口特征与格局[J]. 地理科学进展，37（3）：363-372.

陈卫，郭琳，车士义. 2010. 人力资本对流动人口就业收入的影响——北京微观数据的考察[J]. 学海，（1）：112-117.

陈祎，刘阳阳. 2010. 劳动合同对于进城务工人员收入影响的有效性分析[J]. 经济学（季刊），9（2）：687-712.

陈志勇，陈思霞. 2014. 制度环境、地方政府投资冲动与财政预算软约束[J]. 经济研究.（3）：76-87.

戴魁早. 2015. 制度环境、区域差异与知识生产效率——来自中国省际高技术产业的经验证据[J]. 科学学研究，33（3）：369-377.

邓曲恒. 2007. 城镇居民与流动人口的收入差异——基于 Oaxaca-Blinder 和 Quantile 方法的分解[J]. 中国人口科学，（2）：8-16，95.

丁烈云，刘荣英. 2008. 制度环境、股权性质与高管变更研究[J]. 管理科学. 21（6）：47-56.

董志强，魏下海，汤灿晴. 2012. 制度软环境与经济发展——基于 30 个大城市营商环境的经验研究[J]，管理世界，（4）：9-20.

杜旻. 2013. 流动人口社会阶层结构及地区差异[J]. 西北人口，34（3）：15-19，27.

段成荣，吕利丹，邹湘江. 2013. 当前我国流动人口面临的主要问题和对策——基于 2010 年第六次全国人口普查数据的分析[J]. 人口研究，37（2）：17-24.

樊耘，纪晓鹏，邵芳. 2011. 雇佣契约对心理契约破坏影响的实证研究[J]. 管理科学，24（6）：57-68.
方颖，赵扬. 2011. 寻找制度的工具变量：估计产权保护对中国经济增长的贡献[J]. 经济研究，（5）：138-148.
冯旭南，李心愉. 2012. 公司经营绩效影响高管变更吗——来自地方国有上市公司的证据和启示[J]. 管理评论，24（12）：166-173.
弗鲁博顿 E G，芮切特 R. 2006. 新制度经济学—— 一个交易费用分析范式[M]. 姜建强，罗长远译. 上海：上海三联书店，上海人民出版社：94.
国家统计局. 2002. 中华人民共和国国家统计局关于1988年国民经济和社会发展的统计公报[EB/OL]. http://www.stats.gov.cn/tjsj/tjgb/ndtjgb/qgndtjgb/200203/t20020331_30001.html[2002-03-12].
何大安. 2004. 行为经济人有限理性的实现程度[J]. 中国社会科学，（4）：91-101，207-208.
何雪华. 2017. 到 2017 年 5 月广东流动人口达 4094 万人[EB/OL]. http://gd.qq.com/a/20170711/016081.htm[2017-07-11].
胡浩志，卢现祥. 2011. 企业专用性人力资本与员工工资——基于 CGSS 的实证研究[J]. 北京师范大学学报（社会科学版），（2）：126-132.
胡洁. 2007. 美国行业员工流失率研究[D]. 武汉：华中科技大学.
黄玖立，冼国明. 2009. 人力资本与中国省区的产业增长[J]. 世界经济，（5）：27-40.
黄乾. 2009. 城市农民工的就业稳定性及其工资效应[J]. 人口研究，33（3）：53-62.
黄少安，张苏. 2013. 人类的合作及其演进研究[J]. 中国社会科学，（7）：77-89.
金祥荣，茹玉骢，吴宏. 2008. 制度、企业生产效率与中国地区间出口差异[J]. 管理世界，（11）：65-77.
科斯 R H. 1994. 论生产的制度结构[M]. 盛洪，陈郁译. 上海：上海三联书店：5-6.
拉德布鲁赫 G. 1997. 法学导论[M]. 米健，朱林译. 北京：中国大百科全书出版社：81.
赖德胜，孟大虎. 2006. 专用性人力资本、劳动力转移与区域经济发展[J]. 中国人口科学，（1）：60-68，69.
李丹，王娟. 2010. 影响我国劳动力市场就业稳定性的宏观因素及政策启示[J]. 劳动保障世界（理论版），（8）：17-21.
李筱乐. 2016. 契约环境与服务业发展[J]. 财经研究，（1）：134-144.
李晓颖，张凤林. 2012. 基于公平心理偏好的投资博弈——敲竹杠问题的一个行为解决[J]. 经济评论，33（1）：25-31.
联合国国际人口学会. 1992. 多种语言人口学辞典[M]. 杨魁信，邵宁译. 北京：商务印书馆：229.
梁伟军，叶凌. 2016. 农民工与私营企业的劳动交易关系研究[J]. 华中师范大学学报（人文社会科学版），55（1）：11-20.
林征. 2016. 改革创新 锐意进取 在佛山率先全面建成高水平小康社会实践中发挥主力军作用——在市总工会十五届二次全委（扩大）会上的工作报告[EB/OL]. http://www.fftu.gov.cn/bmgz/201603/t20160322_5550221.htm[2016-03-22].
刘盛和，邓羽，胡章. 2010. 中国流动人口地域类型的划分方法及空间分布特征[J]. 地理学报，65（10）：1187-1197.
刘涛，齐元静，曹广忠. 2015. 中国流动人口空间格局演变机制及城镇化效应——基于 2000 和

2010 年人口普查分县数据的分析[J]. 地理学报，70（4）：567-581.
卢现祥，罗小芳. 2008. 论劳动契约中有争议的四大问题[J]. 经济纵横，（10）：3-8.
罗楚亮. 2008. 就业稳定性与工资收入差距研究[J]. 中国人口科学，（4）：11-21，95.
孟大虎. 2005. 制度性分割、人力资本粘性与失业问题——以东北地区为例[J]. 长白学刊，（4）：68-71.
莫旋，阳玉香，唐成千. 2018. 分层异质视角下流动人口收入决定研究——基于分层线性模型的实证分析[J]. 财经理论与实践，39（2）：123-129.
聂辉华. 2008. 契约不完全一定导致投资无效率吗？—— 一个带有不对称信息的敲竹杠模型[J]. 经济研究，（2）：132-143.
聂辉华. 2011. 不完全契约理论的转变[J]. 教学与研究，（1）：71-78.
彭璐，朱宇，林李月. 2017. 流动人口在流动过程中的暂时性回流及其影响因素—— 基于生命历程的视角[J]. 南方人口，32（6）：1-13.
谌新民，潘彬. 2009. 产业升级与高技能人才供给结构失衡的影响因素研究——以广东省珠江三角洲地区为例[J]. 华南师范大学学报（社会科学版），（6）：84-91，159.
斯密 A. 1972. 国民财富的性质和原因的研究（上卷）[M]. 郭大力，王亚南译. 北京：商务印书馆：11.
斯密 A. 1997. 道德情操论[M]. 蒋自强译. 北京：商务印书馆：14-15.
孙涛，张卫国. 2015. 集体合同谈判和劳动力组织的工资效应研究评述[J]. 劳动经济研究，3（4）：123-140.
孙中伟，贺霞旭. 2012. 工会建设与外来工劳动权益保护—— 兼论一种“稻草人机制”[J]. 管理世界，（12）：46-60，81.
唐文君. 2008. 青岛市中小企业培训现状调查及对策研究[D]. 济南：山东大学.
唐雪松，周晓苏，马如静. 2010. 政府干预、GDP 增长与地方国企过度投资[J]. 金融研究，（8）：33-48.
田明. 2013. 中国东部地区流动人口城市间横向迁移规律[J]. 地理研究，32（8）：1486-1496.
童玉芬，王莹莹. 2015. 中国流动人口的选择：为何北上广如此受青睐？—— 基于个体成本收益分析[J]. 人口研究，39（4）：49-56.
汪润泉，刘一伟. 2017. 住房公积金能留住进城流动人口吗？—— 基于户籍差异视角的比较分析[J]. 人口与经济，（1）：22-34.
王丽静. 2011. 北京市中小企业培训现状调查及对策研究[J]. 人力资源管理，（11）：82-84.
王小鲁，樊纲，余静文. 2017. 中国分省份市场化指数报告（2016）[M]. 北京：社会科学文献出版社：2.
王忠，张琳. 2010. 个人-组织匹配、工作满意度与员工离职意向关系的实证研究[J]. 管理学报，7（3）：379-385.
威廉姆森 O E. 2002. 资本主义经济制度——论企业签约与市场签约[M]. 段毅才，王伟译. 北京：商务印书馆：8.
魏津生. 1999. 中国城市流动人口的基本概念、状况和问题[J]. 人口与计划生育，（6）：6-12.
魏下海，董志强，金钊. 2015. 工会改善了企业雇佣期限结构吗？—— 来自全国民营企业抽样调查的经验证据[J]. 管理世界，（5）：52-62.

蔚志新. 2012. 就业流动人口的单位分布及其社会保险参与状况分析——基于 106 个城市流动人口动态监测数据结果[J]. 西北人口，33（6）：95-102.

翁杰，周必彧，韩翼祥. 2008a. 发达国家就业稳定性的变迁：原因和问题[J]. 浙江工业大学学报（社会科学版），7（2）：146-152.

翁杰，周必彧，韩翼祥. 2008b. 中国大学毕业生就业稳定性的变迁——基于浙江省的实证研究[J]. 中国人口科学，（2）：33-41，95.

吴延兵，刘霞辉. 2009. 人力资本与研发行为——基于民营企业调研数据的分析[J]. 经济学（季刊），8（4）：1567-1590.

西蒙 H A. 1989. 现代决策的理论基石[M]. 杨砾，徐立译. 北京：北京经济学院出版社：7-8.

肖宝玉，朱宇. 2014. 福建省城镇流动人口的空间分异格局——基于六普数据的分析[J]. 人文地理，29（4）：85-91.

徐瑛，陈秀山，刘凤良. 2006. 中国技术进步贡献率的度量与分解[J]. 经济研究，（8）：93-103，128.

徐细雄，谭瑾. 2014. 高管薪酬契约、参照点效应及其治理效果：基于行为经济学的理论解释与经验证据[J]. 南开管理评论，17（4）：36-45.

许小东，李经兰. 2006. 正确测算企业人员流动率指标的思考[J]. 中国人力资源开发，（1）：43-45.

阳玉香，莫旋. 2017. 政府培训能增加流动人口的收入吗？—— 基于 Blinder-Oaxaca 分解的实证研究[J]. 人口与经济，（4）：119-126.

杨畅，刘斌，闫文凯. 2014. 契约环境影响企业的投资行为吗？—— 来自中国上市公司的经验证据[J]. 金融研究，（11）：79-93.

杨菊华. 2011. 城乡差分与内外之别：流动人口社会保障研究[J]. 人口研究，（5）：8-25.

杨菊华. 2015. 中国流动人口的社会融入研究[J]. 中国社会科学，（2）：61-79，203-204.

杨瑞龙，卢周来. 2004. 正式契约的第三方实施与权力最优化——对农民工工资纠纷的契约论解释[J]. 经济研究，（5）：4-12，75.

杨爽. 2009. 中国经济增长中的人力资本适配性研究[D]. 咸阳：西北农林科技大学.

杨云彦. 1994. 中国人口迁移与发展的长期战略[M]. 武汉：武汉出版社：12.

姚先国，郭东杰. 2004. 改制企业劳动关系的实证分析[J]. 管理世界，（5）：97-107.

叶小兰. 2012. 从关系契约解读劳动关系的特性与制度[J]. 湖北社会科学，（5）：158-161.

尤琳. 2012a. 内部劳动力市场制度对专用性人力资本投资的激励[J]. 商业研究，（9）：76-80.

尤琳. 2012b. 专用性人力资本与非正式制度激励[J]. 技术经济与管理研究，（6）：24-27.

于潇，陈新造. 2017. 经济收入与社会地位对流动人口城市居留意愿的影响——基于广东省的实证研究[J]. 广东社会科学，（3）：181-190.

余凡，王楚. 2016. 人力资本投资：制度环境感知下的企业战略选择——基于 2015 年“中国企业-员工匹配调查”（CEES）的实证研究[J]. 宏观质量研究，（1）：39-50.

余运江，高向东. 2017. 集聚经济下流动人口工资差异——来自中国微观调查数据的证据[J]. 财经科学，（2）：99-111.

余运江，高向东. 2018. 中国人口省际流动与省内流动的差异性[J]. 人口与经济，（1）：38-47.

袁根根，田昆儒. 2012. 后契约机会主义与企业治理效率研究[J]. 北京工商大学学报（社会科学版），（3）：48-53.

张琦. 1993. 对农民就业稳定性与波动性的理论探讨[J]. 中国社会科学院研究生院学报，(1)：45-51.

张庆五. 1988. 关于人口迁移与流动人口概念问题[J]. 人口研究，12(3)：17-18.

张瑞凯. 2011. “独立—衔接”型农民工社会保障模式研究—— 基于北京市三个区县的抽样调查[J]. 人口与经济，(1)：69-75.

张若雪. 2010. 人力资本、技术采用与产业结构升级[J]. 财经科学，(2)：66-74.

张涛，张若雪. 2009. 人力资本与技术采用：对珠三角技术进步缓慢的一个解释[J]. 管理世界，(2)：75-82.

赵东宛. 2012. 忆 1985 年起的劳动制度改革——用工制度改革篇[J]. 中国人力资源社会保障，20(12)：60-61.

赵耐清. 2005. 临床医学研究设计和数据分析[M]. 上海：复旦大学出版社：241-252.

赵小仕. 2009. 不完全劳动契约的属性研究[J]. 社会保障研究，(2)：39-44.

周路路，赵曙明，朱伟正. 2010. 江苏省中小企业培训现状的调查及对策[J]. 华东经济管理，(5)：10-14.

周其仁. 1996. 市场里的企业：一个人力资本与非人力资本的特别合约[J]. 经济研究，(6)：71-80.

朱承亮，岳宏志，李婷. 2009. 中国经济增长效率及其影响因素的实证研究：1985 ~ 2007 年[J]. 数量经济技术经济研究，26(9)：52-63.

Acemoglu D，Zilibotti F. 2001. Productivity differences[J]. The Quarterly Journal of Economics，116(2)：563-606.

Anagnostopoulos A D，Siebert W S. 2015. The impact of Greek labour market regulation on temporary employment-evidence from a survey in Thessaly, Greece[J]. The International Journal of Human Resource Management，26(18)：2366-2393.

Baker G P，Jensen M C，Murphy K J. 1988. Compensation and incentives：practice vs. theory[J]. The Journal of Finance，43(3)：593-616.

Bartel A P. 1995. Training，wage growth，and job performance：evidence from a company database[J]. Journal of Labor Economics，13(3)：401-425.

Becker G S. 1962. Investment in human capital：a theoretical analysis[J]. Journal of Political Economy，70：9-49.

Bergemann A，Mertens A. 2004. Job stability trends，layoffs，and transitions to unemployment：an empirical analysis for West Germany[R]. IZA Discussion Paper，No. 1368.

Bernhardt A，Morris M，Handcock M S，et al. 1999. Trends in job instability and wages for young adult men[J]. Journal of Labor Economics，17(S4)：S65-S90.

Blanchard O，Giavazzi F. 2003. Macroeconomic effects of regulation and deregulation in goods and labor markets[J]. The Quarterly Journal of Economics，118(3)：879-907.

Booth A L，Francesconi M，Garcia-Serrano C. 1999. Job tenure and job mobility in Britain[J]. Industrial and Labor Relations Review，53(1)：43-70.

Brown J N. 1989. Why do wages increase with tenure? On-the-job training and life-cycle wage growth observed within firms[J]. The American Economic Review，79(5)：971-991.

Burgess S，Rees H. 1998. A disaggregate analysis of the evolution of job tenure in Britain 1975 -

1993[J]. British Journal of Industrial Relations，36（4）：629-655.

Cette G，Lopez J，Mairesse J. 2016. Product and labour market regulations，production prices，wages and productivity[J]. Review of Economics and Institutions，7（2）：1-30.

Coase R H. 1937. The nature of the firm[J]. Economica，4（16）：386-405.

Diebold F X，Neumark D，Polsky D. 1997. Job stability in the United States[J]. Journal of Labor Economics，15（2）：206-233.

Farber H S. 1995. Are lifetime jobs disappearing? Job duration in the United States：1973－1993[R]. National Bureau for Economic Research，Working Paper，No. 360.

Farber H S. 2007. Is the company man an anachronism? Trends in long term employment in the U.S.，1973－2006[R]. Princeton University，Working Paper，No. 518.

Fehr E，Zehnder C，Hart O. 2009. Contracts，reference points and competition—behavioral effects of the fundamental transformation[J]. Journal of the European Economic Association，7（2/3）：561-572.

Fehr E，Hart O，Zehnder C. 2011. Contracts as reference points-experimental evidence[J]. The American Economic Review，101（2）：493-525.

Foged M T，Peri G. 2016. Immigrants' effect on native workers：new analysis on longitudinal data[J]. American Economic Journal：Applied Economics，8（2）：1-34.

Frazis H，Loewenstein M A. 2003. Reexamining the returns to training：functional form magnitude and interpretation[R]. US Department of Labor，Bureau of Labor Statistics，Working Paper，No. 367.

Givord P，Maurin E. 2004. Changes in job security and their causes：an empirical analysis for France，1982－2002[J]. European Economic Review，（3）：595-615.

Gregg P，Wadsworth J. 2002. Job tenure in Britain，1975－2000. Is a job for life or just for Christmas? [J]. Oxford Bulletin of Economics and Statistics，64（2）：111-134.

Grossman S J，Hart O. 1986. The costs and benefits of ownership：a theory of vertical and lateral integration[J]. Journal of Political Economy，94（4）：691-719.

Hall R E，Lazear E P. 1984. The excess sensitivity of layoffs and quits to demand[J]. Journal of Labor Economics，2（2）：233-257.

Hart O，Moore J. 1990. Property rights and the nature of the firm[J]. Journal of Political Economy，98（6）：1119-1158.

Hart O，Moore J. 2008. Contracts as reference points[J]. Quarterly Journal of Economics，123（1）：1-48.

Hashimoto M. 1981. Firm-specific human capital as a shared investment[J]. The American Economic Review，71（3）：475-482.

Heisz A. 1999. Changes in job duration in Canada[J]. Industrial Relations，54（2）：365-387.

Heisz A. 2005. The evolution of job stability in Canada：trends and comparisons with U. S. result[J]. Canadian Journal of Economics，38（1）：105-127.

Hosmer D W，Lemeshow S. 2000. Applied Logistic Regression[M]. 2nd ed. New York：Wiley-Interscience Publication：31-43.

Jaeger D A，Stevens A H. 1999. Is job stability in the United States falling? Reconciling trends in the current population survey and panel study of income dynamics[J]. Journal of Labor Economics，17（S4）：S1-S28.

Kahn C，Huberman G. 1988. Two-sided uncertainty and "up-or-out" contracts[J]. Journal of Labor Economics，6（4）：423-444.

Kahn L M. 2010. Employment protection reforms，employment and the incidence of temporary jobs in Europe：1996－2001[J]. Labour Economics，17（1）：1-15.

Kambourov G，Manovskii I. 2009. Occupational specificity of human capital[J]. International Economic Review，50（1）：63-115.

Kato T. 2001. The end of lifetime employment in Japan? ：evidence from national surveys and field research[J]. Journal of the Japanese and International Economies，15（4）：489-514.

Lazear E P，Rosen S. 1981. Rank-order tournaments as optimum labor contracts[J]. The Journal of Political Economy，89（5）：841-864.

Leuven E，Oosterbeek H. 2001. Firm-specific human capital as a shared investment：comment[J]. The American Economic Review，91（1）：342-347.

Ljungqvist L. 2002. How do lay-off costs affect employment[J]. The Economic Journal，112（482）：829-853.

Lucas Jr R E. 1988. On the mechanics of economic development[J]. Journal of Monetary Economics，22（1）：3-42.

Martin J P，Scarpetta S. 2012. Setting it right：employment protection，labour reallocation and productivity[J]. De Economist，160（2）：89-116.

Maskin E，Tirole J. 1999. Unforeseen contingencies and incomplete contracts[J]. The Review of Economic Studies，66（1）：83-114.

Maynard S J. 1982. Evolution and the Theory of Games[M]. Cambridge：Cambridge University Press.

Mikka R，Roope U. 2010. Change in job stability：evidence from lifetime job histories[R]. IZA Discussion Paper，No. 4721.

Mincer J. 1958. Investment in human capital and personal income distribution[J]. Journal of Political Economy，66（4）：281-302.

Mincer J，Jovanovic B. 1981. Labor mobility and wages[C]//Studies in Labor Markets. Rosen S. Chicago：University of Chicago Press：21-64.

Nataraj S，Perez-Arce F，Kumar K B，et al. 2014. The impact of labor market regulation on employment in low-income countries：a meta-analysis[J]. Journal of Economic Surveys，28（3）：551-572.

Neumark D，Polsky D，Hansen D. 1999. Has job stability declined yet? New evidence for the 1990s[J]. Journal of Labor Economics，17（S4）：S29-S64.

Parent D. 2000. Industry-specific capital and the wage profile：evidence from the national longitudinal survey of youth and the panel study of income dynamics[J]. Journal of Labor Economics，18（2）：306-323.

Peri G. 2016. Immigrants，productivity，and labor markets[J]. Journal of Economic Perspectives，

30（4）：3-30.

Prendergast C. 1993. The role of promotion in inducing specific human capital acquisition[J]. The Quarterly of Journal of Economics，108（2）：523-534.

Ramos R，Surinach J，Artís M. 2009. Regional economic growth and human capital：the role of overeducation[R]. IZA Discussion Paper，No.4453.

Rogerson W P. 1992. Contractual solutions to the hold-up problem[J]. Review of Economic Studies，59（4）：777-793.

Romer P M. 1990. Capital，labor，and productivity[J]. Brookings Papers on Economic Activity Microeconomics，21（3）：337-367.

Schultz T W. 1959. Investment in man：an economist's view[J]. Social Service Review，33（2）：109-117.

Sousa-Poza A. 2004. Job stability and job security：a comparative perspective on Switzerland's experience in the 1990s[J]. European Journal of Industrial Relations，10（1）：31-49.

Sousa-Poza A，Henneberger F. 2002. An empirical analysis of working-hours constraints in twenty-one countries[J]. Review of Social Economy，60（2）：209-242.

Stevens M. 2003. Earnings functions，specific human capital，and job matching：tenure bias is negative[J]. Journal of Labor Economics，21（4）：783-806.

Tirole J. 1999. Incomplete contracts：where do we stand？[J]. Econometrica，67（4）：741-781.

后　记

时光荏苒，岁月如梭，不知不觉中到了不惑之年。自己有幸赶上改革开放的大好时代，从江西的一个小村进入广州工作学习，也算半个流动人口。由于自己能够进入高校工作，在融入城市中没有经历太多障碍。但是，在调研中发现外来人口在融入城市过程中可能遇到很多障碍，其中关键的原因在于其就业能力不足及收入不高。如何促进流动人口更快、更好地融入城市是国内学术界研究的热门话题。本书是我这几年学术研究的一个小结，探讨了流动人口就业稳定性与人力资本投资、工资收入的关系，也分析了流动人口制度环境对其就业稳定性的影响。

本书的不足主要包括两个方面：一是理论研究有待进一步深化。本书运用了不完全契约理论中的 GHM 模型和参照点模型研究流动人口劳动契约问题，并对 GHM 模型做了一定改进，这些都是本书的创新点。但是对于不完全契约理论的研究还大有可为。二是数据质量有待提高。本书采用了东莞调研数据，东莞是典型的移民城市，有大量的流动人口，东莞调研数据具有很强的代表性；如果能有连续几年的调研数据，则实证分析部分将更有说服力。进一步的研究方向是流动人口最优契约形式的选择问题。本书研究了流动人口就业稳定性与专用性人力资本投资问题，两者分别是劳动契约的两个维度，就业稳定性代表了时间维度，专用性人力资本投资代表了努力程度。是否存在适合不同类型的流动人口的最优契约值得进一步思考。当然，书中还有很多不足之处，恳请读者批评指正！

在书稿付梓之际，心中无限感激！感谢自己学术道路上的导师——谌新民教授，同时感谢张建武教授、李永杰教授、彭璧玉教授、董志强教授。感谢各位同窗好友在学业、工作和生活中提供的各种支持和帮助！他们是李萍博士、李艳博士、周文良博士、谈萧教授、韩清池博士、汪志红博士、谢斌博士、吴祖兴博士、代晓静博士、武志鸿、魏东霞、林素絮、陈忠谊、朱倩渝、邓红旭、林炎坤、唐珖、吴頔及陈书伟博士、赵元笃博士。感谢广东外语外贸大学李楠老师及何腊娜、潘亮儿等同学！感谢科学出版社的领导和专家对本书的支持和审稿，特别是刘英红老师的指导！